Sumário

Vislumbre/Horóscopo do Brasil 2021	2
Previsões Astrológicas por Signo em 2021	7
Descubra o seu Ascendente	73
Trabalho em 2021: previsões segundo o Ascendente, por Personare	78
Horóscopo Chinês	86
2021 – Ano do Boi	94
Calendário Permanente (1901 – 2092)	99
Vênus, Regente de 2021	100
Vênus nos Signos, por Tereza Kawall	108
Entrada do Sol nos Signos do Zodíaco 2021	113
Tábua do Nascimento e Ocaso do Sol (Hora Legal de Brasília)	114
Tábua Solar 2021	115
Horário da Semana de acordo com a Regência Planetária	116
Horas Planetárias	117
Tábua Planetária para 2021	121
As Lunações e os Trânsitos Planetários em 2021	125
Regências Planetárias	132
Guia Astral 2021	134
Fenômenos Naturais	178
Tudo o que Você Precisa Saber sobre a Lua em 2021	180
Tabela das Luas Fora de Curso	182
Tábua Lunar em 2021	188
Previsões para 2021 Segundo a Numerologia	192
O Baralho Cigano e as Reflexões para 2021, por André Mantovanni	195
Os Talismãs e os Cristais dos 12 Signos do Zodíaco, por Tereza Kawall	198
Calendário Agrícola	202
Agricultura e Pecuária	203
Medicamentos da Mãe Natureza	215

Vislumbre/Horóscopo do Brasil 2021

VISLUMBRE

O ano de 2021 estará sob a regência de Vênus, que simboliza as artes, o amor, as associações, a estética, a interação social, a ponderação da diplomacia. Esse arquétipo personifica os artistas e os pacifistas – todos que acreditam ou buscam a justiça e a igualdade.

O ano de 2020 exigiu muito de todos: mais desapego, mais flexibilidade, mais criatividade e mais resiliência. Certamente, em 2021, a cooperação e o entendimento entre todas as nações estarão na pauta mundial para o exercício contínuo de superação de tantas adversidades.

Pensaremos menos em cada país e mais no planeta, que é um todo interdependente.

Em um enorme exercício de boa vontade por parte de todos, a estratégia que nos é solicitada pede-nos que avancemos nesse período, sendo também necessário ceder e recuar em nome da paz. Muitos apostam em um novo esboço ou reordenamento político e social do mundo. Mas, para que ele seja exitoso, precisamos contar com as virtudes e as bênçãos venusianas.

REVOLUÇÃO SOLAR

No dia 6 de setembro de 2020, o Ascendente da Revolução Solar do Brasil aponta para o signo de Capricórnio, regido por Saturno. O Sol em Virgem está entrando na casa IX, fazendo um trígono com Júpiter, que está próximo ao Ascendente da Revolução Solar. É bastante provável que o país entre em ritmo de crescimento e em processo de expansão, não tão rápido como seria o ideal, mas sempre contínuo e com bons resultados em longo prazo.

Na linha do Ascendente, na primeira casa, temos também Saturno e Plutão, que recebem bons aspectos de Netuno, que está ocupando a casa III da Revolução Solar. O Ascendente representa o povo, a nação e suas aspirações; isso indica que as demandas por austeridade e responsabilidade estão em pauta, e que o país como um todo clama por mudanças profundas em suas instituições políticas. Júpiter e Saturno em Capricórnio assinalam ainda que pautas mais conservadoras parecem marcar o estado de espírito do Brasil. Marte, em aspecto tenso com Saturno, ratifica certa tendência a lentidão no ritmo do desenvolvimento desejado por todos.

Por um lado, podemos observar um grande esforço por parte do governo em priorizar mais os investimentos em nossa infraestrutura, que, na Astrologia, está associada a Saturno. Plutão, por sua vez, assinala mudanças profundas nas entranhas do jogo do poder político, que já vem passando por grandes reformulações. A efetivação de políticas do Estado será marcante, uma vez que essas representam os investimentos de longo prazo, que dão contornos mais definidos e sustentáveis ao país.

Netuno em Peixes, bem aspectado na terceira casa, pode indicar mais atenção e interesse pela mobilidade urbana, que tem sido uma forte demanda da sociedade. Poderemos observar demais investimentos tecnológicos no ensino fundamental, na comunicação, no comércio interno e nas relações com países vizinhos de nosso continente. É preciso destacar também a construção de ferrovias e hidrovias, assim como avanços no turismo marítimo e na navegação em geral.

Na quarta casa temos Marte em aspecto tenso com Vênus, o que poderá dificultar acordos diplomáticos com inimigos declarados do país, além de conflitos em áreas de fronteira, os quais vão demandar esforços diplomáticos para que se alcancem soluções rápidas. A Lua ocupa a quarta casa no signo de Touro, fazendo um trígono com Urano e Netuno do mapa radical do Brasil. Essa casa está associada ao solo, à agricultura, às riquezas naturais da nação e aos minérios. Essa configuração se torna mais uma vez favorável ao setor do agronegócio, que tende a fazer uso mais racional e sustentável do solo, propiciando boas colheitas. Essa posição lunar poderá indicar um sentimento de patriotismo mais exacerbado.

Vênus em Leão está na sétima casa, fazendo sextil com Mercúrio em Libra, que ocupa a casa IX. Isso é favorável para ações diplomáticas positivas no cenário internacional, parcerias bem-sucedidas, promovendo a troca de conhecimentos, publicações e pesquisas que tragam desenvolvimento ao nosso mundo acadêmico. O poder legislativo pode reformular leis ou decretos que facilitem esse rico intercâmbio, favorecendo também a abertura do nosso país em relação à exportação e à importação. Esse ângulo positivo poderá, ainda, suavizar conflitos de política externa relacionados à tensão entre Saturno e Marte, que vimos anteriormente.

Intercâmbios artísticos e culturais serão positivos para a autoestima dos brasileiros e a imagem do Brasil no estrangeiro, uma vez que Vênus é a regente da décima casa da Revolução Solar. O turismo internacional tende a se expandir.

Urano está no signo de Touro, em trígono com o Sol em Virgem na nona casa da Revolução Solar. Essa configuração pode mostrar de forma mais clara uma renovação na vida política do país, uma vez que o Sol está associado às figuras de comando de uma nação, seja o rei, o primeiro-ministro ou o presidente, além da elite social. Assim, os mandantes do alto escalão poderão governar com mais segurança e promover mudanças, estabelecer uma interlocução mais produtiva com outros países, fato esse que poderá gerar mais investimentos externos.

Urano é o regente da segunda casa da Revolução Solar, que pode sinalizar mais agilidade e empenho nas urgentes reformas econômicas, uma oxigenação das instituições financeiras em geral. Essa renovação sistêmica deve gerar mais produtividade em setores diferentes da indústria e no livre comércio.

Essas ações favorecem a execução de privatizações e a desoneração tributária, fazendo com que haja um alívio do peso do Estado para os seus contribuintes.

Trânsitos do Brasil para 2021

Neste ano, teremos uma grande movimentação planetária no mapa do Brasil, sendo que alguns trânsitos vão se repetir, em função do movimento de retrogradação.

Em janeiro, teremos Júpiter e Saturno em quadratura com Marte do mapa do Brasil, que está em Escorpião. Na segunda quinzena haverá um trígono de Júpiter em relação à Lua e Júpiter do mapa do país; no final desse mês, Júpiter fará um ângulo de tensão com Saturno. Assim, o clima de tensão, paralisia, disputas ou intolerância que tende a marcar o início do ano poderá ser equacionado com aspectos favoráveis, que indicam um esforço de conciliação, diplomacia e entendimento, a ser mediado também pelo Poder Judiciário.

Em fevereiro, Saturno em Aquário fará um trígono com Lua e Júpiter em Gêmeos, que ocupam a casa IV do mapa do país. Poderemos observar então bons resultados ou a expansão de investimentos no agronegócio, assim como no setor imobiliário, que deve atravessar uma fase de mais estabilidade e expansão. O mesmo vale para as melhorias em infraestrutura, que se estenderão por todo o país, gerando mais bem-estar para os cidadãos. O sentimento de patriotismo e de pertencimento a um grupo ou família, em relação ao país, tende a se manifestar de forma mais expressiva. Esse ciclo voltará em setembro de 2021.

Em março, Saturno fazendo uma quadratura com ele mesmo no mapa do país, poderá trazer contratempos relacionados à área de comunicação, e certa retração na área econômica e no comércio interno pode gerar insatisfação; esse ciclo astrológico voltará em julho, agosto e dezembro, sinalizando a necessidade de austeridade e responsabilidade em relação aos gastos públicos, que impedem o ajuste fiscal de que o país tanto precisa.

Em abril, Júpiter vai cruzar a linha do Ascendente do Brasil, que vem a ser a casa I do mapa natal do país. Geralmente, esse aspecto indica ciclos de novos começos, de desenvolvimento e oportunidades para investimentos internos e externos, associados a otimismo e confiança, que são fundamentais para a superação das dificuldades que possam haver. Esse trânsito ainda voltará em setembro e novembro de 2021.

Em abril, teremos novamente um ciclo que teve início no ano de 2020, Urano em conjunção com Saturno em Touro do mapa radical do país. Esse trânsito, embora seja positivo na reorganização ou em mudanças na área da economia, representa também lentidão na implementação das reformas necessárias. Velhas estruturas precisam ser reformuladas, mas isso não será feito rapidamente, uma vez que a resistência às mudanças ainda é muito forte.

De junho a outubro de 2021 teremos um belo trígono de Urano com o Sol no signo de Virgem. O setor do agronegócio continua sendo relevante para a economia, e isso se deve também ao aperfeiçoamento de tecnologias de ponta voltadas para esse setor, que resultam em colheitas abundantes. Na astrologia, Urano é o planeta que promove mudanças e reviravoltas positivas para que as novidades possam acontecer de fato. O ritmo dos acontecimentos tende a se acelerar, e isso vai imprimir mais dinamismo e coragem a tudo o que precisa ser reformulado de forma pragmática, realista e responsável; alianças positivas nas áreas diplomática e comercial podem incrementar essas mudanças. Tendência para êxito em políticas de privatização do setor elétrico e de energias sustentáveis, como a solar e a eólica. Poderemos observar mais consciência da sociedade e do setor produtivo em relação aos recursos ambientais, e maior respeito às leis da natureza, cujos recursos são finitos.

Teremos ainda a repetição de outro ciclo já observado em 2020: Plutão em sextil com o Meio do Céu e em trígono com Mercúrio, de agosto a novembro de 2021. Isso poderá significar ações mais bem planejadas e eficientes do Poder Executivo em relação à economia, a privatizações, investimentos externos e parcerias comerciais. Melhorias no setor produtivo, comércio, turismo, ensino fundamental, na mobilidade urbana e nos transportes de modo geral. O poder e a rapidez das informações mais livres nas redes sociais se mantém fortes; a população está mais atenta e consciente da sua participação na vida política do país.

Observação: Existem divergências em relação ao grau exato do Ascendente do Brasil.

Previsões Astrológicas por Signo em 2021

Nesta seção, você encontrará as características de cada um dos doze signos do zodíaco e também as previsões astrológicas para eles. Até a edição de 2015, optamos por usar o cálculo das lunações, que é feito no dia da Lua Nova, quando o Sol e a Lua se encontram no mesmo grau de um mesmo signo. A lunação permite uma visão mais geral do mês, que é justamente um ciclo inteiro da relação entre o Sol e a Lua. A partir de 2016, optamos por fazer as previsões mensais divididas em ciclos de dez em dez dias, o que também permite uma orientação mais detalhada.

Em trinta dias há toda uma movimentação planetária, em especial dos planetas mais rápidos, que será levada em conta para facilitar a compreensão do leitor. Em resumo, as duas técnicas de interpretação, trânsitos e lunações, estão sendo analisadas em paralelo, mas a forma de apresentação ficará diferente. Vale salientar que essas previsões são de caráter genérico e que informações de âmbito individual exigem a elaboração de um horóscopo personalizado.

Esse fato faz com que as interpretações aqui expostas e as do *Guia Astral* por vezes pareçam contraditórias entre si; no entanto, elas são complementares.

ÁRIES — 21 de março – 20 de abril

EU QUERO
Iniciativa – Coragem – Assertividade
Impulsividade – Liderança – Paixão

Personalidade: Como o primeiro signo do zodíaco, Áries veio para ser o pioneiro, abrir caminhos (seguindo seu instinto natural), encontrar formas inovadoras de fazer as coisas e mostrar que mudar é bom! Seu objetivo é vencer, ser o melhor naquilo com que se identifica, e sua energia se intensifica nas adversidades, que, para ele, podem ser uma excelente oportunidade de crescimento. Para isso, é importante aprender a superá-las com sabedoria, desenvolvendo a paciência e a ponderação. Assim, possíveis raiva e impulsividade podem se transformar em ferramentas para ajudar o ariano a conquistar seu objetivo com mais facilidade, sem deixar rastros de destruição pelo caminho e sem desperdiçar energia.

☆ **Profissão:** A força ariana, independente, corajosa e dinâmica, faz com que seja mais desafiador trabalhar em equipe, a não ser que seja o ariano quem dite as regras do jogo. São ótimos líderes e perfeitos para empreender, pois uma vez que botam uma ideia na cabeça, ninguém a tira, mostrando grande determinação para colocar as ideias em prática. Por ter Marte como seu planeta regente, pode haver uma interessante habilidade de manipular instrumentos cortantes, tornando as profissões de cirurgião e dentista boas opções, além de atividades que exijam força física, como a de um atleta profissional.

☆ **Amor:** Para os arianos, a melhor parte do amor está na conquista! A excitação está em fazer a pessoa se interessar por ele e pode ser que, quando esse objetivo é atingido, boa parte da empolgação e do desejo se vá. Por isso, é possível que muitas vezes ele se apaixone por pessoas que aparentam ser indisponíveis de alguma forma. Quando realmente envolvidos com alguém, são românticos e vivem a paixão com muita intensidade. Para manter o ariano empolgado, é necessário evitar que o relacionamento caia na rotina. Aqueles que desejam conquistar o coração de um ariano jamais devem tentar controlar ou limitar sua liberdade. Muito menos compará-lo com outra pessoa. A individualidade é algo crucial para o ariano.

☆ **Saúde:** A cabeça é a região do corpo associada ao signo de Áries, portanto problemas nessa região, gerados principalmente pela irritação, podem ser frequentes na vida do ariano, como dor de cabeça, enxaqueca, febre, dor de dente e, para a surpresa de alguns, a calvície e outros problemas capilares também podem atingir os nativos desse signo. Geralmente, um pouquinho de estresse até os anima, mas, em excesso, essa tensão gera incômodos digestivos. Meditação, atividade física e a prática do autocontrole ajudarão bastante a direcionar esse fogo de forma saudável.

☆ **Personalidade do signo e frase:** Thomas Jefferson – "Você quer saber quem você é? Não pergunte. Aja. A ação vai delinear e definir você."

Previsões para 2021

De 1º a 10 de janeiro: O planeta Netuno receberá bons aspectos nestes dias, o que torna esse período bastante favorável para tudo o que precisa ser esclarecido de forma definitiva. Bom para iniciar uma dieta com frutas e líquidos.

De 11 a 20 de janeiro: Nesta fase poderá haver conflitos e divergências de opinião ou interesses com amigos próximos. Pense bem no que é realmente importante, uma vez que a teimosia pode causar rupturas complicadas.

De 21 a 31 de janeiro: Marte junto a Urano ainda pode promover momentos de tensão e irritabilidade. A tolerância e a diplomacia serão uma boa pedida para dissipar o clima de animosidade; vá com calma.

De 1º a 10 de fevereiro: No céu há muitos planetas transitando por signos fixos. Isso implica rigidez na maneira de ver as coisas ou fazer escolhas relevantes. O melhor será adiar aquilo que não tem urgência; é tempo de espera.

De 11 a 20 de fevereiro: Mercúrio e Vênus em Aquário podem facilitar a comunicação e a disseminação de palavras ou mensagens mais otimistas e confiáveis. Aquilo que foi dito e feriu no calor do momento ficou no passado.

De 21 a 28 de fevereiro: Mercúrio em movimento direto já pode movimentar a vida e o cotidiano de modo mais rápido e dinâmico. Marque encontros ou reuniões, finalize compromissos com mais objetividade e sem procrastinação.

De 1º a 10 de março: Vênus e Urano estão em sextil e apontam mudanças positivas na maneira de se relacionar em geral. Você está mais empático e tolerante, e pequenas divergências pessoais não terão importância. Seja mais ativo nas redes sociais.

De 11 a 20 de março: Sol e Vênus em Peixes estão em bom aspecto com Plutão em Capricórnio. Momento auspicioso para transformar com mais profundidade a maneira como você vê suas relações com pessoas importantes. A compaixão, ao contrário do que parece, não é sinal de fraqueza.

De 21 a 31 de março: Vênus e Sol agora adentram o signo de Áries, intensificando a energia vital e amorosa. O desejo pelo encontro e pela vida a dois ganha mais estímulo e é um convite para novos romances.

De 1º a 10 de abril: Nestes dias você poderá planejar melhor suas metas para o futuro. Tenha em mente que possíveis mudanças na vida profissional serão bem relevantes, e para isso, nada como sua total determinação.

De 11 a 20 de abril: Mais um ciclo positivo para expandir seus interesses profissionais e humanitários. Novos amigos e o engajamento com ideais voltados à coletividade trarão mais sentido e otimismo para sua vida.

De 21 a 30 de abril: Sol, Urano, Vênus e Mercúrio ativam positivamente o setor financeiro. Aproveite para ser mais ousado em seus investimentos, pedir aumento ou abrir o próprio negócio. É tempo de avançar, sem medos.

De 1º a 10 de maio: Procure dar sequência às decisões do ciclo anterior, sedimentando as bases daquilo que pretende conquistar. Não se preocupe se não tiver o apoio de todos; o pioneirismo muitas vezes é alvo de críticas.

De 11 a 20 de maio: Sol em Touro fazendo trígono com Plutão em Capricórnio evidencia um ciclo de realizações e criatividade, no qual você vai encorajar aqueles que o rodeiam. O uso de novas tecnologias será essencial para seu êxito.

De 21 a 31 de maio: Marte está no signo de Câncer, fortalecendo seus laços familiares e atitudes protetoras relacionadas a eles. Momento positivo para fazer reformas ou melhorias em sua moradia, deixando-a mais confortável e funcional.

De 1º a 10 de junho: Você vai precisar equacionar alguns conflitos domésticos em função das várias demandas no trabalho. Sol e Saturno em bom ângulo sugerem que você seja pragmático para discernir o que é mais importante nestes dias.

De 11 a 20 de junho: Saturno e Urano estão em conflito no céu, e é possível que apareçam gastos que desorganizem seu cotidiano. Ao poder contar com a ajuda da família, você vai perceber a importância dela em sua vida.

De 21 a 30 de junho: A Lua Cheia deste ciclo deve deixar suas emoções à flor da pele. Seu romantismo e sua generosidade vão encantar o ser amado. Se está procurando alguém especial, este é o momento certo; seja criativo.

De 1º a 10 de julho: Muitas demandas e sobrecarga no dia a dia podem deixá-lo estressado. Fique atento para dividir responsabilidades ou mudar sua agenda, se for o caso. Cuide mais da saúde, pois sem ela tudo se complica bastante.

De 11 a 20 de julho: O convívio familiar continua prazeroso; você pode ser um bom anfitrião nestes dias. O contato com crianças e jovens será estimulante, assim como a vida amorosa, que promete boas surpresas.

De 21 a 31 de julho: Nesta fase, Mercúrio faz oposição a Plutão e trígono com Netuno. Por um lado, divergências de opinião o deixarão frustrado. Por outro, é justamente esse estresse que vai ajudá-lo a ver as coisas sob um ângulo diferente; pense nisso.

De 1º a 10 de agosto: Sol e Saturno em tensão podem trazer algumas restrições ou impedimentos no trabalho, e elas independem de sua vontade ou ação. Por isso mesmo, evite trazer muitas responsabilidades para si; você não está precisando provar nada a ninguém.

De 11 a 20 de agosto: Agora já é possível contornar as adversidades; a comunicação entre todos está fluindo melhor. A boa vontade geral sempre opera milagres interessantes; organize melhor sua rotina e seus horários.

De 21 a 31 de agosto: Excelente período para fazer mudanças operacionais no trabalho; ações em equipe têm mais rapidez e geram bons resultados. Esse esforço valerá o reconhecimento que você estava esperando.

De 1º a 10 de setembro: Vênus está no signo de Libra, em bom aspecto com Júpiter em Aquário. Momento auspicioso para fazer parcerias ou associações interessantes. Seu otimismo e sua confiança serão como um ímã para atrair oportunidades.

De 11 a 20 de setembro: Empreendedorismo e concentração no trabalho, nos estudos ou em projetos serão fundamentais para alcançar suas metas. Nada de se comparar aos outros; você vai se surpreender com talentos ainda desconhecidos.

De 21 a 30 de setembro: Mercúrio e Júpiter estão em harmonia no céu planetário. Não tenha dúvidas, invista mais em conhecimento, cultura; planeje uma viagem para expandir seu repertório intelectual.

De 1º a 10 de outubro: Plutão e Mercúrio em tensão tendem a gerar dificuldades com as palavras e a interpretação do que foi dito ou escrito. Assim, tenha cautela em fazer julgamentos ou querer tomar partido de alguém.

De 11 a 20 de outubro: Bons aspectos com Júpiter devem trazer boas soluções e negociações em assuntos jurídicos. Momento prazeroso com amigos de longa data com quem você pode compartilhar suas novas conquistas.

De 21 a 31 de outubro: Muitos planetas estão em signos de Ar. Esse posicionamento estimula todas as atividades intelectuais, além de estudos e debates voltados à sustentabilidade e ao futuro do planeta, seja no plano ambiental ou político.

De 1º a 10 de novembro: Vênus e Mercúrio estão em sextil, favorecendo atividades culturais, literárias e artísticas. Aproveite para ver coisas belas que tragam inspiração para seu cotidiano. Bom para viajar e trocar afeto com pessoas queridas.

De 11 a 20 de novembro: Netuno e Sol em harmonia vão estimular a busca por temas filosóficos ou espirituais. Vênus em sextil com Urano ratifica essa possibilidade, abrindo o coração para experiências mais fraternas e espontâneas de amor incondicional.

De 21 a 30 de novembro: Em termos astrológicos, Vênus e Marte representam os princípios feminino e masculino. Nos signos de Capricórnio e Escorpião, respectivamente, e em ângulo positivo, favorecem os encontros, a conquista, a sedução, o desejo de compromisso.

De 1º a 10 de dezembro: Este período é marcado por tendência a excessos em geral. Evite discussões acaloradas, sem objetividade ou consenso. Controle também a gula, passe longe de doces e carboidratos.

De 11 a 20 de dezembro: Marte está entrando no signo de Sagitário e os impulsos para a busca da verdade encontram-se ampliados. Nessa fase, é adequado também evitar o idealismo radical, pois a Lua Cheia sempre exacerba paixões e opiniões.

De 21 a 31 de dezembro: O final de ano promete intensidade na vida amorosa. Seja para o bem ou para o mal, pense que o amor também pode ser avaliado ou pensado. Certos rompantes mostram fragilidade e insegurança. Antes de tudo, ame a si próprio.

TOURO   21 de abril – 20 de maio

EU TENHO
Persistência – Paciência – Estabilidade
Sensualidade – Segurança – Preservação

☆ **Personalidade:** A necessidade de segurança e estabilidade (financeira e afetiva) faz parte da essência taurina. Ela tende a confiar somente naquilo que é palpável e possui um embasamento lógico. Em geral, o taurino é doce, tranquilo e tem um toque único e charmoso na sua personalidade (em razão de sua regência venusiana). Ele gosta da paz, do conforto e precisa se atentar a uma dinâmica dual. Às vezes, pode tender mais para uma forma mais calma, delicada, determinada e usa seu poder de sedução e criação a fim de conseguir o que deseja. Por outro lado, pode vir a ficar o dia todo deitado no sofá, comendo, passeando pelas redes sociais ou assistindo à televisão, passivo e inerte ao que acontece à sua volta. Para os taurinos é importante trabalhar o desapego, a flexibilidade e a disciplina, fazendo as coisas no próprio ritmo, sem pressa, mas com firmeza. Sair da zona de conforto e mudar é necessário e bem-vindo. Afinal, a mudança é a única constante na vida e o maior dos desafios para um dos signos mais cabeça-dura do zodíaco.

☆ **Profissão:** Seu interesse por uma boa comida pode abrir as portas para ser um chef de cozinha ou gerenciar um restaurante. Sua capacidade de transformar os sonhos em realidade permite que o taurino seja ótimo em produzir, organizar e gerenciar diversos negócios. Sem contar que o seu senso de estética natural pode torná-lo um estilista, fotógrafo, esteticista, maquiador, arquiteto e tudo mais que envolva o universo da arte e da beleza, pois esse signo é regido pelo planeta Vênus. As áreas financeira e imobiliária também podem ser de grande sucesso.

☆ **Amor:** Para se sentir seguro, o taurino precisa ter certeza de que a outra pessoa de fato gosta e quer estar com ele. Aí sim ele vai em frente, age e coloca para fora seu lado romântico e sensual. O contato físico é extremamente importante para esses filhos de Vênus, que apreciam como ninguém tudo o que envolva os cinco sentidos, uma vez que essa é uma das formas de ele compreender e demonstrar seu amor. É importante ressaltar a necessidade de se trabalhar interiormente e estimular a própria autoconfiança. Nos taurinos, desequilíbrios emocionais tendem a se manifestar fortemente na forma de apego, ciúme e possessividade.

☆ **Saúde:** O taurino, mais do que ninguém, sabe apreciar os momentos de prazer e conforto, mas como qualquer um de nós também está exposto ao estresse e às responsabilidades. O excesso de trabalho, a inércia e os sapos engolidos podem lhe trazer complicações na garganta, torcicolo e problemas na tireoide. A falta de exercícios físicos, somada ao seu bom apetite, pode acarretar obesidade, então é bom deixar a preguiça de lado e se mexer!

☆ **Personalidade do signo e frase:** Bertrand Russell – "Uma vida feliz deve ser em grande parte uma vida tranquila, pois só numa atmosfera calma pode existir o verdadeiro prazer."

Previsões para 2021

De 1º a 10 de janeiro: Vênus está em Sagitário em bom aspecto com Marte em Áries, que está em seu próprio signo. Momento interessante e dinâmico para sua vida sentimental. Deixe o orgulho de lado e se declare sinceramente à pessoa amada.

De 11 a 20 de janeiro: Atribulações ou sobrecarga nos estudos ou no trabalho podem deixá-lo frustrado. Esta é a hora oportuna para treinar sua perseverança e resiliência. No amor, tudo continua vibrante; você está livre para amar.

De 21 a 31 de janeiro: Marte, Júpiter e Urano encontram-se em ângulo de tensão no céu. Turbulências e imprevistos podem vir a alterar sua rotina. Faça um *backup* de documentos importantes para se prevenir contra eventuais problemas.

De 1º a 10 de fevereiro: Caso haja conflitos no ambiente profissional, possivelmente ocorrem porque ninguém quer abrir mão de seus pontos de vista. Essa disputa é infrutífera, uma vez que a solução vai passar por interesses de várias pessoas. Pense nisso.

De 11 a 20 de fevereiro: Nesta Lua Nova há um forte *stellium* no signo de Aquário, que representa a coletividade, os amigos, os planos para o futuro. Reflita bem naquilo que deseja semear e visualize os frutos, que logo chegarão. O pensamento tem poder.

De 21 a 28 de fevereiro: Saturno em quadratura com Urano no céu pode evidenciar resistência a mudanças que trariam bons resultados no trabalho. Talvez as ideias precisem amadurecer com diálogos produtivos e convergentes; dê sua contribuição.

De 1º a 10 de março: Vênus em sextil com Urano é um período oportuno para planejar suas metas e, de preferência, colocá-las em prática com rapidez. A procrastinação é uma atitude por vezes inconsciente, mas fique atento, pois este é um bom momento para ações.

De 11 a 20 de março: Bons aspectos no céu planetário tornam este ciclo benéfico para mudar suas opiniões, estudar e ampliar sua visão de mundo. Procure compartilhar essas conquistas com pessoas que pensam de forma semelhante.

De 21 a 31 de março: Saturno faz trígono com Marte, e esses planetas estão nos signos de Aquário e Gêmeos, respectivamente. Sua curiosidade por vários assuntos vai se intensificar. A sabedoria e as experiências de pessoas mais velhas serão de muito valor em seu desempenho intelectual.

De 1º a 10 de abril: Sol e Saturno promovem uma fase mais produtiva, e você será capaz de realizar seus projetos de maneira eficiente e segura. Bom para investimentos financeiros de longo prazo; se achar necessário, procure alguém que possa aconselhá-lo.

De 11 a 20 de abril: Este é um período marcado por bons aspectos entre Sol, Marte e Júpiter. Seu entusiasmo e otimismo serão contagiantes – o motor de arranque para iniciativas que você deseja implementar no ambiente de trabalho.

De 21 a 30 de abril: Vênus faz conjunção com Urano em seu signo solar. Um novo ciclo para investir mais na aparência e nos cuidados com o corpo; a vaidade sempre está ligada à autoestima. Mudanças na alimentação também serão bem-vindas.

De 1º a 10 de maio: Sol e Urano no signo de Touro confirmam a necessidade de se dar permissão a efetuar as mudanças que considera importantes. Reciclar, rever os próprios conceitos ou valores, fazer novos amigos, mudar de casa – tudo está valendo.

De 11 a 20 de maio: O planeta Júpiter está entrando no signo de Peixes, ampliando assim sua capacidade de imaginar e refletir sobre a natureza humana. Temas espirituais ou filosóficos podem entrar em sua vida de modo bastante significativo.

De 21 a 31 de maio: Vênus e Netuno estão em desarmonia no céu. Podem surgir desilusões na vida amorosa, mas é importante que as coisas sejam esclarecidas rapidamente. Fantasias só fazem aumentar as desconfianças.

De 1º a 10 de junho: No céu planetário, temos Marte em oposição a Plutão. Podem surgir conflitos nas relações com irmãos, primos e vizinhos. Não leve tudo a ferro e fogo; procure relativizar o peso das discussões e das contrariedades.

De 11 a 20 de junho: Sol e Mercúrio estão lado a lado no signo de Gêmeos, que se relaciona a comunicação, mídia, redes sociais ou tudo o que o mantém conectado com o mundo. O excesso de informações pode deixá-lo cansado; faça um filtro e fique com o que é realmente importante.

De 21 a 30 de junho: O Sol entrou no signo de Câncer, fazendo trígono com Júpiter em Peixes. Sentimentos estão mais aflorados, assim como sua imaginação. Fique mais próximo da natureza, cujo poder é sempre restaurador; se possível, perto do mar.

De 1º a 10 de julho: O planeta Saturno está pressionado neste período, trazendo certas limitações e tornando o ritmo de vida mais lento. Será um treino de paciência, mas certamente vai mostrar a importância da perseverança; não desanime.

De 11 a 20 de julho: Sol, Netuno e Mercúrio fazem bons aspectos com Júpiter neste ciclo, indicando superação das adversidades do ciclo anterior. Você está mais centrado e fortalecido para tocar sua vida. Propício para viagens de lazer a lugares desconhecidos.

De 21 a 31 de julho: O Sol entra agora no signo de Leão, ativando o setor familiar. Interessante momento para decisões relacionadas à sua moradia, como reformas ou mudanças. Assuntos jurídicos podem ter um final feliz para todos.

De 1º a 10 de agosto: Dificuldades ou imprevistos no âmbito familiar podem alterar o bom desempenho no trabalho. Será preciso estabelecer prioridades e deixar de lado o que não for muito urgente. Evite tomar decisões precipitadas.

De 11 a 20 de agosto: Neste ciclo pode persistir ainda certa tendência a uma rotina mais exigente ou cansativa, que divide sua atenção entre vários afazeres. Plutão e Vênus possibilitam um clima de cumplicidade e amadurecimento de sua relação amorosa.

De 21 a 31 de agosto: Nesta Lua Cheia você não deve nem precisa esconder seus sentimentos, pois eles estarão estampados em seu rosto. Fase prazerosa e madura na vida a dois, que permite assumir compromissos com a pessoa amada.

De 1º a 10 de setembro: Urano faz trígono com o Sol no céu. Sem dúvida, neste ciclo você vai ter oportunidades de crescer no trabalho, alcançar uma nova posição e ter o reconhecimento com que sonhava. Faça as mudanças que achar oportunas; as estrelas estão a seu favor.

De 11 a 20 de setembro: Você está apto a trabalhar em equipe, fazer parcerias produtivas e brilhar no setor profissional. Seu êxito pode incomodar alguns, mas isso não vai impedir sua caminhada. Celebre as conquistas desta fase.

De 21 a 30 de setembro: O planeta Saturno recebe excelentes aspectos neste ciclo, confirmando seu notório e positivo desempenho profissional. Foco e determinação vão pavimentar seu futuro. Oportuno para planejar uma viagem ao estrangeiro.

De 1º a 10 de outubro: Mercúrio está retrógrado no céu e faz um ângulo difícil com Plutão; é chegada a hora de recuar um pouco no ritmo dos últimos tempos. Reveja seus planos, mas leve em conta que a fase de criatividade continua intensa.

De 11 a 20 de outubro: Agora é possível assumir mais responsabilidades sabendo que vai levá-las até o fim com segurança. Sol e Júpiter em harmonia indicam um ciclo de reconhecimento por esforços feitos; receba os elogios sem modéstia.

De 21 a 31 de outubro: Alimentos processados e condimentados podem causar um forte mal-estar nestes dias. Seu sistema imunológico talvez esteja em baixa, exigindo mais cautela com excessos alimentares. Tome mais líquidos e saia para caminhadas.

De 1º a 10 de novembro: A oposição entre Sol e Urano mostra forças opostas que têm tirado seu sono estes dias. Você precisa achar um meio-termo entre ter mais liberdade de ação, mas não romper com as parcerias; evite atitudes drásticas.

De 11 a 20 de novembro: É importante você lembrar que não é necessário agradar a todos. Isso vai facilitar suas próximas decisões no ambiente de trabalho e em relação aos amigos. O importante agora é preservar sua autonomia e ser você mesmo.

De 21 a 30 de novembro: Vênus e Marte estão criando uma ótima vibração para a vida amorosa – nada como boa vontade e intimidade no dia a dia. Sol e Mercúrio em Sagitário indicam o desejo de planejar uma viagem interessante; vá em frente.

De 1º a 10 de dezembro: Agora você tem mais assertividade e entusiasmo para resolver coisas importantes e assim viabilizar seus projetos. No entanto, Marte em quadratura com Júpiter no céu tende a criar um clima de soberba ou arrogância que deverá ser contido.

De 11 a 20 de dezembro: Podem surgir instabilidades ou decepções com amigos. Cabe a você não carregar demais nas cores das emoções negativas. Dedique mais tempo e energia a atividades que tragam alegria; planeje uma viagem para o final do ano.

De 21 a 31 de dezembro: Certas turbulências e irritabilidade podem afetar seu relacionamento íntimo. Não fique refém de circunstâncias difíceis nem guarde ressentimentos fantasiosos, que só fazem piorar as coisas. Tudo é passageiro e vai se esclarecer.

GÊMEOS 21 de maio – 20 de junho

EU PENSO
Comunicação – Curiosidade – Versatilidade
Adaptabilidade – Astúcia – Amabilidade

 **Personalidade:** Os geminianos possuem uma mente ágil: as ideias que borbulham sem parar na sua cabeça e a inquietação, característica desse signo, vêm de uma curiosidade quase que insaciável por aprender algo novo. Há uma habilidade em fazer duas ou mais coisas ao mesmo tempo, encontrar soluções simples para problemas complicados e se

adaptar de forma surpreendentemente fácil a mudanças! Com os olhos sempre brilhando em busca de novidades, curtem (e precisam) socializar, e têm o dom inato da comunicação. Principalmente por meio da palavra falada. É importante desenvolver firmemente seu foco e sua determinação para colocar as ideias em prática a fim de não ficar perdido em um mar de dúvidas que podem terminar em devaneios ou ideias superficiais.

☆ **Profissão:** Para o geminiano, escolher apenas uma profissão é desafiador, uma vez que possuem diversos talentos e se interessam por várias coisas diferentes. Vale a pena investir nos seus *hobbies* preferidos, fazer uma lista de prioridades e se manter sempre informado. Os geminianos acham muito limitador trabalhar com uma coisa só. Por isso é aconselhável que tenham mais de um emprego ou trabalhem em uma mesma área, mas de formas diferentes, trazendo assim diversidade para a sua vida. Profissões que lidem com comunicação, informação, pessoas, viagens e ensino são bem-vindas. Os geminianos são ótimos jornalistas, escritores, professores, publicitários e influenciadores digitais.

☆ **Amor:** Sendo um signo de Ar, por vezes a mente geminiana pode acabar se sobressaindo em relação ao sentir do coração. Isso não significa que não haja paixão! Apenas é mais desafiador para os filhos de Mercúrio entrarem em profundo contato com as suas emoções. Num relacionamento, a atração vem pelas ideias, leveza e carisma da outra pessoa. É necessário que sua liberdade e sua individualidade sejam preservadas e que a conexão entre o casal seja intelectual (principalmente), dinâmica e divertida, sempre colocando em palavras o que sentem, pois é assim que irradiam sua paixão.

☆ **Saúde:** Sempre ocupado com inúmeras atividades e querendo aproveitar seu tempo da melhor maneira, pode acabar negligenciando a alimentação e o sono. O ideal é que o geminiano busque parar sua mente por um tempo, relaxar, fazer alongamentos e prestar atenção em suas necessidades básicas para evitar problemas como ansiedade, fraqueza muscular, doenças nervosas e respiratórias. Meditação é algo altamente recomendável para os geminianos desacelerarem um pouco e levar uma vida melhor.

☆ **Personalidade do signo e frase:** Jean-Paul Sartre – "Quem é autêntico assume a responsabilidade por ser o que é e se reconhece livre de ser o que é."

Previsões para 2021

De 1º a 10 de janeiro: Sol e Mercúrio, o regente de seu signo solar, estão no signo de Capricórnio, fazendo sextil com Netuno. Bom momento para estar próximo à natureza, seja campo ou mar. Tanto a terra quanto a água terão efeito benéfico em seu bem-estar.

De 11 a 20 de janeiro: Marte e Saturno em tensão podem deixá-lo preocupado em excesso com os planos para o início do ano. Não tenha pressa em definir muitas coisas, pois os imprevistos podem mudar a direção de suas intenções.

De 21 a 31 de janeiro: Um *stellium* em Aquário está movimentando positivamente a área de conhecimentos filosóficos e espirituais. Neste momento, sua atenção ficará mais voltada para temas coletivos e humanitários.

De 1º a 10 de fevereiro: Neste período, você pode sentir certo conflito entre mudar algum projeto ou se manter em sua zona de conforto. Não busque culpados para aquilo que não deu certo; as soluções vão aparecer.

De 11 a 20 de fevereiro: Suas aspirações continuam voltadas para temas sociais, o que traz uma sensação positiva por poder contribuir com causas mais nobres. Não se preocupe, contudo, em querer agradar todo mundo.

De 21 a 28 de fevereiro: Certas contrariedades na vida amorosa devem passar logo; esses assuntos não se resolvem só com a razão. Você poderá se surpreender com seus talentos e recursos ainda desconhecidos e incorporá-los ao trabalho.

De 1º a 10 de março: A conjunção de planetas em Aquário está ativada pela presença da Lua em Sagitário em sua fase minguante. Momento rico para refletir sobre seus próximos passos e o que deseja de fato para o ano que está começando.

De 11 a 20 de março: Fase muito favorável para investir tempo em atividades artísticas e culturais, em especial a música, que sempre fala direto ao coração. A vida profissional traz a promessa de reconhecimento que você tanto almeja.

De 21 a 31 de março: O período tem início com a auspiciosa conjunção de Sol e Vênus em Áries. O desejo do encontro amoroso se intensifica, e romances inevitáveis podem surgir. Deixe se levar por esse clima, mesmo que seja apenas "fogo de palha".

De 1º a 10 de abril: Netuno e Marte estão em ângulo de tensão no céu. Isso pode representar um estado psíquico mais confuso e vulnerável. Procure se manter a certa distância de problemas que não sejam seus.

De 11 a 20 de abril: Marte está em Gêmeos, e essa posição potencializa sua força vital e o entusiasmo pela vida. Ele faz um trígono com Júpiter em Aquário, apontando novos desafios intelectuais e mais interação nas redes sociais.

De 21 a 30 de abril: Vênus e Mercúrio estão em Touro, movimentando sua vida doméstica. Excelente para receber amigos para um almoço ou jantar, desfrutar dos prazeres da vida, reencontrar pessoas queridas.

De 1º a 10 de maio: Sol e Urano estão juntos em Touro, sugerindo uma pergunta: estou realmente disposto a mudar algo em minha vida? Esteja certo de que, para que isso aconteça, você precisa, em primeiro lugar, modificar suas crenças e valores.

De 11 a 20 de maio: O ciclo começa com a Lua nova em Touro e o Sol em sextil com Netuno. Para dar início a mudanças, observe bem a qualidade de seus pensamentos. Depois, desvencilhe-se de roupas, documentos e papéis sem utilidade – já é um bom começo.

De 21 a 31 de maio: Sol quadrando Júpiter pode apontar um conflito entre razão e sentimentos. Conciliar as duas coisas não é simples, porém o mais relevante seria parar com a autocrítica inútil. Lembre-se de que ninguém é perfeito.

De 1º a 10 de junho: Vênus em Gêmeos e Júpiter em Aquário indicam mais confiança e otimismo na maneira de experimentar novos relacionamentos. Compartilhe ideias e sensações que esteja vivenciando; a vida ficará mais leve.

De 11 a 20 de junho: Urano e Saturno estão em ângulo de tensão, fazendo surgir a percepção de que a vida não anda para a frente. Neste momento, seu grande aprendizado será a paciência. As coisas acontecem na hora certa – nem antes, nem depois.

De 21 a 30 de junho: O trígono entre Sol e Júpiter durante a fase cheia da Lua evidencia um ciclo de expansão da consciência e também da capacidade de se emocionar. Você poderá se sentir abençoado pelas pequenas coisas do cotidiano.

De 1º a 10 de julho: O excesso de responsabilidades no trabalho pode deixá-lo estressado e sem tolerância com os colegas. Adie aquilo que não tiver urgência, pois você não precisa carregar o mundo nas costas nem provar nada a ninguém.

De 11 a 20 de julho: Nesta fase, você já está mais relaxado, podendo usufruir de mais tempo para lazer ou descanso. Fique atento a gastos excessivos; talvez seja necessário abrir mão de suas reservas de forma inesperada.

De 21 a 31 de julho: A Lua Cheia em Aquário vai movimentar bastante sua vida social e estimular o desejo de ver amigos de longa data. Você poderá usar sua sensibilidade para equacionar questões delicadas dentro do ambiente familiar.

De 1º a 10 de agosto: Mercúrio e Sol fazem oposição a Saturno no céu. Relacionamentos do passado podem retornar e, em um primeiro momento, isso talvez o incomode. Mas talvez seja importante resgatar algo que ficou lá atrás; pense nisso.

De 11 a 20 de agosto: Vênus em Virgem indica um momento benéfico para reorganizar a casa, seja seu quarto, documentos, fotos ou roupas. Veja essa atitude não como obrigação, mas como um gesto de amor por você mesmo.

De 21 a 31 de agosto: Vênus faz um trígono com Saturno, representando uma fase favorável para sua vida social e cultural. Seja protagonista das próprias escolhas. Ótima ocasião para assumir compromissos mais duradouros na vida amorosa.

De 1º a 10 de setembro: O período é oportuno para abraçar novos desafios no trabalho. Você poderá exercer sua liderança de forma horizontal, estimulando a iniciativa dos colegas. Mais criatividade e intuição estão a seu favor.

De 11 a 20 de setembro: Certas realizações podem se mostrar frustrantes, mas apenas em razão das altas expectativas de sua parte. Tire a lente de aumento das pequenas contrariedades; o momento é de intensidade e promete transformações.

De 21 a 30 de setembro: Este período começa com o equinócio de primavera e Mercúrio em trígono com Júpiter em Aquário. Seu otimismo o deixará a mil por hora, motivando-o a ir mais longe. Marte e Saturno sinalizam produtividade para dar forma a seus planos.

De 1º a 10 de outubro: Toda cautela é pouca com promessas que talvez não possa cumprir. Os motivos não dependem de sua vontade; relaxe e espere o tempo passar. Sol e Marte mostram coragem e assertividade para avançar.

De 11 a 20 de outubro: Júpiter faz trígono com o Sol, ratificando sua capacidade para criar alianças positivas. Essas conquistas trazem um reconhecimento que aumenta sua autoestima, gerando boas energias ao seu redor.

De 21 a 31 de outubro: O excesso de responsabilidades tem um lado bem difícil; talvez seja preciso dar um tempo para recarregar as baterias. Permita-se um descanso ou férias, pois o bem maior de todos chama-se saúde.

De 1º a 10 de novembro: Nos primeiros dias desta fase, Mercúrio e Vênus vão facilitar seus contatos sociais. Ótimo momento para sair e se divertir, e quem sabe planejar seu fim de ano. O término deste ciclo tem Saturno tensionado; pode haver lentidão no ritmo da vida.

De 11 a 20 de novembro: Seja parcimonioso e use a sensibilidade para superar conflitos e divergências de interesses no trabalho. Se surgir algum mal-entendido, logo ele vai se esclarecer. Fique mais atento aos exercícios e à alimentação.

De 21 a 30 de novembro: Vênus e Marte estão em ângulo de harmonia: invista mais energia em sua vida sentimental. Romantismo nunca fez mal a ninguém... Não faça o tipo orgulhoso que fica em casa reclamando da solidão.

De 1º a 10 de dezembro: Mercúrio e Netuno podem atrapalhar a comunicação com pessoas queridas; seja mais claro naquilo que quer dizer. A sinceridade excessiva, contudo, está longe de ser uma virtude nesta fase; pese bem as duas coisas.

De 11 a 20 de dezembro: Plutão e Vênus juntos no céu estimulam a vida a dois, mas cumplicidade não significa ter controle sobre a vida do outro. Fase de Lua Cheia, em que você poderá se ver com mais clareza, bem como quais são seus propósitos.

De 21 a 31 de dezembro: O ano termina com Vênus ainda ao lado de Plutão; tudo tem sido intenso no âmbito dos relacionamentos em geral. Júpiter entra em Peixes, mostrando também a importância da compaixão e do amor universal.

CÂNCER

21 de junho – 21 de julho

EU SINTO
Nutrição – Sensibilidade – Cuidado
Família – Segurança – Afetividade

- **Personalidade:** Por sua conexão com a Lua (regente deste signo), cancerianos costumam ter mais oscilações de humor que pessoas de outros signos. É importante aceitar suas fases e acolher suas emoções com gentileza e autocompaixão, tomando cuidado com irritação e o famoso vitimismo crônico dos cancerianos que não conseguem lidar com suas emoções. A intuição para os cancerianos é favorecida e eles sentem as emoções de uma forma que os outros jamais entenderão. Quem é de Câncer está sempre pronto para amar e cuidar das pessoas que lhe são queridas. É a mãezona (ou o paizão) do zodíaco e precisa de um cantinho para chamar de seu. Gosta de guardar lembranças, tem uma excelente memória afetiva e a família é uma das coisas mais importantes da sua vida.

- **Profissão:** Por sua ligação natural com o lar, pode haver um interesse por arquitetura, decoração de interiores ou paisagismo. Um trabalho que esteja ligado à compreensão e à transmissão das emoções humanas é altamente indicado! Áreas relacionadas à arte e ao cinema – como fotografia, atuação, criação de roteiros, direção, ou as ligadas às emoções – psicólogo, terapeuta ou terapeuta holístico, por exemplo. O universo da maternidade também pode chamar a atenção dos nativos deste signo, como a área da pediatria, obstetrícia, professor do jardim de infância etc. Aqui também pode existir um talento para cozinhar e fazer negócios, pois o ariano sabe intuitivamente aproveitar oportunidades como ninguém. Só precisa acreditar mais em si mesmo.

☆ **Amor:** A equação aqui é fácil: cuidar + ser cuidado = amor feliz e relacionamento saudável. O universo canceriano gira em torno do campo afetivo e se relacionar faz parte da sua necessidade de segurança emocional. Como são muito românticos e curtem romances de novela, quando não estão em um relacionamento, ficam sonhando com um, como aqueles de família feliz em propaganda de margarina. Ficar solteiro é para os outros signos. Namorar um canceriano é como estar em uma eterna montanha-russa de emoções. Para os dois lados.

☆ **Saúde:** A saúde canceriana é especialmente afetada pelas emoções, por isso há uma enorme necessidade de formar um lar que lhe ofereça conforto, segurança e ajude naturalmente a repor as energias. Sem esse cantinho sagrado e com exposição em excesso ao estresse, podem surgir problemas nos seios, nos ovários, retenção de líquido ou dificuldades com o sistema imunológico. Cancerianos também têm tendência a desordens alimentares como anorexia ou bulimia, gastrites e úlceras, inchaço e obesidade. Devem sempre beber muito líquido e evitar comidas pesadas, que tenham condimentos fortes.

☆ **Personalidade do signo e frase:** Antoine de Saint-Exupéry – "O verdadeiro amor nunca se desgasta. Quanto mais se dá, mais se tem."

Previsões para 2021

De 1º a 10 de janeiro: Netuno faz aspectos relevantes com Netuno e Plutão neste período. Aproveite para observar seus pensamentos, suas crenças arraigadas, tristezas ou inseguranças. Determine-se a ser feliz; não é tão difícil assim.

De 11 a 20 de janeiro: Sol e Marte em tensão podem resultar em dissabores e discussões com pessoas próximas ou amigos. Observe que a intransigência que você tanto critica está em sua própria pessoa; que tal treinar a diplomacia?

De 21 a 31 de janeiro: Marte faz quadratura com Júpiter; o clima de animosidade permanece neste ciclo. Use sua inteligência emocional para não romper laços importantes. Ouça e compreenda mais o próximo.

De 1º a 10 de fevereiro: Esta é uma boa ocasião para reflexão. Você vai perceber que está mais maduro e seletivo em suas relações. Não se preocupe, pois poderá fazer novos amigos, que estão mais afinados com seu momento de vida.

De 11 a 20 de fevereiro: A Lua Nova é sempre propícia a começos. De fato, você está motivado por amizades com pessoas mais livres, menos convencionais, que abrem sua mente para uma nova visão de mundo. Crie novas parcerias também.

De 21 a 28 de fevereiro: Aquilo que ficou velho ou estagnado em sua vida aos poucos vai sendo desconstruído, e isso significa uma sensação de liberdade prazerosa. Tudo é transitório, até as nuvens que passam no céu; por que então impedir as novidades?

De 1º a 10 de março: Vênus em sextil com Urano sinaliza um ciclo de mais desprendimento e leveza no campo afetivo. É chegada a hora de declarar seu amor e deixar o orgulho ou a timidez de lado. Surpresas vão surgir.

De 11 a 20 de março: A Lua Nova acontece no signo aquático de Peixes, abrindo sua sensibilidade psíquica para assuntos espirituais. As emoções podem levá-lo a novos espaços internos; tente observar também os sonhos noturnos.

De 21 a 31 de março: Sol e Vênus estão juntos no signo de Áries, dinamizando os impulsos amorosos de conquista e sedução. Momento de mais criatividade na vida profissional; mostre sua capacidade de inovar e estimular os outros.

De 1º a 10 de abril: Está na hora de repensar os próprios paradigmas. Você não é vítima de seus conflitos e pode decidir com mais vigor os próximos passos. Não há ninguém que não tenha de ultrapassar barreiras pessoais.

De 11 a 20 de abril: Há muitos aspectos positivos com Sol, Marte e Júpiter em signos de Ar e Fogo. Não há nada a temer; acredite e avance com fé em seus novos propósitos. A perseverança e o otimismo serão determinantes na realização de seus ideais.

De 21 a 30 de abril: Vênus em Touro intensifica a alegria em sua vida social; nada como trocar afeto com pessoas que querem o seu bem. As redes sociais podem reverberar positivamente seus projetos de trabalho, que serão elogiados.

De 1º a 10 de maio: Mercúrio, Vênus e Plutão estão em harmonia no céu. Excelente fase para tocar adiante suas realizações, articular negócios, fazer investimentos positivos. Obstáculos sempre aparecem, mas são mais um motivo para não desistir.

De 11 a 20 de maio: Momento favorável para direcionar sua energia aos estudos. Se puder, inscreva-se ou participe de seminários, palestras, *workshops*. Uma mente aberta está sempre conectada com o mundo todo.

De 21 a 31 de maio: Continue lutando por aquilo que é seu de direito e de fato. A palavra *sorte* pode ser um equívoco, uma vez que os vitoriosos geralmente carregam consigo muito esforço e resiliência.

De 1º a 10 de junho: Você poderá ser prejudicado por ações inconscientes de outras pessoas. Não parta para o revide, pois as justas soluções logo vão aparecer. A sabedoria da paciência tem mais valor do que palavras agressivas ou inadequadas.

De 11 a 20 de junho: Você deve ter cautela com notícias sem fundamento, fofocas ou intrigas em seu trabalho. É interessante saber o que aconteceu, mas não tome nenhum partido. Nem tudo o que reluz é ouro.

De 21 a 30 de junho: Os esclarecimentos relativos aos eventos do ciclo anterior já estão aparecendo. Nada como a transparência dos fatos; contra eles, não há argumento. Vênus e Netuno favorecem a vida amorosa e o romantismo.

De 1º a 10 de julho: Marte em Leão indica a necessidade de ter bastante cautela ao fazer gastos ou investimentos arriscados; é tempo de guardar suas economias. Estes dias serão excelentes para cuidar da saúde e da aparência.

De 11 a 20 de julho: Mercúrio se une ao Sol em Câncer nesta fase, favorecendo assuntos domésticos. Seus familiares demandam mais atenção, e sua presença vai deixá-los mais seguros e satisfeitos.

De 21 a 31 de julho: Júpiter se opõe a Vênus em Virgem na fase da Lua Cheia em Aquário. Tendência ao sentimentalismo e a atitudes ambíguas, que vão gerar desconfiança na pessoa amada. Não seja tão exigente.

De 1º a 10 de agosto: Neste período ainda há uma forte demanda para gastos imprevistos, o que poderá comprometer seu orçamento. Respire fundo e faça uma agenda de controle para evitar estresse no futuro.

De 11 a 20 de agosto: Nos próximos dias haverá aspectos positivos da Lua com vários planetas. Sua energia vital flui de maneira mais equilibrada e dinâmica, permitindo decisões rápidas e soluções inteligentes para seu dia a dia.

De 21 a 31 de agosto: Sua atividade profissional deve ser favorecida por ferramentas da tecnologia; trate de aproveitá-las bem. Renove seus hábitos e sua rotina, pois isso acaba gerando mais presença de espírito e criatividade.

De 1º a 10 de setembro: Mercúrio e Saturno em harmonia ampliam sua capacidade em fazer investimentos seguros de longo prazo. Momento positivo para negócios ou decisões relacionadas ao setor imobiliário ou patrimonial.

De 11 a 20 de setembro: Os ventos continuam favoráveis para negócios e o comércio em geral. Auspicioso também para viagens rápidas, estudos e participação em congressos ou seminários. É importante enriquecer seus conhecimentos.

De 21 a 30 de setembro: Saturno se destaca neste período recebendo bons aspectos de Marte e do Sol, que ocupam o signo de Libra. Você pode pensar em organizar parcerias que tornem suas ações mais produtivas, nas quais todos tomem iniciativas.

De 1º a 10 de outubro: O ritmo da vida corre acelerado, mas você não precisa provar nada a ninguém. A pressão por prazos não deve prejudicar sua comunicação com aqueles que estão em seu time; não se preocupe.

De 11 a 20 de outubro: Vênus está em Sagitário em sextil com Saturno; momento benéfico para dedicar mais tempo à sua vida amorosa. Esse aspecto se manifesta por desejo de aventura e de novidades no amor.

De 21 a 31 de outubro: Marte e Júpiter continuam estimulando suas parcerias e o trabalho compartilhado. A energia de generosidade com o outro vai reverberar e voltar para você na forma de fortalecimento de suas amizades.

De 1º a 10 de novembro: Mercúrio junto a Marte em sextil com Vênus movimentam sua vida social e sentimental. As redes sociais devem contribuir para isso, assim como seu charme, simpatia e interesse genuíno pelos outros.

De 11 a 20 de novembro: Ciclo planetário bem movimentado. Sol e Júpiter podem indicar discussões que desarmonizam o ambiente familiar. Por outro lado, Vênus e Urano favorecem mudanças de hábitos e de valores que mudarão sua rotina.

De 21 a 30 de novembro: Vênus e Marte ainda intensificam a vida a dois; os laços podem ser estreitados, a cumplicidade aquece os corações. Momento positivo para fazer uma viagem longa bem prazerosa.

De 1º a 10 de dezembro: Fique mais consciente e atento em relação ao que come, pois o excesso pode prejudicar seu sistema digestivo. Aproveite para fazer uma dieta mais leve, sem açúcar; o verão já está aí.

De 11 a 20 de dezembro: Mercúrio entra em Capricórnio ao mesmo tempo que Marte em Sagitário. Sua mente está mais objetiva e focada; a curiosidade será sua grande aliada para assimilar os mais variados assuntos.

De 21 a 31 de dezembro: Vênus, ao lado de Plutão no céu, intensifica os relacionamentos em geral; as emoções não podem ser controladas. Por isso mesmo, observe o que elas querem comunicar, para ter mais consciência de quem você é.

LEÃO

22 de julho – 22 de agosto

EU SOU
Entusiasmo – Lealdade – Liderança
Generosidade – Autoconfiança – Criatividade

☆ **Personalidade:** Para os nativos de Leão, desenvolver o lado magnético, chamativo, carismático e naturalmente centralizador (de liderança) é a missão de sua vida. Ele veio para descobrir quem é, aprender a confiar no próprio taco e não ligar (a ponto de sofrer) para as críticas e opiniões alheias. O brilho leonino está sempre pronto para aparecer e ele tem a habilidade de iluminar tudo o que faz. A autoimagem é muito importante aqui. Quem nasceu sob esse signo deve valorizar sua individualidade, assumir seu lugar no mundo, ser o líder da própria vida e dar sempre o seu melhor!

☆ **Profissão:** Leoninos são naturalmente criativos, expressivos e artísticos, por isso se identificam com a arte e o design. Podem ser atraídos para áreas que envolvam sua imagem e lhes permita criar algo que venha do coração: dramaturgia, cinema, design de moda, design de interiores, música, direção de criação, criação de conteúdo e outras carreiras no ramo do entretenimento. O desejo pelo poder e autoridade para decidir coisas pode levá-los para o campo do direito e da política. Também dão ótimos professores, oradores e executivos!

☆ **Amor:** Para o leonino, se não for para ser um amor espetacular, grandioso, e até um pouco dramático, para que namorar? A vida fica muito mais colorida, alegre e interessante quando se está vivendo um grande amor, não é mesmo? Como um bom leonino, há o desejo em receber muita atenção do seu par, bem como elogios e presentes, já que é por essas formas que ele reconhece o amor. Em troca, o leonino oferece o coração numa bandeja de prata, com toda a sua lealdade, proteção, atenção e generosidade.

☆ **Saúde:** Em razão da regência solar, leoninos precisam ter contato com a luz do sol regularmente, uma vez que a falta de exposição pode afetar seu humor e, em casos extremos, até levá-los à depressão. O coração também precisa de atenção especial. Sob tensão e estresse por longos períodos, há maior tendência à má circulação, problemas cardíacos e pressão alta. Dores nas costas também podem ser constantes, por isso fazer atividade física regularmente é de extrema importância, e como bônus eles ganham um corpinho mais sexy e jovem por mais tempo!

☆ **Personalidade do signo e frase:** Carl Jung – "O melhor trabalho político, social e espiritual que podemos fazer é parar de projetar nossas sombras nos outros."

Previsões para 2021

De 1º a 10 de janeiro: O planeta Netuno recebe bons aspectos neste ciclo. Esse posicionamento favorável vai beneficiar diálogos que podem trazer esclarecimentos importantes. Excelente para fazer um *check-up* com diagnósticos positivos; cuide bem da saúde.

De 11 a 20 de janeiro: O Sol faz conjunção com Plutão no signo de Capricórnio, intensificando o setor de trabalho, nos quais mudanças positivas vão se estender a todos. Os recursos de tecnologia terão bastante importância nesse sentido; fique por dentro das novidades.

De 21 a 31 de janeiro: Marte e Urano em tensão podem indicar intransigência e falta de flexibilidade em sua adaptação às mudanças. Elas são irreversíveis, portanto, veja o que pode tirar de bom delas para sua vida e seu desempenho.

De 1º a 10 de fevereiro: É bem provável que certa animosidade ou impaciência ainda pairem no ar. Não serão rompantes nem discussões que vão amenizar essa situação. Saturno e Urano em tensão mostram que velhas estruturas estão se dissolvendo.

De 11 a 20 de fevereiro: Vênus e Júpiter estão juntos em Aquário, trazendo abertura de espírito e boa vontade – elementos imprescindíveis para pacificar este ciclo. Seja mais tolerante com a pessoa amada, evitando brigas inúteis ou até mesmo infantis.

De 21 a 28 de fevereiro: Marte em ótimo aspecto com Plutão vai direcionar seu foco e sua eficiência para o trabalho. Você pode se surpreender com sua criatividade e ousadia para liderar e estimular os colegas. Vá em frente!

De 1º a 10 de março: Vênus em Peixes faz sextil com Urano em Touro, aumentando sua intuição e a capacidade de discernimento para fazer escolhas sensatas tanto na vida pessoal quanto na profissional. Ótimo ciclo para ver amigos, compartilhar experiências ou viajar.

De 11 a 20 de março: A Lua Nova acontece no signo de Peixes, no qual também estão Netuno e Vênus. Momento auspicioso para refletir sobre sentimentos e motivações íntimas. Observe seus sonhos, que sempre trazem revelações significativas.

De 21 a 31 de março: Vênus e Sol encontram-se agora no signo de Fogo de Áries, estimulando a vontade de viver e sua característica força vital leonina. Excelente fase para planejar ou mesmo fazer uma viagem longa, ampliando assim sua visão de mundo.

De 1º a 10 de abril: Momento benéfico para dar um *upgrade* na carreira, fazer cursos de aperfeiçoamento, participar de seminários, investir em seu *networking*. A vida sentimental atravessa uma fase mais tranquila.

De 11 a 20 de abril: O planeta Júpiter está em Aquário, recebendo bons aspectos do Sol e de Marte. Acredite mais na intuição e tome decisões que façam diferença em sua vida. É tempo de coragem, ousadia e, sobretudo, de olhar para o futuro.

De 21 a 30 de abril: Urano está no setor profissional, indicando uma fase propícia para abraçar novidades, conviver e trocar informações com pessoas de mente aberta e criativa. Fique atento também às sincronicidades que ocorrem no dia a dia.

De 1º a 10 de maio: Um belo *stellium* em Touro vai impulsionar seus projetos de trabalho. Essa configuração permite enxergar as coisas de um ponto de vista mais abrangente. Não despreze oportunidades de crescimento.

De 11 a 20 de maio: Mercúrio e Saturno estão em trígono no céu, nos signos de Gêmeos e Aquário, respectivamente. Sem dúvida, trata-se de um ciclo para investir com mais afinco em conhecimentos nas áreas de seus interesses específicos.

De 21 a 31 de maio: Será preciso evitar gastos supérfluos ou investimentos de risco que podem não dar certo. A confiança excessiva não será boa conselheira. Fique de olho na saúde: evite bebidas alcoólicas e muita comida processada; o corpo agradece.

De 1º a 10 de junho: Marte e Netuno fazem um trígono no céu planetário, sinalizando um momento positivo para sua vida espiritual e práticas meditativas. Ótima ocasião para compartilhar seus anseios com pessoas que você quer bem, dando e recebendo bons conselhos.

De 11 a 20 de junho: Esta fase é bem interessante para cultivar o convívio com amigos com os quais você tem afinidades intelectuais ou sociais. Suas ideias aos poucos vão se estruturando em direção ao que tanto deseja; não desanime.

De 21 a 30 de junho: Mercúrio em movimento direto vai dinamizar sua vida e seus contatos nas redes sociais. Se for de seu interesse, aproveite para divulgar seu trabalho e talentos, para que possam gerar ganho financeiro; vá em frente.

De 1º a 10 de julho: Marte agora está em Leão, seu signo solar, e faz oposição a Saturno em Aquário. É importante ficar atento à saúde; pode haver uma queda imunológica devido ao estresse ou cansaço. Tente delegar o excesso de responsabilidades.

De 11 a 20 de julho: Vênus e Marte representam a polaridade dos princípios feminino e masculino que regem os relacionamentos amorosos. Ambos estão juntos no signo de Leão, estimulando o desejo de conquista e sedução. Deixe a timidez de lado.

De 21 a 31 de julho: Com o Sol já em seu signo, sua disposição e vitalidade estão de volta. Mercúrio e Plutão indicam um ciclo em que se deve tomar mais cuidado com as palavras ditas de maneira impulsiva ou rude; nem todos sabem perdoar.

De 1º a 10 de agosto: Nestes dias pode haver excesso de trabalho e atrasos na finalização daquilo que você havia planejado realizar. Veja o que precisa aprender com tudo isso; desista de carregar o mundo nas costas.

De 11 a 20 de agosto: O perfeccionismo exagerado deve estar enfatizado neste ciclo em que Mercúrio e Marte ocupam o signo de Virgem. Procure praticar um exercício de contraponto a essa tendência, valorizando suas qualidades e seus talentos.

De 21 a 31 de agosto: Urano e Marte em bom aspecto no céu propiciam um momento de mais rapidez, eficiência e originalidade no trabalho. Isso pode significar um reconhecimento do seu valor profissional e oportunidades de aumento de salário.

De 1º a 10 de setembro: A ocasião pede mudanças, e a melhor estratégia é não resistir a elas. O ritmo acelerado dos acontecimentos vai acabar facilitando decisões e quebras de paradigmas; não há o que temer, confie nas novidades!

De 11 a 20 de setembro: Seja mais cauteloso caso queira realizar investimentos financeiros, pois instabilidades ou informações duvidosas podem prejudicá-lo. Bom para fazer melhorias na sua casa ou reformá-la, ou ainda procurar uma nova residência.

De 21 a 30 de setembro: Marte e Sol em Libra fazem aspectos positivos com Saturno, que está em Aquário. Interessante para estabelecer parcerias informais e rápidas com pessoas que tenham mais idade ou experiência que você; aproveite esse conhecimento!

De 1º a 10 de outubro: Você poderá ter dissabores ou frustrações com pessoas próximas em função de divergências de ideias ou opiniões. Não há por que querer convencer alguém de algo que não faz sentido para ele. Não insista.

De 11 a 20 de outubro: Mercúrio e Marte em Libra estão bastante ativados nestes dias, ampliando suas perspectivas de harmonia no amor e parcerias em geral. Nada como a boa vontade e a cumplicidade da vida compartilhada com quem realmente o ama.

De 21 a 31 de outubro: Ao contrário do ciclo anterior, agora podem surgir nuvens e trovoadas repentinas. É hora de treinar a inteligência emocional, tirando a lente de aumento dos problemas e baixando expectativas; ninguém é perfeito.

De 1º a 10 de novembro: Mercúrio em sextil com Vênus torna este momento interessante para planejar ou fazer uma viagem de lazer, recuperar energias e descansar. Às vezes é preciso dizer não ao trabalho, priorizando sua saúde e seu bem-estar.

De 11 a 20 de novembro: Marte em oposição a Urano pode alterar sua rotina familiar por motivos que independem de sua vontade. Procure se adaptar às circunstâncias e, sobretudo, não queira buscar culpados, pois será perda de tempo.

De 21 a 30 de novembro: O Sol está entrando no signo de Sagitário, intensificando seu desejo por emoções fortes, aventuras ou desafios a serem superados. O estresse da vida familiar já passou, graças ao seu pensamento positivo e confiante.

De 1º a 10 de dezembro: Neste momento, você pode ter ímpetos de querer competir com alguém para mostrar suas capacidades. No entanto, Marte e Júpiter se manifestam como tendência à confiança excessiva – algo que pode prejudicá-lo. Fique atento!

De 11 a 20 de dezembro: Marte adentra o signo de Sagitário, ampliando sua capacidade de determinação para buscar a verdade e seus valores éticos. A Lua Cheia nesse signo expande sua confiança e esperança naquilo que está por vir.

De 21 a 31 de dezembro: Plutão e Vênus juntos no céu podem deixar suas emoções à flor da pele; tudo se tornará profundo e sério na vida amorosa. Momento rico para se conscientizar do que você gosta ou não, do que deseja ou rejeita em sua vida.

VIRGEM

23 de agosto – 22 de setembro

EU ANALISO
Produtividade – Praticidade – Eficiência
Discernimento – Zelo – Metódico

☆ **Personalidade:** Quem é de Virgem possui um talento inato para discernir, analisar e organizar, não apenas objetos, mas também ideias e processos. São ótimos para aperfeiçoar as coisas e tornar tudo mais simples e funcional. Isso lhes permite ter uma visão ampliada das situações e trazer os sonhos para o plano da matéria. Porém, com essa habilidade de melhorar tudo o que fazem, podem se perder no excesso de detalhes e achar que nada nunca está bom o suficiente. Virginianos têm fama de serem chatos e indiferentes, mas a real é que são extremamente sensíveis. Afinal, Virgem é o único signo do zodíaco simbolizado por uma mulher! São românticos, amorosos (com quem eles permitem entrar na sua vida íntima) e muito generosos quanto a compartilhar o que sabem.

☆ **Profissão:** Virginianos costumam estar sempre envolvidos em algum projeto e se preocupam em utilizar muito bem o seu tempo! É meio difícil vê-los tirando férias. O trabalho é muito importante para o virginiano, uma vez que sua identidade e sua autoconfiança costumam estar conectadas a ele, que adora ser útil e servir a uma causa ou alguém. Aqui há uma incrível habilidade de raciocínio e de comunicação. Geralmente seu campo de interesse perpassa a área da saúde, de pesquisa, comunicação e tudo aquilo que envolva processos e a otimização de alguma coisa, e muitas vezes escolhem ser dentistas, veterinários, nutricionistas, farmacêuticos, cientistas, analistas, *personal trainers*, redatores e escritores.

☆ **Amor:** A fama de signo frio, pouco romântico e, às vezes, até desinteressado em sexo já deve ter chegado aos seus ouvidos. Isso passa longe da verdade, mas pode estar associado à dificuldade que alguns virginianos têm em relaxar, simplesmente se permitir viver a paixão e deixar as coisas fluírem. O amor não vem com um manual de instruções, e parte da sua beleza está em não ter como controlá-lo. O contato físico pode fazer mil maravilhas nessa relação, por Virgem ser um signo de Terra. O medo da crítica e de lidar com as emoções pode ser seu maior desafio. O segredo é baixar a guarda, deixar rolar naturalmente e, o mais importante, deixar o lado controlador de fora da relação.

☆ **Saúde:** É fundamental dar uma atenção especial ao que se come, pois é por meio da falta de nutrientes ou da ingestão de comidas processadas, sem valor nutricional, que o virginiano amplia as chances de ficar doente. O estresse pelo excesso de trabalho acaba virando ansiedade e o sistema digestivo é o primeiro a sofrer com problemas, como diarreia, constipação e cólicas. É importante tirar momentos para descansar e focar no aqui e agora. Meditar pode revolucionar a vida de um virginiano, que também tem propensão a doenças psicossomáticas.

☆ **Personalidade do signo e frase:** Leon Tolstoi – "O segredo da felicidade não está em fazer sempre o que se quer, mas em querer sempre o que se faz."

Previsões para 2021

De 1º a 10 de janeiro: Mercúrio faz aspectos com Netuno e Plutão, e esses ângulos favorecem a inspiração intelectual para solucionar pendências em relação à vida sentimental. Ótimo momento para reformar ou embelezar sua moradia.

De 11 a 20 de janeiro: Júpiter e Urano estão em ângulo desarmônico em Aquário e Touro, respectivamente. Será importante rever sua postura de resistência a mudanças no ambiente de trabalho, que, de um jeito ou de outro, vão acontecer.

De 21 a 31 de janeiro: Urano ainda segue pressionado e indica alterações nos planos que você havia traçado. Imprevistos causam ansiedade, mas será possível contar com a proteção de pessoas mais sábias e maduras neste momento delicado.

De 1º a 10 de fevereiro: Nesta fase é desaconselhável fazer gastos desnecessários que possam atrapalhar sua vida financeira. Aproveite a fase minguante da Lua para refletir sobre suas necessidades e carências, mas sem fazer drama, uma vez que todos as têm.

De 11 a 20 de fevereiro: A lunação acontece em Aquário, signo relacionado a planos e projetos para o futuro. Mentalize com mais clareza aquilo que pretende desenvolver para se aperfeiçoar profissionalmente.

De 21 a 28 de fevereiro: Marte e Plutão em trígono no céu vão direcionar de forma mais corajosa e determinada sua energia criadora. Você vai se surpreender com talentos desconhecidos, que agora pode usar de modo mais constante e eficiente.

De 1º a 10 de março: Mercúrio e Júpiter em Aquário favorecem especialmente as atividades intelectuais. Trocas de informação enriquecerão sua visão de mundo, e você poderá fazer novos amigos, mais afinados com suas motivações pessoais.

De 11 a 20 de março: Momento interessante em sua vida social e amorosa. Guarde a racionalidade na gaveta e deixe-se levar por um bom clima de romance. Nada de velhas desculpas; trate de sair e se divertir.

De 21 a 31 de março: A vida amorosa continua animada; emoções fortes podem alterar seu cotidiano, hábitos ou horários. Nada como um colorido mais especial para os seus dias; aproveite bem este ciclo.

De 1º a 10 de abril: Você vive uma fase de mais maturidade e discernimento em suas escolhas, e isso vai refletir em seu desempenho no trabalho. Com mais foco e concentração nos objetivos, sua produtividade só aumentará.

De 11 a 20 de abril: Sol, Marte e Júpiter estão bem posicionados no céu e vão afetar positivamente seu trabalho. Você se perceberá mais ousado, criativo e confiante, podendo liderar seus colegas ou influenciá-los por meio de ações mais assertivas.

De 21 a 30 de abril: Mercúrio, Vênus e Urano estão em Touro, e podem deixá-lo animado para planejar uma viagem longa. Organize a agenda e dê a si mesmo permissão para novidades e encontros com amigos que não vê há tempos.

De 1º a 10 de maio: As mudanças surtiram um bom efeito em suas perspectivas de vida com mais qualidade. Novas experiências ou amizades nas redes sociais darão um colorido especial ao seu cotidiano. Controle os gastos por impulso.

De 11 a 20 de maio: Você deve e pode confiar mais na intuição, pois nem sempre a razão é capaz de explicar tudo o que acontece. Assuntos ligados à filosofia ou à espiritualidade podem ocupar um lugar de destaque em suas motivações.

De 21 a 31 de maio: Mercúrio e Netuno em ângulo difícil sugerem um clima de animosidade ou intrigas que exige cautela. A fim de se preservar, não tome partido de ninguém. Aos poucos, os fatos vão se mostrar de maneira mais clara.

De 1º a 10 de junho: É possível que persistam resquícios de intrigas ou mal-entendidos; não se impressione demais com isso. Vênus e Mercúrio em Gêmeos vão intensificar seus interesses literários, artísticos e culturais.

De 11 a 20 de junho: Vênus e Urano seguem movimentando sua vida social ou artística. Boa fase para cuidar mais e melhor da aparência física e da saúde, e também para mudar a alimentação e fazer exercícios de forma mais constante.

De 21 a 30 de junho: Sol e Júpiter podem trazer o reconhecimento profissional que você espera; um aumento ou gratificação serão muito bem-vindos. Parcerias informais podem dar bons resultados financeiros.

De 1º a 10 de julho: Marte e Saturno estão em oposição no céu, indicando um ciclo de estresse ou sobrecarga. Tente delegar suas tarefas a pessoas de sua confiança, evite se isolar demais. Boas companhias sempre alegram a vida.

De 11 a 20 de julho: Júpiter em Peixes faz trígono com Mercúrio em Câncer. Seus interesses podem se voltar com mais intensidade para temas de espiritualidade, filosofia ou misticismo. Desfrute desses conhecimentos que pacificam a mente e o corpo.

De 21 a 31 de julho: Vênus está em Virgem, que é seu signo solar, em oposição a Júpiter em Peixes. Nesta fase, é oportuno evitar excessos com alimentação ou bebidas alcoólicas. Seu sistema imunológico pode estar em baixa.

De 1º a 10 de agosto: O ritmo de trabalho continua bem acelerado; respeite seus limites e suas horas de sono. Seria interessante fazer um *detox* de tecnologia, dentro do possível. Isso vale para celulares, tablets, televisão e redes sociais.

De 11 a 20 de agosto: Vênus está adentrando seu próprio signo, que é Libra, ativando assim o setor financeiro. Bom período para organizar entradas e saídas de dinheiro e documentos em geral. Bom também para usufruir da companhia de pessoas que gostam de você.

De 21 a 31 de agosto: Sua energia vital deve estar voltando, com Marte em Virgem em trígono a Urano em Touro. Boa ocasião para decisões criativas ou de urgência. O reencontro com pessoas do passado será muito gratificante.

De 1º a 10 de setembro: Plutão e Marte em aspecto positivo no céu evidenciam êxito na vida profissional e financeira, com mais audácia em suas realizações. Seu otimismo e sua confiança serão determinantes para você chegar aonde deseja!

De 11 a 20 de setembro: Podem surgir desilusões em sua vida pessoal, mas elas serão um aprendizado importante. Suas exigências de perfeição muitas vezes vão muito além daquilo que o outro pode lhe oferecer. Reflita mais sobre isso.

De 21 a 30 de setembro: O ciclo de empreendedorismo e motivação continua em alta, e isso vai contagiar seus colegas. Nunca é demais lembrar que o trabalho dignifica o homem e que a perseverança é o nobre recurso dos vencedores.

De 1º a 10 de outubro: Ações voltadas ao bem comum e ao respeito por opiniões divergentes são a tônica de Sol e Marte em Libra. Ainda que nem todos tenham a mesma opinião, é sempre mais inteligente evitar discussões inúteis.

De 11 a 20 de outubro: Vênus no setor doméstico está estimulando não só a vida em família, como também a realização de reformas ou melhorias em sua casa. Por que não deixá-la mais bonita e aconchegante? Bom também para comprar ou vender imóveis.

De 21 a 31 de outubro: Marte e Vênus fazem bons aspectos com Júpiter em Aquário, signo que representa a amizade e os planos para o futuro. Ótimo momento para planejar uma viagem inusitada, com roteiros surpreendentes, que estimulem seu lado aventureiro e curioso.

De 1º a 10 de novembro: Mercúrio e Vênus estão em sextil no céu planetário. Comunicar seu carinho de maneira positiva tende a ampliar seus laços afetivos. De quebra, você poderá se sentir mais feliz ao compartilhar experiências e sua sabedoria de vida.

De 11 a 20 de novembro: Vênus em trígono com Urano sinaliza renovação na vida amorosa; o que já perdeu a razão de ser sairá de sua vida. Essa é uma experiência de libertação de suas crenças, as quais já estavam com prazo de validade vencido.

De 21 a 30 de novembro: A vida a dois continua palpitante. Nada como a cumplicidade no dia a dia e a certeza de ser especial para alguém. Excelente fase, com Mercúrio e Sol em conjunção em Sagitário, para fazer uma viagem de lazer rápida e estimulante.

De 1º a 10 de dezembro: Marte e Júpiter em quadratura podem desencadear situações de disputa e rivalidade no trabalho que o deixarão desapontado. Será interessante fazer uma mudança na direção de seus planos, neutralizando assim opiniões divergentes.

De 11 a 20 de dezembro: É importante não deixar a vaidade se sobrepor aos fatos, mesmo que você esteja com a razão. O momento pede diplomacia e boa vontade para que as discórdias se amenizem o mais rápido possível.

De 21 a 31 de dezembro: Momento propício para entrar em contato com aspectos mais profundos de seus sentimentos. Observe suas motivações e desejos mais íntimos para comunicá-los com honestidade. Não responsabilize ninguém por suas dificuldades.

LIBRA

23 de setembro – 22 de outubro

EU EQUILIBRO
Ponderação – Equilíbrio – Diplomacia
Sociabilidade – Compreensão – Simpatia

☆ **Personalidade:** Os librianos têm talento para se relacionar e conseguir ver os dois lados de uma situação com imparcialidade! Afinal, Libra é o único signo do zodíaco representado por um objeto, que é a balança. E é daí que vem a fama de serem indecisos. Mas como opinar se conseguem compreender todos os pontos de vista? A busca pelo equilíbrio rege sua vida. Pode ser no campo emocional, nos relacionamentos ou no trabalho. Por serem filhos de Vênus, são agraciados com uma beleza e um charme naturais. Além disso, possuem um olhar estético para a vida. São capazes de perceber a harmonia dos ambientes e sabem como deixar tudo e todos mais bonitos. É importante prestar atenção na tendência a depender dos outros para tomar suas próprias decisões, fazer coisas para agradar aos outros que desagradam a si mesmo.

☆ **Profissão:** Pela excelente habilidade de fazer concessões, dialogar e ser imparcial nas situações mais desafiadoras, profissões relacionadas ao campo do direito são muito bem-vindas: advogado, juiz, procurador. Também dão bons conselheiros, terapeutas e psicólogos. Em razão do senso estético libriano e da sociabilidade, se saem bem em áreas ligadas à moda, à beleza e à arte, como estilistas, designers, modelos, artistas e qualquer profissão que envolva "fazer aquele social" como só eles sabem fazer.

☆ **Amor:** O bom libriano está sempre em busca de um amor para chamar de seu. Por serem regidos pela deusa do amor, às vezes idealizam o par perfeito e das duas, uma: ou não param num relacionamento por acharem que poderia ser melhor ou ficam, mesmo insatisfeitos, por terem receio da solidão. Vale a pena trabalharem a autoestima e a autoconfiança para saber o que querem da própria vida. Assim, é aconselhável encontrarem alguém que vai vir para somar, e não para preencher vazios! Apostar no próprio carisma, se sentir bem com a própria aparência, deixar de lado a idealização para dar atenção ao coração e falar dos sentimentos fará com que a relação suba vários níveis rumo a uma situação mais estável e menos idealizada da vida amorosa.

☆ **Saúde:** No corpo humano, a regência libriana compete aos rins, às glândulas adrenais e à pele. Estar bem consigo e em harmonia com as pessoas queridas é vital para o bem-estar do libriano. Estresse e conflito são uma bomba atômica para ele. Parece mentira, mas é real: ambientes bonitos e com vibração legal dão um baita *up* no seu ânimo. Beber bastante água e aprender a lidar com as tensões da vida com leveza é fundamental para sua paz interna.

☆ **Personalidade e frase do signo:** T. S. Eliot – "Cada momento é um novo começo."

Previsões para 2021

De 1º a 10 de janeiro: O planeta Netuno recebe bons aspectos de Sol e Mercúrio. Período excelente para exercitar sua criatividade artística, ouvir músicas, ver filmes interessantes, visitar exposições de arte, nutrir seu espírito com o belo.

De 11 a 20 de janeiro: Júpiter e Urano estão em aspecto desarmônico no céu, em signos fixos: Aquário e Touro, respectivamente. Suas ideias e opiniões podem ser questionadas, o que o deixará muito contrariado. Já não é hora de rever suas posições?

De 21 a 31 de janeiro: Neste ciclo, as contrariedades relacionadas à divergência de opiniões ainda permanecem. Seria mais interessante evitar radicalismos e possíveis rupturas. Reflita sobre o que é mais importante: uma boa amizade ou um simples ponto de vista?

De 1º a 10 de fevereiro: Nesta fase, os conflitos estarão mais voltados à vida sentimental ou social. Você precisa atuar de modo mais tolerante, pois a intransigência acabará deixando-o isolado. Todos nós somos imperfeitos, inclusive você.

De 11 a 20 de fevereiro: Temos agora uma lunação e um *stellium* no signo de Aquário. Essa forte conjunção deve ativar sua vida amorosa e deixá-lo mais inspirado e criativo. Uma paixão pode surgir... O melhor será desfrutar dessa novidade; por que não?

De 21 a 28 de fevereiro: Marte e Plutão estão em harmonia em signos de Terra, incentivando-o a tomar boas decisões relativas a moradia e vida familiar. Siga também sua intuição, que está mais aguçada para encontrar boas soluções.

De 1º a 10 de março: Lua, Júpiter e Mercúrio em Aquário ampliam sua capacidade intelectual. Aproveite para estudar e ler mais, pesquisar assuntos de seu interesse. Divulgue seu trabalho nas redes sociais; ótimo ciclo para vendas e bons negócios.

De 11 a 20 de março: A Lua Nova acontecerá em Peixes, onde estão também Vênus e Netuno. Sua sensibilidade psíquica está a mil por hora, assim como sua imaginação. Ótima ocasião para aprender a tocar um instrumento, cantar, dançar, exercitar talentos artísticos.

De 21 a 31 de março: Momento oportuno para assumir a liderança em trabalhos de equipe, fazer parcerias produtivas ou arrojadas. Você está mais maduro emocionalmente e, assim, atrairá as pessoas certas para novas amizades.

De 1º a 10 de abril: Momento benéfico e promissor para fazer negócios, investir seu dinheiro em longo prazo, arriscar mais um pouco na vida financeira. Só não se iluda com promessas falsas, que acenam para negócios milagrosos e fictícios.

De 11 a 20 de abril: Boa oportunidade para ampliar seus conhecimentos, fazer uma pós-graduação, pensar em um intercâmbio cultural. A vida pede aventura, coragem e desprendimento para enfrentar desafios e sair da rotina.

De 21 a 30 de abril: A segurança emocional que você gostaria de ter parece estar sendo testada. Não queira ficar controlando a pessoa amada, pois é exatamente isso que a fará se afastar de você. Vale dizer, o efeito é o oposto ao que você deseja!

De 1º a 10 de maio: Bom período para lidar com assuntos patrimoniais, bens imóveis ou investimentos de risco. Se achar necessário, procure uma consultoria jurídica para se sentir mais seguro, uma vez que se trata de decisões importantes.

De 11 a 20 de maio: Júpiter em Peixes e Sol em sextil com Netuno devem abrir seu espírito para temas de natureza mais mística ou transcendental. Leituras, palestras e seminários podem ampliar sua visão de mundo; bens materiais não são sinônimo de felicidade.

De 21 a 31 de maio: Neste ciclo há continuidade do anterior devido ao aspecto positivo de Marte em Câncer e Netuno em Peixes. Você estará mais atento a valores éticos e humanitários, e suas preocupações, mais voltadas ao bem-estar comum.

De 1º a 10 de junho: Agora é possível assumir compromissos ou mais responsabilidades, levando-as adiante com mais determinação. Momento bom para encontrar pessoas de mais idade ou aquelas que você não vê há muito tempo.

De 11 a 20 de junho: Uma viagem longa seria auspiciosa neste momento; não perca a oportunidade de ampliar seu repertório intelectual e vivenciar experiências inusitadas. Vênus e Júpiter podem estar abrindo as portas para um novo relacionamento amoroso.

De 21 a 30 de junho: O Sol adentra o setor profissional, trazendo um ciclo de crescimento de seus potenciais e interesses. Bom momento para solicitar um aumento de salário ou conseguir uma promoção pelo reconhecimento de seus esforços recentes.

De 1º a 10 de julho: Procure relativizar o peso de frustrações decorrentes de discussões com amigos que não correspondem às suas expectativas. Não leve nada para o lado pessoal, entendendo que cada um tem sua forma de pensar e só dá aquilo que tem.

De 11 a 20 de julho: Este é um período benéfico para cuidar de seu bem-estar físico e mental. Se possível, busque o contato com a natureza – mar, rio ou campo, o que for possível. O convívio com familiares será igualmente prazeroso.

De 21 a 31 de julho: Este ciclo vai demandar mais jogo de cintura no sentido de atender às demandas profissionais e domésticas ao mesmo tempo. A Lua Cheia em Aquário iluminará o setor da vida a dois, com direito a emoções fortes!

De 1º a 10 de agosto: É possível que os conflitos com amigos ainda não tenham sido solucionados. Por mais difícil que seja, nem tudo é para sempre; portas fechadas se abrirão para novidades. O melhor é não fazer muito drama.

De 11 a 20 de agosto: Neste ciclo, Vênus está em Libra, seu signo solar. Vênus era a divindade que presidia o amor, a paixão, as artes e a beleza na Grécia antiga. Agora é hora de investir em tudo o que lhe der prazer e encantar seu olhar.

De 21 a 31 de agosto: Fique atento às novidades tecnológicas que possam dinamizar seu desempenho profissional. Na vida a dois, tudo caminha de forma mais calma e madura, e o relacionamento vai criando raízes mais profundas.

De 1º a 10 de setembro: Neste momento há vários aspectos planetários positivos que podem estimular soluções para assuntos financeiros e patrimoniais. Seria interessante uma consultoria jurídica para conseguir melhores resultados.

De 11 a 20 de setembro: Não fique procrastinando consultas e exames médicos, e evite todo tipo de automedicação. Procure profissionais com os quais se sinta seguro. Por sua conta, alimente-se de modo mais saudável, o que já é uma atitude inteligente.

De 21 a 30 de setembro: Marte e Sol estão no signo de Libra nestes dias, fazendo um trígono com Saturno, que está em Aquário. Você está mais confiante, podendo exercer liderança em equipes de trabalho. A bagagem acumulada assegurará seu êxito no presente.

De 1º a 10 de outubro: Neste ciclo ainda se mantém a energia de dinamismo e ações produtivas e mais focadas. No âmbito familiar pode surgir algum fato desgastante que não depende de sua vontade, mas que pode deixá-lo ansioso e preocupado.

De 11 a 20 de outubro: Vênus em Sagitário recebe bons aspectos de Mercúrio e Saturno, que estão em signos de Ar. Deve haver mais movimento em suas redes sociais; se for de seu interesse, esta é uma excelente fase para divulgar seu trabalho; a sorte está do seu lado.

De 21 a 31 de outubro: Momento favorável para se comunicar mais e melhor com todos, gerar renda, ampliar seu círculo social e compartilhar experiências relevantes. Pode haver motivos de preocupação com pessoas de mais idade na família.

De 1º a 10 de novembro: Vênus, seu regente solar, recebe bons aspectos da Lua e de Mercúrio. Ciclo enriquecedor em termos de comunicação e aprendizado. Boa ocasião para contato com irmãos, primos ou vizinhos, e para fazer uma viagem rápida.

De 11 a 20 de novembro: Plutão bem aspectado no setor familiar traz uma predisposição favorável para resolver assuntos de moradia e bens imóveis ou patrimoniais em geral. Bom para fazer investimentos de risco a longo e médio prazos.

De 21 a 30 de novembro: Marte em Escorpião e Vênus em Capricórnio estão em sextil no céu. O princípio masculino de conquista se harmoniza com o princípio feminino de atração e desejo. O palco astrológico está pronto para encontros e romances emocionantes!

De 1º a 10 de dezembro: A Lua Nova se dá no signo de Fogo de Sagitário, semeando projetos relacionados à sua atividade intelectual e aos negócios. Divulgue seu trabalho, faça seu marketing digital; você pode se expor se quiser atrair mais clientes.

De 11 a 20 de dezembro: Podem surgir certa animosidade e confusões no ambiente familiar. Sendo assim, tente se resguardar de opiniões que tendam a ser mal interpretadas. Essa situação é passageira; por isso mesmo, não tome partido de ninguém.

De 21 a 31 de dezembro: Plutão e Vênus estão lado a lado no céu, colocando uma lente de aumento em assuntos relativos a relacionamentos em geral. Exigências e cobranças devem ser evitadas. O melhor será buscar o consenso e relativizar possíveis conflitos.

ESCORPIÃO   23 de outubro – 21 de novembro

EU DESEJO
Intensidade – Profundidade – Intuição
Obstinação – Mistério – Perspicácia

☆ **Personalidade:** Um dos mais intensos signos do zodíaco, os nativos de Escorpião precisam aprender a abrir mão do que não lhes serve mais, tanto situações e relacionamentos como pessoas. Sem mágoas e sem ressentimentos, buscando fazer da dor e do sofrimento seu ponto de transformação. A única certeza de um escorpiano "deve ser" a impermanência de tudo e, para isso, é necessário abrir mão do controle e da necessidade de se proteger a qualquer custo. A vida é para ser sentida em toda a sua profundidade, e mergulhos rasos não o satisfarão. Os nativos deste signo têm o dom de ir no âmago das situações, de ver o que todos deixam passar batido e de materializar facilmente seus desejos. Por isso é importante prestar atenção às suas dinâmicas interiores, buscando renascer como a fênix e ser sua melhor versão.

☆ **Profissão:** Áreas que envolvam investigação, pesquisa e transformação de qualquer natureza estão alinhadas com a essência escorpiana. Aqui há um talento para ler nas entrelinhas e compreender a natureza humana. É vital que sejam apaixonados pelo seu trabalho, tenham tesão pelo que produzem e que isso os desafie de alguma forma. Sua intuição e sua inteligência aguçadas devem ser utilizadas no trabalho, que quanto mais alinhado ao que é oculto, paranormal e privado, melhor. São ótimos detetives, psiquiatras, pesquisadores, cirurgiões, terapeutas (holísticos ou não) auditores e químicos!

☆ **Amor:** Escorpianos são extremamente intensos em suas relações amorosas e têm uma capacidade de entrega surreal quando estão bem alinhados com sua essência. São extremamente leais e fiéis aos seus companheiros e não curtem nem um pouco quando percebem que estão mentindo para eles. Experienciam o amor com profundidade e paixão, mas em geral são bastante reservados quanto à natureza de seus sentimentos... entram na sua vida apenas aqueles a quem dão permissão. Às vezes, pelo medo de serem feridos, inconscientemente se fecham e buscam controlar as relações. É preciso assimilar o "que seja eterno enquanto dure" e deixar o romance rolar, sem medo de ser feliz.

☆ **Saúde:** Em geral, são capazes de se recuperar assombrosamente de alguma disfunção no corpo. O típico gato com sete vidas. Porém, para ativar tal poder regenerativo, é importante estar em um constante *detox* emocional, não guardar os sentimentos, ressentimentos e fazer do veneno sua própria vacina. Os órgãos sexuais e o aparelho reprodutor são mais sensíveis, então use camisinha, vá sempre ao médico e escolha bem seus parceiros sexuais. Afinal, o sexo possui troca energética imensa, e reservado do jeito que você é, não vai querer a energia de qualquer pessoa no seu corpo e no seu campo, não é?

☆ **Personalidade do signo e frase:** Marie Curie – "Nada na vida é para ser temido, somente compreendido. Agora é o tempo de entendermos mais, para que possamos temer menos."

Previsões para 2021

De 1º a 10 de janeiro: Júpiter, Saturno e Mercúrio encontram-se em seu setor doméstico e familiar. Período de mais movimento em sua casa. Chegadas e partidas devem alterar sua rotina e ao mesmo tempo animar a vida social.

De 11 a 20 de janeiro: Nos primeiros dias desta fase, pode surgir certo cansaço decorrente de muitas solicitações. Delegue responsabilidades a pessoas de sua confiança, sem subestimar a capacidade alheia. Bom ciclo para viagens rápidas.

De 21 a 31 de janeiro: Conflitos por divergências de opiniões devem tumultuar seu espírito de forma exagerada. Fique atento à sua intransigência e inflexibilidade para aceitar novidades e mudanças, uma vez que elas serão inevitáveis.

De 1º a 10 de fevereiro: Ao que parece, nesta fase a vida continua exigindo mais jogo de cintura perante os imprevistos do dia a dia. Por precaução, é interessante que você faça uma cópia dos seus arquivos digitais e contatos profissionais ou pessoais.

De 11 a 20 de fevereiro: As novidades agora vão se tornando estimulantes – elas dinamizam suas ideias e expandem sua criatividade. Vênus em aspecto difícil com Marte tende a complicar a vida sentimental. Procure ceder mais; com boa vontade, tudo se resolverá.

De 21 a 28 de fevereiro: Plutão e Marte se encontram em ângulo positivo em Capricórnio e Touro, respectivamente. Momento oportuno para tomar decisões relevantes e transformadoras. Você vai perceber que seu poder pessoal está em alta; faça bom uso dele.

De 1º a 10 de março: Ciclo benéfico para fazer parcerias rápidas e informais; ótimo momento para trabalhos em equipe. Sua presença de espírito e intuição vão guiá-lo em suas escolhas, que serão favoráveis a todos. Cuide mais da alimentação.

De 11 a 20 de março: Sol, Netuno e Vênus estão no signo de Peixes, aumentando sua sensibilidade psíquica e emocional. Você é levado pelo romantismo, e isso nunca fez mal a ninguém. Aproveite para curtir eventos musicais ou filmes de seu interesse.

De 21 a 31 de março: O clima de romance continua intenso, com Sol e Vênus agora no signo de Fogo de Áries, em que tudo é vibrante e dinâmico.

A vida profissional também está dinamizada em função de sua assertividade e determinação pessoal.

De 1º a 10 de abril: Sua capacidade de realizar coisas importantes está associada ao talento de ver as coisas de maneira mais original ou abrangente. Nesta fase, há certa tendência de fragilidade em seu corpo, mas use o bom senso e evite a automedicação.

De 11 a 20 de abril: Seu desempenho profissional vai se aprimorando, expandindo-se aos colegas de forma generosa. É possível que você obtenha reconhecimento de suas habilidades e talentos. Excelente momento para tratar de assuntos judiciais se for necessário.

De 21 a 30 de abril: Presença de espírito, simpatia, altruísmo e diplomacia vão gerar frutos positivos em suas atividades e relações sociais. Vênus, Urano e Mercúrio em Touro significam mais produtividade, determinação e amor em tudo o que você fizer.

De 1º a 10 de maio: O céu planetário indica um momento de grande capacidade produtiva; você está mais empenhado e focado em bons resultados. Fique mais consciente e atento para não fazer gastos supérfluos, que podem desorganizar suas finanças.

De 11 a 20 de maio: Fase da Lua Nova no signo de Touro. Mercúrio em seu próprio signo faz trígono com Saturno em Aquário, promovendo a troca e o compartilhamento de conhecimentos com seriedade e segurança. Excelente ocasião para comprar e vender, fazer bons negócios em geral.

De 21 a 31 de maio: Marte no signo de Câncer em trígono com Netuno em Peixes indica a capacidade de impulsionar seus sonhos. Mesmo que eles sejam carregados de idealismo, você terá o apoio de pessoas que lhe são importantes.

De 1º a 10 de junho: Marte faz oposição a Plutão, o regente de seu signo solar. Talvez você se sinta mais inquieto e contrariado, questionando tudo e todos. Controle os impulsos negativos; tudo é aprendizado e você já sabe disso.

De 11 a 20 de junho: Não permita que os obstáculos e o ritmo lento das coisas prejudiquem aquilo que você vem realizando. Veja-os como um recorte da realidade neste momento. As instabilidades não dependem de você; tenha calma.

De 21 a 30 de junho: Temas espirituais ou místicos podem preencher certas lacunas de sua vida. Estudos nessa direção serão transformadores em sua forma de perceber o mundo e se relacionar com a vida e as pessoas de maneira mais altruísta.

De 1º a 10 de julho: Marte e Vênus fazem oposição a Saturno, que está em seu setor familiar. Pode não ser fácil conciliar os interesses profissionais e as demandas domésticas. Porém, mesmo com a "corda esticada", você vai conseguir equilibrar os dois lados.

De 11 a 20 de julho: Mercúrio e Júpiter em harmonia criam uma energia benéfica e altruísta em sua vida. Positivo para ações filantrópicas e humanitárias que podem influenciar pessoas próximas, entre elas, tanto crianças quanto jovens.

De 21 a 31 de julho: Júpiter e Vênus estão em oposição, atuando em sua vida amorosa. Será relevante ter em mente que exigências descabidas e pressão emocional não vão funcionar com a pessoa amada. Deixe as coisas fluírem com mais naturalidade.

De 1º a 10 de agosto: Este ciclo pode ser marcado por cansaço e falta de vitalidade. É como se a vida parasse para você diminuir o ritmo das atividades. Saiba respeitar seus limites e os sinais que o corpo está mostrando.

De 11 a 20 de agosto: Plutão, o planeta regente de seu signo solar, recebe bons aspectos de Vênus, que agora está no signo de Virgem. Dê mais atenção à alimentação e faça exercícios com mais regularidade. A proteção familiar será uma bênção neste momento.

De 21 a 31 de agosto: Saturno e Vênus estão em signos de Ar e vão animar seus relacionamentos, sejam de amizade ou familiares. Por outro lado, Marte e Urano tendem a impulsionar boas parcerias e associações que vão melhorar seus rendimentos; fique esperto.

De 1º a 10 de setembro: Sua eficiência e seu pragmatismo estão em alta, o que aumenta sua produtividade e o prazer no trabalho. Mas dê atenção também à sua intuição, que mostra novos caminhos em futuras realizações. Avance com segurança.

De 11 a 20 de setembro: O setor de comunicação e aprendizados está especialmente ativado. Excelente momento para divulgar seu trabalho, escrever, pesquisar, participar de seminários. Nada como irrigar a mente com ideias novas e inspiradoras.

De 21 a 30 de setembro: Lembre-se sempre de que a informação é importante, mas a sabedoria de vida é melhor ainda. Saber usá-la na hora certa é algo que chega com as experiências que você já teve, sendo sua riqueza pessoal e intransferível.

De 1º a 10 de outubro: Nesta fase, as coisas estão diferentes, uma vez que a comunicação não está fluindo como antes. Pense bem naquilo que quer dizer, seja pessoalmente ou nas redes sociais. Sua intenção pode ser boa, mas mal interpretada.

De 11 a 20 de outubro: Boa fase para tratar de assuntos familiares, patrimoniais ou jurídicos. Existem chances de estar mais protegido pela providência divina, mesmo que não acredite nela. Amigos de longa data poderão procurá-lo.

De 21 a 31 de outubro: Não se deixe abater por palavras ou atitudes ignorantes: a inveja é um fato, e não uma ficção. Siga adiante com seus planos, lembrando que a dignidade é mais importante do que frases soltas ao vento.

De 1º a 10 de novembro: Mercúrio faz sextil com Vênus no céu, ampliando as chances de avançar nos estudos ou em tudo o que significar um *upgrade* em seus conhecimentos. Excelente período para rever amigos e fazer planos para o final do ano.

De 11 a 20 de novembro: Sua carreira e os estudos seguem em fase de expansão; continue nesse caminho de aprimoramento intelectual. Decisões do presente vão influenciar positivamente seu amanhã; novos talentos estão surgindo!

De 21 a 30 de novembro: Marte e Vênus favorecem eventos sociais e, de quebra, há um clima de romance no ar. Netuno em Peixes também é uma inspiração para os sonhos de amores perfeitos, que só existem na imaginação. Mesmo assim, o clima está valendo!

De 1º a 10 de dezembro: É importante dimensionar seus gastos com mais objetividade e bom senso. Não se deixe levar por despesas imediatistas e impulsivas, que parecem ser um bom negócio. As contas chegam e, com elas, vem muita dor de cabeça.

De 11 a 20 de dezembro: Marte adentra o signo de Sagitário, e Mercúrio adentra Capricórnio. Boa fase para uma reflexão mais existencial. Você está contente com o rumo de suas escolhas? Quais são suas metas? Seja como for, priorize também as necessidades do coração.

De 21 a 31 de dezembro: Este fim de ano evidencia uma atmosfera de insatisfação na vida pessoal. As mudanças que deseja fazer talvez precisem ser adiadas ou mesmo anuladas. Será necessário ter paciência para esperar a hora certa de agir.

SAGITÁRIO   22 de novembro – 21 de dezembro

EU VOU
Otimismo – Sabedoria – Sinceridade
Independência – Aventura – Mestria

☆ **Personalidade:** Os sagitarianos estão sempre em busca de aventuras e altas emoções. Precisam de metas que os façam querer ir além. Algo que os motive de dentro para fora. Não há barreiras nem fronteiras uma vez que a chama do desconhecido é acesa em seu coração. A busca pela verdade costuma fazer parte da sua vida. Ter algo maior em que acreditar e um propósito maior do que eles próprios é vital para a sua alegria de viver (e bem-estar). Em geral, são bem-humorados, inteligentes, honestos, gostam de filosofar e compartilhar seus conhecimentos. É importante tomar cuidado com a tendência a querer colonizar o pensamento dos coleguinhas, falar as coisas de forma impensada e se sobrecarregarem assumindo mais responsabilidades do que podem dar conta.

☆ **Profissão:** Sagitário gosta de conhecer culturas novas, de ensinar, de aprender, é um eterno buscador. Profissões que envolvam o limiar do desconhecido são extremamente interessantes para os nativos deste signo. Há um desejo instintivo de crescimento e expansão da consciência. Independentemente do trabalho que venha a realizar, ele precisa estar alinhado aos seus ideais e à sua verdade. Não pode ser trabalhar por trabalhar. Se sua atividade envolver viagens e lhe possibilitar liberdade de movimento e horários, ele vai se sentir mais feliz ainda. Por ter bastante energia e vigor físico, pode se encontrar em profissões que contemplem atividades esportivas e atléticas ou atuar como missionários, professores, agentes de viagem, professores, tradutores e filósofos!

☆ **Amor:** Não há nada que um sagitariano preze mais do que a sua liberdade. De ir e vir, de ser e de pensar. Não tente amarrar o centauro ao pé da cama e fazer joguinhos emocionais com ele. Aqui é chama que arde e não se vê, porque quando você vê, já foi! Uma boa troca mental é fundamental para se relacionar bem com esse signo. É imprescindível ter um mínimo de compatibilidade na forma de encarar vida, metas e sonhos em comum a serem conquistados e disposição para viver novas aventuras de forma inesperada. Marasmo e rotina estão fora de questão!

☆ **Saúde:** Para um dos signos mais ativos do zodíaco, é fundamental cuidar das coxas, quadris, ciático e fígado. Há uma tendência para os exageros de qualquer tipo, bebida alcóolica, atividade física, então atenção com os excessos. A alimentação precisa ser vista com cuidado e uma regularidade nos exercícios físicos é essencial para o seu bem-estar. Tenha momentos de descanso na sua rotina e use seu bom humor como apoio emocional.

☆ **Personalidade do signo e frase:** Jane Austen – "Todos nós temos um guia melhor em nós mesmos."

Previsões para 2021

De 1º a 10 de janeiro: Nestes dias haverá no céu um trígono entre Vênus e Marte nos signos de Sagitário e Áries, respectivamente. É a hora certa para se aventurar em um romance intenso e inesquecível. Mesmo que seja "fogo de palha", valerá a pena.

De 11 a 20 de janeiro: Sol e Plutão ativam seu setor financeiro, sendo interessante fazer investimentos de risco, se for o caso. Não tenha pressa em programar os próximos projetos para o ano que se inicia; logo você terá mais clareza a respeito deles.

De 21 a 31 de janeiro: Marte ao lado de Urano mobilizam o setor de trabalho, e as novidades da área de tecnologia serão bem implementadas e exitosas. Mas lembre-se de que os frutos só chegam no momento certo; não queira acelerar o ritmo dos acontecimentos.

De 1º a 10 de fevereiro: Sol e Marte estão transitando em Aquário e Touro, que são signos fixos. Sua resistência em mudar aquilo que é necessário pode acarretar prejuízos no trabalho. Seja mais flexível; o apego ao passado não tem mais razão de ser.

De 11 a 20 de fevereiro: A Lua Nova se dá no signo de Aquário, dinamizando o setor de comunicação. Seria interessante aperfeiçoar seus conhecimentos, estudar línguas, ampliar o repertório intelectual. Propício também ao aprendizado e a viagens rápidas.

De 21 a 28 de fevereiro: Sua eficiência e produtividade estão favorecidas por Marte e Plutão. Não hesite em liderar reivindicações relevantes no ambiente profissional, pois elas beneficiarão a todos. Mudanças exigem coragem!

De 1º a 10 de março: Bons aspectos entre Vênus, Lua e Urano estimulam questões relacionadas a saúde, trabalho e subalternos. Nada melhor do que tratar bem o seu corpo, fazer uma boa massagem e uma dieta à base de líquidos para desintoxicar o organismo. O verão pode acabar, mas a vaidade, não.

De 11 a 20 de março: O atual ciclo é favorável para negócios ou oportunidades no setor imobiliário, tanto para vender quanto para comprar, ou ao menos planejar decisões nesse sentido. Oportuno também para reformar ou deixar sua casa mais confortável e bonita.

De 21 a 31 de março: Mais movimento e emoções com a presença de Sol e Vênus em Áries. Na vida sentimental, você pode e deve tomar a iniciativa da conquista. Inércia ou passividade não serão boas conselheiras. Quem não arrisca, não ganha.

De 1º a 10 de abril: O clima de romance ainda tem continuidade neste ciclo, mas não fique contando só com a sorte, faças as coisas acontecerem. Tente evitar alimentos processados e pesados, que acabarão intoxicando seu organismo.

De 11 a 20 de abril: Júpiter e Marte em aspecto benéfico tornam estes dias auspiciosos para incrementar sua vida social, fazendo parcerias que impulsionem seus negócios. Pode abusar do charme para se comunicar e encantar os outros.

De 21 a 30 de abril: Seu cronograma de estudos ou trabalho pode ser alterado em função de algum imprevisto no meio do caminho. Reorganize a agenda, e assim você poderá otimizar os planos para o futuro próximo.

De 1º a 10 de maio: O planeta Vênus está muito ativado nesta fase, tornando-a positiva para decorar e embelezar sua casa ou local de trabalho. Também será um período positivo para agitar sua vida social e reencontrar amigos de longa data.

De 11 a 20 de maio: Este período tende a ter mais dinamismo, influenciado pelas redes sociais ou por sua curiosidade em relação a vários assuntos. Sol e Plutão o farão influenciar positivamente a maneira de pensar dos outros.

De 21 a 31 de maio: É importante não se deixar levar por notícias sem fundamento, intrigas ou fofocas maldosas. Saiba ter discernimento e desconfie mais daqueles que não têm compromisso com a verdade; fique mais atento.

De 1º a 10 de junho: É preciso continuar atento a ações invejosas ou maldosas daqueles que estão por perto. A ingenuidade em achar que todos os indivíduos são bem-intencionados não combina com a vida real.

De 11 a 20 de junho: Saturno e Urano encontram-se em ângulo difícil entre si. Esse aspecto aponta dificuldades em reformular sua vida devido ao apego a coisas que aconteceram no passado. Analise bem a situação para ver o custo-benefício de ser mais corajoso.

De 21 a 30 de junho: Júpiter e Sol estão em harmonia em signos de Água, propiciando um ciclo de mais tranquilidade e sabedoria na vida sentimental. As possíveis adversidades têm o propósito de fazê-lo crescer, simples assim!

De 1º a 10 de julho: Vênus e Saturno podem indicar contrariedades na vida amorosa. Pense que as decepções também podem ser uma libertação das ilusões. A verdade, quando prevalece nos relacionamentos, garante a longevidade deles.

De 11 a 20 de julho: Momento oportuno para reflexão e silêncio, ou seja, a intimidade consigo mesmo. Você tem ouvido seus sentimentos ou reparado em seus sonhos? Ótimo ciclo para práticas meditativas e espirituais, além de caminhadas ao ar livre.

De 21 a 31 de julho: A Lua Cheia em Aquário traz mais consciência daquilo que você é e de seus desejos. Ao mesmo tempo, mostra que sua grande realização pode estar relacionada também a interesses sociais ou humanitários.

De 1º a 10 de agosto: Nestes dias, você poderá se sentir mais solitário ou retraído, sem muita vontade de interação social. Respeite seus limites e observe suas motivações internas. A vida está caminhando conforme suas necessidades.

De 11 a 20 de agosto: Evite comprar discussões, pois a oposição entre Júpiter e Mercúrio dificulta a interpretação daquilo que é dito. Boas intenções não são suficientes para convencer os outros. A vida social e os eventos artísticos ganham intensidade.

De 21 a 31 de agosto: Marte no setor profissional faz trígono com Urano em Touro. Agora você poderá conciliar criatividade e intuição com pragmatismo e concentração. Sua eficiência será valorizada por todos; aproveite bem este momento.

De 1º a 10 de setembro: Este período ainda é auspicioso para sua vida profissional; abrace as oportunidades ou mudanças com confiança e convicção. Marte e Plutão indicam possibilidades de ganhos maiores em investimentos de risco.

De 11 a 20 de setembro: Existem talentos e recursos que podem desabrochar nestes dias, representando um ganho bem marcante em autoconfiança. Não dê muita atenção aos comentários maldosos daqueles que gostariam de estar no seu lugar.

De 21 a 30 de setembro: É possível que você reencontre pessoas queridas do seu passado e com elas possa compartilhar lembranças relevantes de vida. É sempre bom olhar para trás e poder celebrar as conquistas alcançadas!

De 1º a 10 de outubro: Aspectos difíceis com Plutão no setor financeiro podem gerar certa tendência a gastos excessivos ou mesmo inesperados. Esteja mais consciente daquilo que é realmente imprescindível e economize tudo o que puder.

De 11 a 20 de outubro: Júpiter em bom aspecto com Sol e Marte deve trazer o reconhecimento de seus esforços anteriores. Ótimo momento para viajar, estudar, ampliar seus conhecimentos, dar palestras, compartilhar aquilo que assimilou.

De 21 a 31 de outubro: Pendências de natureza pessoal podem surgir para serem mais bem elaboradas e finalizadas. Nada de procrastinar encontros, decisões, como se tivesse o álibi do tempo infinito para tudo. Seja mais rápido e incisivo.

De 1º a 10 de novembro: Ainda no tema das indecisões, lembre-se de que sua saúde também merece e precisa de atenção. Faça exames ou consultas que vem adiando, pois no final de ano sempre há a desculpa da falta de tempo.

De 11 a 20 de novembro: Podem surgir boas notícias, que vão deixá-lo mais animado para planejar seu próximo ano. Permita que a intuição lhe mostre novos caminhos, pois os sonhos e a imaginação são sempre o início de muitas realizações!

De 21 a 30 de novembro: Sol e Mercúrio vão entrando em Sagitário, seu signo solar. Você provavelmente terá mais vitalidade e disposição para fazer tudo o que precisa. A confiança e o otimismo que lhe são inerentes estão a mil por hora; aproveite!

De 1º a 10 de dezembro: Com a proximidade do final do ano, o estresse pode bater à sua porta. Questionamentos sobre aquilo que não deu certo podem frustrá-lo. Não olhe tanto para trás; pense que fez aquilo que estava a seu alcance.

De 11 a 20 de dezembro: Você agora está mais sensível do ponto de vista psíquico e acaba absorvendo, sem perceber, negatividades que não lhe pertencem. Fique atento a isso; proteja-se mais com boas companhias e bons pensamentos.

De 21 a 31 de dezembro: No céu planetário, temos Vênus e Plutão no signo de Capricórnio. Você pode se aprofundar em seu relacionamento amoroso, desfrutando de uma cumplicidade prazerosa. O importante neste momento é não querer controlar nada; deixe as coisas fluírem naturalmente.

CAPRICÓRNIO   22 de dezembro – 20 de janeiro

EU REALIZO
Perseverança – Trabalho – Dedicação
Disciplina – Paciência – Determinação

☆ **Personalidade:** Os capricornianos são os mais determinados e disciplinados do zodíaco. Quando têm um objetivo em mente, vão trabalhar duro até que o alcancem. Não há tempo ruim que os faça parar até que suas ambições tenham se realizado. O desejo pela independência (material) é o que os move. Aqui não há espaço para lamentações. Eles têm uma excelente habilidade para ver o todo, administrar. Praticidade e objetividade são o que os faz chegar tão longe. Pelo receio de passarem por alguma situação de escassez, o modo "controle"

está quase sempre ativado. É importante tomar cuidado para não deixar de lado a família e as pequenas alegrias do dia a dia. Olhar para as próprias emoções e humor é um excelente guia para saber se todo o trabalho duro está valendo a pena.

☆ **Profissão:** Qualquer uma que ele deseje seguir, pois seu foco e sua determinação farão com que alcance o sucesso! Como são bons líderes, planejam, administram, delegam e executam como ninguém. Atividades que demandem esforço, empenho, trabalho duro e tenham um bom retorno financeiro estarão na sua mira. Gostam de um bom desafio como ninguém e sentem prazer em ser autoridade em algum setor, além disso, são empreendedores natos. Profissões como contadores, engenheiros, agentes do Estado, políticos, empresários e comerciantes são indicadas aos nativos do mais determinado signo do zodíaco.

☆ **Amor:** Os capricornianos têm fama de serem emocionalmente frios, mas isso não corresponde à verdade. Eles são muito sensíveis e têm dificuldades em expressar suas emoções e sentimentos. Mas só demonstram para aqueles a quem a cabra com cauda de peixe (o animal mais estranho do zodíaco e símbolo do signo) dá permissão. Eles buscam um relacionamento sério, alguém para construir uma vida junto. Como são bem focados na parte material, de trabalho, não é de se estranhar que esperem o mesmo comprometimento e seriedade na sua vida pessoal. Para se entregar a alguém, precisam perceber que estão entrando em território seguro, que podem confiar na pessoa e abrir seu coração. Aqui o amor é visto como trabalho também. Eles sabem que se relacionar demanda esforço, energia e dinheiro, e, para se entregarem, realmente precisam sentir que a pessoa/empreendimento emocional vale a investida do seu precioso tempo

☆ **Saúde:** A estrutura do nosso corpo compete ao signo de Capricórnio! Ossos, dentes, articulações, unha e pele estão sob sua influência. É importante praticar uma atividade física que trabalhe a consciência e a flexibilidade corporal, como o yoga e a eutonia, por exemplo. Os nativos deste signo devem tomar cuidado com o excesso de peso também, na bolsa, na mochila, nas compras. Um conselho: peça ajuda! Você não precisa carregar tudo nas costas (e sozinho)! Precisa aprender a receber!

☆ **Personalidade do signo e frase:** Dolly Parton – "Nós não podemos dirigir o vento, mas podemos ajustar as velas."

Previsões para 2021

De 1º a 10 de janeiro: Nestes dias, Netuno estará recebendo bons aspectos de Mercúrio e Sol, que estão em seu signo solar. É um momento oportuno para fazer bons contatos e se comunicar com mais clareza, foco e objetividade. Sua autoestima está em alta, aproveite!

De 11 a 20 de janeiro: Vênus no signo de Capricórnio ocupa sua primeira casa. Excelente período para cuidar da aparência física, da saúde e do bem-estar em geral. Cuide mais de você mesmo com boa alimentação, boas horas de sono e descanso.

De 21 a 31 de janeiro: Júpiter e Marte estão em tensão em signos fixos: Aquário e Touro, respectivamente. Procure evitar gastos feitos por impulso, dos quais poderá se arrepender. Caso surjam disputas em discussões, evite levar tudo para o lado pessoal.

De 1º a 10 de fevereiro: Alguns conflitos na vida sentimental podem afetar seu equilíbrio. Você já percebeu que precisa mudar algumas coisas, mas está resistindo por teimosia ou orgulho. Recuar ou ceder não é sinônimo de fraqueza, ao contrário.

De 11 a 20 de fevereiro: Será mais positivo se distanciar um pouco dos conflitos, para poder vê-los de um ângulo mais abrangente. Não se deixe levar por negatividades; tenha mais paciência para ouvir e entender o ponto de vista alheio.

De 21 a 28 de fevereiro: Sua boa vontade em buscar uma reconciliação trará frutos prazerosos de mais bem-estar e segurança na vida a dois. Procure reservar mais tempo para o lazer, viajar a lugares desconhecidos e esvaziar a mente.

De 1º a 10 de março: Júpiter e Mercúrio em Aquário devem estimular sua curiosidade e o interesse por temas de tecnologia ou *startups*. Bom também para incrementar as redes sociais e vender ou comprar artigos de sua necessidade.

De 11 a 20 de março: A Lua Nova se dará no signo de Peixes, na terceira casa. Momento auspicioso para a comunicação, o aprendizado, estudos, participar de seminários etc. Mentalize e peça ao universo aquilo que deseja para sua vida.

De 21 a 31 de março: Marte e Saturno em trígono apontam uma boa *performance* em seu trabalho; seus conhecimentos poderão ser bem utilizados e valorizados. Talvez você reencontre alguém importante que não vê já faz um bom tempo.

De 1º a 10 de abril: Este ciclo é benéfico para ações que estejam relacionadas à sua casa, sejam elas mudanças, reformas ou benfeitorias. Fique mais atento à alimentação, eliminando comidas pesadas e optando por saladas e frutas; o corpo mais leve vai agradecer!

De 11 a 20 de abril: Momento favorável para decisões de âmbito jurídico que possam estar associadas a assuntos patrimoniais, com decisões exitosas. Ciclo em que você está mais otimista, o que é excelente, pois sua fé será essencial para o bom andamento de tudo.

De 21 a 30 de abril: Vênus em conjunção com Urano na quinta casa traz a promessa de algo inesperado e prazeroso em sua vida sentimental. Permita-se vivenciar situações inusitadas, com pessoas diferentes, que tenham coisas interessantes a lhe acrescentar.

De 1º a 10 de maio: Este momento pode ser sugestivo para que você vivencie a vida de maneira mais criativa e alegre. Não hesite tanto em expor seus valores e pontos de vista; não há por que sempre seguir o senso comum. Faça a diferença; mostre a que veio.

De 11 a 20 de maio: Vênus e Mercúrio em Gêmeos fazem trígono com Saturno em Aquário. A capacidade de se comunicar de forma positiva vai se intensificar. Sua habilidade diplomática tornará tudo mais dinâmico e atrairá novas amizades ou parcerias.

De 21 a 31 de maio: Marte em Câncer atua em sua sétima casa, dando a parcerias ou associações um caráter mais afetivo ou protetor. Momento em que você poderá ser um bom conselheiro, ajudando quem precisa de forma solidária e encorajadora.

De 1º a 10 de junho: Nesta fase, você terá bastante trabalho, podendo assumir compromissos maiores que os habituais. O traquejo social e a tolerância serão importantes na solução de crises ou problemas que possam surgir.

De 11 a 20 de junho: Saturno e Urano estão em ângulo de tensão, atuando como um cabo que se estica entre dois polos: estagnação e renovação. Reflita mais sobre as mudanças que precisa fazer, pois elas vão ocorrer, quer queira ou não.

De 21 a 30 de junho: O Sol faz trígono com Júpiter em signos de Água, favorecendo e dinamizando a vida familiar ou doméstica. Você pode aproveitar o momento para ser um ótimo anfitrião, encantando a todos com sua acolhida e seu carinho. Afinal, quem não gosta de ser bem tratado?

De 1º a 10 de julho: Nesta fase, pode haver demandas mais pesadas para gastos, e isso tende a deixá-lo estressado. Corte urgentemente as despesas, entendendo que a situação é passageira. Desafios sempre vão existir, e assim você se organizará melhor.

De 11 a 20 de julho: Ações inconscientes ou negativas por parte de outros podem deixá-lo frustrado, pois não há muito a fazer. Aguarde um pouco antes de tomar qualquer providência, certificando-se, de que ela esteja pautada em sua inteligência emocional.

De 21 a 31 de julho: A presença de Mercúrio e Netuno em signos de Água é favorável para você descansar e relaxar – se possível, próximo ao mar, a rios ou cachoeiras. A água é um elemento de cura e reparação, tanto para o corpo quanto para a alma.

De 1º a 10 de agosto: A fase de contenção de despesas ainda se faz necessária; elimine o que for supérfluo; isso facilitará suas decisões. Vênus em trígono com Urano deve impulsionar sua vida social; novas amizades vão alegrar seu cotidiano.

De 11 a 20 de agosto: Mercúrio e Marte em Virgem atuam no setor de conhecimento e vão aguçar sua curiosidade por temas que possam aprimorar a eficiência no trabalho. Vênus em Libra segue estimulando a vida social e amorosa.

De 21 a 31 de agosto: Suas condições financeiras tendem a se estabilizar, e agora já é possível reestruturar melhor as entradas e saídas de dinheiro. Há ainda a possibilidade de convites para trabalhos autônomos que vão deixá-lo animado.

De 1º a 10 de setembro: Nesta fase, sua capacidade de enfrentamento e superação de dificuldades vai mostrar quanto você é forte. Vênus em trígono com Júpiter é um aspecto positivo para ter boas ideias e mais produtividade no trabalho.

De 11 a 20 de setembro: Não se deixe levar por intrigas ou desinformação no ambiente profissional, pois elas só vão confundir sua mente. Mantenha-se firme e concentrado em seus propósitos; siga sua rotina, e logo as preocupações vão se dissipar.

De 21 a 30 de setembro: Conselhos de pessoas mais velhas ou experientes serão de muita valia em sua vida. Vênus e Netuno em harmonia indicam um ciclo de mais sensibilidade e empatia nas relações com familiares.

De 1º a 10 de outubro: Sol e Marte trazem mais energia e capacidade de decisão. Você poderá assumir a liderança em situações relevantes, agindo com mais assertividade e diplomacia, e contornando divergências com sabedoria.

De 11 a 20 de outubro: Sol, Marte e Mercúrio ocupam a casa X, evidenciando uma fase de mais capacidade para administrar os interesses de sua carreira. Você poderá obter o reconhecimento que esperava e avançar em seus projetos com maturidade e boas estratégias.

De 21 a 31 de outubro: Na vida amorosa podem surgir instabilidades que são consequência de frustrações não expressas anteriormente. Espere a hora certa para o diálogo, evitando fazer exigências descabidas ou inadequadas.

De 1º a 10 de novembro: Mercúrio e Vênus estão em sextil em Escorpião e Capricórnio, respectivamente. Excelente fase para assimilar e compartilhar conhecimentos e informações, ou pesquisar temas de seu interesse. Amigos de longa data podem aparecer; saia e divirta-se com eles!

De 11 a 20 de novembro: Divergências de pontos de vista acaloradas podem resultar em rompimento com pessoas importantes. Você terá de decidir o que é mais importante: os relacionamentos ou suas ideias. Pense melhor, pois todo mundo pode mudar de opinião.

De 21 a 30 de novembro: Marte e Vênus em ângulo de harmonia devem trazer um colorido especial para a vida a dois. Deixe seu lado romântico entrar em ação com um jantar delicioso e um bom vinho. Todos gostam de emoções mais fortes e espontâneas!

De 1º a 10 de dezembro: O fim de ano está chegando. Seria conveniente verificar como anda sua saúde, realizar exames ou marcar consultas que estejam pendentes. Bom momento para decisões que beneficiem sua moradia e seus familiares.

De 11 a 20 de dezembro: Neste período, teremos Lua Cheia em Gêmeos, ou seja, ela fará oposição ao Sol, que está em Sagitário. Momento positivo para ampliar sua visão de mundo, começar a aprender outra língua, estar mais ligado ao plano coletivo ou planetário.

De 21 a 31 de dezembro: A vida amorosa continua intensa; o importante é não fazer drama em relação àquilo que o aborrece. Não levar tudo a ferro e fogo faz parte da estratégia de quem busca paz e maturidade emocional. Pense nisso!

AQUÁRIO   21 de janeiro – 19 de fevereiro

EU SEI
Liberdade – Inteligência – Inovação
Excentricidade – Altruísmo – Originalidade

☆ **Personalidade:** Os aquarianos são os excêntricos do zodíaco. Em geral, são os que têm uma ideia totalmente diferente do resto da galera, normalmente são do contra e vão sempre no sentido anti-horário dos ponteiros do relógio. Liberdade é o que corre em suas veias. Precisam de espaço para pensar, para assimilar as coisas e se expressar. Ligados no 220V (mentalmente), têm uma necessidade de viver novas experiências, conhecer gente, lugares e ideias diferentes. É um pouco contraditório, mas eles possuem uma tendência a ficarem fixos no próprio ponto de vista, mesmo achando outros vieses interessantes. Acham que estão sempre certos. É importante trabalhar a flexibilidade, até mesmo para serem pessoas de mais fácil convivência no dia a dia.

☆ **Profissão:** O interesse pela tecnologia, informação e computação em geral está presente nos aquarianos. Costumam ter facilidade para entender as novidades que surgem no ramo da ciência e curtem trabalhos que envolvam o meio ambiente, a sociedade e a compreensão das relações humanas. Por terem ideias originais e inovadoras, seu campo de ação precisa estar aberto para mudanças. São excelentes para traçar planos e pensar fora da caixa. Trabalhos que envolvam a metafísica lhes instiga a curiosidade e captam sua atenção. Profissões como artistas, cientistas, ativistas políticos e ambientais, astrólogos, analistas de dados e futurologistas são mais que atraentes para o signo mais antenado do zodíaco

☆ **Amor:** Como um bom signo de Ar, logicamente, o santo precisa bater no aspecto intelectual. A atração em geral ocorre pelas vias mentais, pela forma como pensa, pela inteligência e, provavelmente, quanto mais excêntrica for a outra pessoa, mais atração eles vão sentir. O desejo aquariano de inovação se faz presente aqui também. Assim como a necessidade de liberdade. Sem espaço para frescura e lamentações, porque o aquariano não tem a mínima paciência para isso. É importante para os indivíduos deste signo trabalhar sua autoconfiança e seu amor-próprio, a fim de atrair parceiros que saibam respeitar sua individualidade e seu desejo por novas experiências.

☆ **Saúde:** Os tornozelos, as pernas e o sistema circulatório são influenciados por este signo. Logo, é importante tomar cuidado com a tendência ao movimento constante, passando longos períodos em pé ou a mania de ficar com as pernas cruzadas. Há uma maior tendência a ter varizes e problemas de má circulação. Como pensam e falam de forma um pouco exagerada, exercitar a meditação, a contemplação e o silêncio são uma boa pedida para sua própria paz interior.

☆ **Personalidade do signo e frase:** Charles Darwin – "Na história da humanidade (e dos animais também), aqueles que aprenderam a colaborar e improvisar foram os que prevaleceram."

Previsões para 2021

De 1º a 10 de janeiro: O planeta Netuno recebe bons aspectos de Mercúrio e Sol neste ciclo. Período benéfico para relaxar em meio à natureza, melhor ainda se estiver próximo do elemento água: cachoeira, rios ou mar. Assim, você poderá restaurar o corpo e a mente para o ano que se inicia.

De 11 a 20 de janeiro: Vênus em trígono com Urano pode renovar seu relacionamento com familiares. Nada como a liberdade e a espontaneidade no convívio entre todos que se prezam. Bom para realizar melhorias funcionais ou estéticas em sua casa.

De 21 a 31 de janeiro: Neste ciclo, há um ângulo de tensão entre Júpiter em Aquário e Marte em Touro. É provável que as atividades mais rotineiras o deixem estressado. Evite prováveis rompimentos em discussões inúteis com pessoas que não pensam como você.

De 1º a 10 de fevereiro: Sol em quadratura com Marte sinaliza um momento de forte tendência a situações de intransigência e irritabilidade. Por isso, todo cuidado é pouco para não piorar o que já está difícil. Opte pela diplomacia!

De 11 a 20 de fevereiro: Nesta fase temos a presença de um forte *stellium* no signo de Aquário. Essa configuração planetária representa mais dinamismo mental e vitalidade física para realizar seus projetos. Evite assuntos polêmicos com familiares.

De 21 a 28 de fevereiro: O planeta Marte está no signo de Touro e faz trígono com Plutão em Capricórnio. Favorável para empreendimentos que exijam pragmatismo, determinação e resiliência. As rusgas familiares já estão se dissipando.

De 1º a 10 de março: A fase minguante da Lua é um bom convite à reflexão ou à criatividade para novas ideias inspiradoras. Deixe a imaginação mais solta a fim de poder usufruir deste momento em que a intuição fala mais alto que a razão.

De 11 a 20 de março: Este é o período da lunação no signo de Peixes, que continua acentuando sua sensibilidade. Vênus e Plutão indicam que ela poderá ser canalizada para o seu trabalho, no qual se manifestarão outros talentos até então desconhecidos.

De 21 a 31 de março: Vênus e Sol estão juntos em Áries, mexendo com suas emoções; pode surgir o desejo de conquistar alguém. Aventuras também serão bem-vindas, afinal, um dia tudo serão lembranças do que foi vivido. Triste é não ter nada para lembrar.

De 1º a 10 de abril: Plutão e Mercúrio em bom aspecto sugerem um momento fértil para estudar, ler mais, participar de seminários com temas de seu interesse. Mais movimentação na vida romântica; nada de ficar só em casa, olhando o celular ou assistindo à TV.

De 11 a 20 de abril: Júpiter em Aquário recebe bons aspectos de Sol e Marte. Ótimo momento para tomar decisões, acreditar mais em você; suas ações reverberam positivamente quando você se sente mais confiante. Bons pensamentos atraem oportunidades de crescimento.

De 21 a 30 de abril: Urano, Mercúrio e Vênus dinamizam o setor familiar; podem haver encontros agradáveis, decisões e notícias animadoras para todos. Essa é a hora certa para renovar a decoração da casa, adequando-a mais a seu gosto.

De 1º a 10 de maio: Vênus e Mercúrio em tensão com Júpiter sinalizam a necessidade de conter gastos desnecessários, que possam desorganizar seu orçamento. Nas relações em geral, esse aspecto pode dificultar a comunicação. Evite fazer julgamentos ríspidos.

De 11 a 20 de maio: Vênus está em Gêmeos, ativando o setor de criatividade, autoexpressão e romances. Procure atividades ou companhias que possam estimular essas motivações, compartilhando interesses comuns; trocar ideias sempre faz bem!

De 21 a 31 de maio: É importante saber separar o joio do trigo, ou seja, a verdade de intrigas ou fofocas. Não se deixe levar por informações repassadas e sem fundamento. Seu discernimento poderá esclarecer tudo rapidamente.

De 1º a 10 de junho: Netuno e Marte em harmonia favorecem os cuidados com a saúde. Faça exames ou consultas necessárias; não procrastine mais. Aproveite para melhorar sua alimentação, dando preferência a pratos mais leves.

De 11 a 20 de junho: Neste momento, é importante aceitar que não é possível mudar tudo o que você gostaria em sua vida. Não se trata de resignação, mas sim de "ressignificação" de seus anseios ou propósitos. A intuição será uma boa conselheira nesse sentido.

De 21 a 30 de junho: Sol em trígono com Júpiter, ambos em signos de Água, promove maior interesse por assuntos místicos, esotéricos ou espirituais. Procure alimentar sua alma com boas leituras, eventos artísticos e música de qualidade.

De 1º a 10 de julho: Nesta fase, temos Marte e Saturno em oposição no céu. A demanda agora é evitar discórdias e conflitos sem solução imediata. Aprender a perdoar é sempre mais difícil do que arremessar uma pedra no inimigo.

De 11 a 20 de julho: Certas contrariedades ainda se farão presentes, exigindo mais paciência de sua parte. Faça o esforço de escutar os opositores e descobrir seus reais motivos de conflito. Esclarecimentos importantes estão a caminho.

De 21 a 31 de julho: Júpiter e Vênus em ângulo de tensão sugerem divergências de interesses na vida a dois. Lembre-se de que o ser amado é apenas humano, e não um príncipe ou uma princesa de contos de fadas, sempre belo e sem defeitos.

De 1º a 10 de agosto: Expectativas alheias projetadas em você não devem pautar suas decisões ou iniciativas. Respeite seus limites, fazendo aquilo de que é capaz, da melhor forma que puder. Já estará de bom tamanho!

De 11 a 20 de agosto: Vênus e Plutão em signos de Terra devem redimensionar a importância de suas relações em geral. As trocas de experiências serão mais profundas, auxiliando-o a enxergar melhor suas limitações para poder superá-las.

De 21 a 31 de agosto: Vênus em Libra no setor ligado à espiritualidade e filosofia faz trígono com Saturno em Aquário. Agora, temas mais transcendentais ou místicos vão despertar sua atenção. Ótimo para fazer cursos ou participar de palestras que abram seu espírito a outras realidades.

De 1º a 10 de setembro: As práticas espirituais podem continuar em alta também neste ciclo. A essência de atitudes éticas e verdadeiras, como o respeito pelas diferenças e a tolerância, agora pode deixar de ser apenas teoria. Ao praticar essas atitudes, elas se tornam ações inspiradoras.

De 11 a 20 de setembro: Plutão em Capricórnio recebe bom aspecto do Sol em Virgem. Nesta fase, você terá a oportunidade de mostrar eficiência e criatividade em seus projetos profissionais, e exercer seu poder de modo construtivo e dinâmico.

De 21 a 30 de setembro: Saturno em Aquário faz ângulos positivos com Marte e Sol, ambos em Libra. Você poderá assumir mais responsabilidades em relação em relação a seus propósitos pessoais e sociais, uma vez que eles estão relacionados entre si.

De 1º a 10 de outubro: Nesta fase, talvez você não consiga convencer seus aliados ou parceiros de suas novas metas. Tenha paciência; espere até que as novidades se sedimentem, uma vez que tudo tem a hora certa para acontecer.

De 11 a 20 de outubro: Mercúrio e Vênus estão movimentando a casa dos amigos e dos planos para o amanhã. Excelente para planejar novos encontros e viagens, trocar experiências vivenciadas ou ideias ainda por serem realizadas – e quem sabe alguma viagem para o fim do ano?

De 21 a 31 de outubro: Vênus e Marte estão em harmonia com Júpiter em Aquário, intensificando suas características aquarianas de altruísmo e generosidade em relação a tudo e todos. Desafios estão sempre por aí, e servem para fortalecer seus ideais.

De 1º a 10 de novembro: Urano e Sol em ângulo de oposição podem colocar em evidência alguns conflitos que surgem entre as demandas da vida familiar e as obrigações do trabalho. Você vai precisar de mais jogo de cintura para atender os dois lados, mas vai conseguir!

De 11 a 20 de novembro: As responsabilidades e o ritmo acelerado do cotidiano causam estresse no corpo e no espírito. Desligue o celular, descanse, procure se alimentar bem e dormir por mais tempo. O excesso de informação fragiliza o sistema nervoso e imunológico.

De 21 a 30 de novembro: Marte e Vênus estão em ângulo estimulante, trazendo um colorido especial para a vida amorosa. Não tenha receio de expor seus sentimentos; seu parceiro vai preferir sua sinceridade ao seu orgulho!

De 1º a 10 de dezembro: Procure não se deixar abater por divergências de opiniões, sejam elas do campo político ou comportamental. Siga seus próprios valores; seja fiel a si mesmo. Procure evitar o excesso de comida e de bebidas alcoólicas.

De 11 a 20 de dezembro: Preste mais atenção ao canto das sereias, que são os gastos supérfluos, as tentações de fim de ano. Marte está em Sagitário, dinamizando sua vida social e reuniões com amigos ou familiares queridos – aqueles que o querem bem do jeito que você é.

De 21 a 31 de dezembro: Você vai vivenciar suas emoções com mais intensidade do que nunca, fato esse que sempre tem dois lados. Um deles é viver uma experiência diferenciada e relevante; o outro é querer controlar a relação de forma obsessiva; fique atento.

PEIXES   20 de fevereiro – 20 de março

EU COMPREENDO
Intuição – Sensibilidade – Empatia
Compreensão – Sonhador – Otimismo

☆ **Personalidade:** Os piscianos são extremamente sensíveis por natureza e capazes de uma compreensão profunda da vida e do ser humano, muitas vezes entendida como loucura por quem vê de fora. Dotados de uma intuição sem igual e a habilidade de perceber a energia dos ambientes e das pessoas, precisam aprender a ser filtro em vez de esponja. Estão sempre dispostos a ajudar as pessoas, sejam familiares, amigos ou alguém que acabaram de conhecer na rua, tamanha a compaixão que cabe no coração desses filhos de Netuno. É importante tomar cuidado com a tendência a romantizar situações e relacionamentos, projetando na realidade uma imagem distorcida daquilo que perpassa sua imaginação. Mergulhar nas suas profundezas, ter momentos de introspecção e investir no seu autoconhecimento é essencial para viver com equilíbrio e centramento.

☆ **Profissão:** Por ter uma natureza sensível, compassiva e amorosa, todas as profissões que envolvam o cuidado e o serviço à humanidade são bem-vindas para os nativos deste signo. Sua intuição acurada e a habilidade de se conectar com outras dimensões favorecem o trabalho em áreas esotéricas e com terapias holísticas em geral. Piscianos se dão bem em qualquer profissão em que possam expressar sua sensibilidade, criatividade, imaginação e nas quais tenham a liberdade de criar, colocando no mundo algo que flui direto de sua alma e que auxilie o mundo de alguma forma. Profissões indicadas são: enfermeiro, músico, psicólogo, cineasta, fotógrafo, oceanógrafo e farmacêutico, dentre outras.

☆ **Amor:** O pisciano que não é extremamente "amorzinho" precisa trabalhar a arte de expressar suas emoções, pois ele é um oceano de amor para dar. Mas é tanto, que às vezes talvez nem diferencie um amor romântico de um amor pelo bichinho de estimação. O amor dos piscianos é "transbordante". Ele é um poço de sensibilidade e é importante aprender a discernir entre realmente gostar de alguém e ficar "apaixonadinho". Por ser muito sonhador, pode acabar querendo relacionamentos como aqueles de conto de fadas, e em geral se esquece de que o casal passa por vários obstáculos para ter seu final feliz. Como se entrega totalmente quando apaixonado, talvez acabe perdendo a noção do "eu". Aí desanda tudo. Antes de direcionar seu amor para os outros, em primeiro lugar, deve aprender a amar a si mesmo.

☆ **Saúde:** Questões de saúde para os piscianos podem surgir mais por acharem que têm algum problema, do que pelo fato de realmente existir algum desequilíbrio em seu corpo, e por essa razão têm a fama de hipocondríacos. Por isso é importante que sempre olhem para dentro de si e estejam conscientes do que se passa nas profundezas do seu ser. A região dos pés também costuma ser sensível para eles. Protegê-los, usar meias e fazer escalda-pés são cuidados altamente recomendados.

☆ **Personalidade do signo e frase:** Nicolau Copérnico – "Saber que sabemos o que sabemos, e saber que não sabemos o que não sabemos, esta é a verdadeira sabedoria."

Previsões para 2021

De 1º a 10 de janeiro: Netuno recebe bons aspectos neste ciclo e abre sua mente para questões transcendentes ou filosóficas. Boa fase para apreciar coisas simples como a generosidade, o altruísmo e a gentileza com tudo e todos.

De 11 a 20 de janeiro: Júpiter e Urano estão em ângulo difícil no céu. Essa configuração pode criar inquietações ou ansiedade por falta de liberdade ou autonomia neste momento. Tenha em mente que isso é transitório e logo será solucionado.

De 21 a 31 de janeiro: Aos poucos você vai tomando as rédeas da vida em suas mãos, e isso o tranquilizará mais. De qualquer modo, esteja atento e flexível para as coisas que precisam ser modificadas e que não dependem da sua vontade.

De 1º a 10 de fevereiro: Urano está pressionado no céu e isso representa um clima de instabilidade que pode trazer rupturas ou mudanças inexoráveis. Facilite a situação para você mesmo, evitando ficar muito resistente a ela.

De 11 a 20 de fevereiro: Você agora é capaz de ver tudo com mais distanciamento e clareza. Seu raciocínio está mais rápido, e com presença de espírito você poderá avaliar melhor as situações, dimensionando de maneira positiva os conflitos do passado.

De 21 a 28 de fevereiro: Período de eficiência e assertividade no trabalho; talentos ainda desconhecidos vão surgir e surpreendê-lo. Ótimo para fazer exercícios ao ar livre, fortalecer os músculos do corpo, dar preferência a alimentos mais energéticos.

De 1º a 10 de março: Urano e Vênus estão em ângulo de harmonia em Touro e Peixes, respectivamente. Ciclo benéfico para a vida social, fazer novas amizades, receber estímulos intelectuais que oxigenem sua mente e seus valores.

De 11 a 20 de março: Netuno, que é seu regente solar, está em conjunção com o Sol, ampliando sua sensibilidade psíquica, bem como a capacidade de sonhar e imaginar. Aproveite para investir em atividades culturais e artísticas, em especial artes visuais e música.

De 21 a 31 de março: No início do ano zodiacal, temos Sol e Vênus no signo de Áries. Momento oportuno para conquistas na vida amorosa, romances inesquecíveis. É bem provável que você reencontre pessoas queridas que não vê há tempos.

De 1º a 10 de abril: Sol em sextil com Saturno, agora no setor financeiro, aponta boas oportunidades de ganhos e investimentos de médio e longo prazos. Se for o caso, peça consultoria a pessoas experientes para encaminhar seus interesses.

De 11 a 20 de abril: Júpiter está em ângulo positivo com Sol e Marte, que representam energias de ação, coragem e audácia para se chegar aonde se deseja. Sua autoconfiança vai contagiar pessoas próximas, atraindo a oportunidade de expandir suas metas.

De 21 a 30 de abril: Mercúrio e Vênus estão movimentando o setor de comunicação, mobilidade e aprendizado. Sua presença de espírito e simpatia serão cativantes, facilitando a vida social e trocas afetivas realmente genuínas.

De 1º a 10 de maio: Talvez surjam divergências de interesses no âmbito doméstico ou familiar que o deixarão contrariado. Não tome decisões arbitrárias nem definitivas por enquanto. Tudo se resolverá por si só.

De 11 a 20 de maio: Vênus e Mercúrio fazem trígono com Saturno em Aquário. Agora você pode consolidar com mais maturidade e sabedoria seus projetos de longo prazo. A estrutura necessária se dará por meio de estudos e perseverança; vá em frente.

De 21 a 31 de maio: A fase da Lua Cheia pode funcionar como uma lente de aumento em suas emoções e, dessa forma, tumultuar o ambiente doméstico ou profissional. Tente contornar essas situações com a cabeça fria, e sem levar nada para o lado pessoal.

De 1º a 10 de junho: Momento delicado nos relacionamentos íntimos; não é hora de querer controlar os passos de ninguém. Para que haja relações saudáveis, a liberdade é sempre uma opção mais inteligente e razoável.

De 11 a 20 de junho: Vênus em sextil com Urano no céu evidencia um momento mais maduro para se engajar em grupos sociais, fazer amizades duradouras. Ocasião oportuna para optar por alimentos mais saudáveis e leves, eliminando carboidratos e o açúcar.

De 21 a 30 de junho: Período de expansão no ambiente de trabalho. O esforço feito até então terá seu justo reconhecimento. Sol em Câncer e Júpiter em Peixes formam um trígono celeste e simbolizam uma boa colheita de frutos!

De 1º a 10 de julho: Marte faz oposição a Saturno, podendo representar um período de sobrecarga na vida financeira. Essa retração poderá deixá-lo preocupado ou contrariado, mas em breve essa dificuldade será superada.

De 11 a 20 de julho: Neste ciclo, você poderá usufruir mais da boa companhia de jovens e crianças, sentindo-se revigorado com a energia deles. Excelente fase para o lazer, passear, dedicar-se a algum *hobby*, ver lugares diferentes e conversar com pessoas que não fazem parte da sua rotina.

De 21 a 31 de julho: O momento continua excelente para cuidar de seu bem-estar, buscando aquilo que lhe dá alegria de viver. Mercúrio e Netuno em trígono aguçam sua imaginação. Ótimo para ler, desenhar, observar seus sonhos e devanear.

De 1º a 10 de agosto: Continue atento a suas demandas financeiras, que vêm crescendo, e corte os gastos supérfluos. Você poderá fazer parcerias criativas no trabalho ou nos estudos, e tanto as parcerias quanto as experiências criativas o deixarão muito feliz.

De 11 a 20 de agosto: Mercúrio e Júpiter estão em oposição entre si. Talvez você não encontre o respaldo que gostaria ao emitir suas opiniões ou sugestões no trabalho. Amadureça mais as ideias antes de se sentir incompreendido, mas não exagere na autocrítica.

De 21 a 31 de agosto: Marte em trígono com Urano em Touro no setor de comunicação sinaliza um bom uso da intuição e presença de espírito para tomar decisões rápidas. A tecnologia bem utilizada será excelente para suas tarefas cotidianas.

De 1º a 10 de setembro: Júpiter, o regente de sua casa profissional, recebe bom aspecto de Vênus em Libra. Podem surgir boas oportunidades para expandir suas metas profissionais; aceite convites e também os elogios pelo seu bom desempenho. A vida amorosa vai bem.

De 11 a 20 de setembro: Sol em Virgem em trígono com Plutão confere-lhe foco, pragmatismo e concentração em suas realizações. Você pode se surpreender com talentos latentes que agora desabrocham em função das responsabilidades que chegaram; vá em frente!

De 21 a 30 de setembro: Mercúrio, que está em trígono com Júpiter e Saturno, recebe também bons aspectos de Sol e Marte, sinalizando uma continuidade positiva do ciclo anterior. Sua eficiência continua em alta, e a perseverança será fundamental nesse processo.

De 1º a 10 de outubro: Não subestime a energia daqueles que admiram suas capacidades – os invejosos fazem parte desse time. Por esse motivo, podem querer boicotar aquilo que você vem realizando. Fique atento e continue firme em seu caminho.

De 11 a 20 de outubro: Júpiter em trígono com o Sol pode atrair oportunidades interessantes para aperfeiçoar seus conhecimentos ou viajar para o estrangeiro. Você pode sentir que tem as rédeas da vida nas suas mãos, e sua autoestima agora é contagiante.

De 21 a 31 de outubro: Procure não se deixar levar por intrigas ou pela desinformação, o que pode afetar seu estado de espírito. Talvez haja preocupação ou sobrecarga pessoal envolvendo pessoas de mais idade na família.

De 1º a 10 de novembro: Mercúrio e Vênus em sextil vão dinamizar o setor de amizades, dos projetos sociais ou filantrópicos. Toda essa troca intelectual é uma bênção para seu espírito pisciano, sonhador e idealista.

De 11 a 20 de novembro: O bom aspecto entre Netuno e o Sol lhe garantirá motivação para dar continuidade a seus projetos humanitários. Vênus e Urano reforçam a natureza altruísta deste ciclo, em que é possível sonhar com um mundo melhor e saber que você não está sozinho.

De 21 a 30 de novembro: Vênus em Marte emana boas energias para sua vida amorosa. Não fique esperando demais e parta para a conquista de quem despertou sua atenção. A fila anda, como se diz por aí, então trate de se mexer!

De 1º a 10 de dezembro: Marte e Júpiter sinalizam que agora você precisa desenvolver mais tolerância e capacidade diplomática para conseguir o que deseja. O mundo perfeito e justo não existe, tampouco todos pensam ou sentem como você. Não desanime!

De 11 a 20 de dezembro: Uma decepção com alguém que você considera muito pode lhe mostrar com mais clareza que a ingenuidade geralmente não é boa conselheira. Mantenha os pés no chão, não tome decisões definitivas e espere as névoas da desilusão se dissolverem.

De 21 a 31 de dezembro: As vivências afetivas terão um colorido especial, pois vão despertar emoções até então desconhecidas. Marte em sextil com Saturno sinaliza um período benéfico para planejar bem o fim deste ano e o início do próximo.

Nesta edição as características dos signos foram descritas por Fran Traggiai e Laura Martins e as previsões astrológicas por Tereza Kawall.

Descubra o seu Ascendente

O signo solar representa o potencial de nossa vida. Saber isso, no entanto, não basta. Para termos uma visão completa das possibilidades com que os astros nos acenam, precisamos levar em conta todo o Sistema Solar, tal como ele se apresenta no mapa astral. Talvez o Sol seja o corpo celeste mais importante na Astrologia, pois ele mostra nossa personalidade mais profunda; no entanto, é imprescindível conhecer o signo que, na hora e no local do nosso nascimento, despontava no horizonte leste. Esse é o signo Ascendente, que determinará o "horizonte" pessoal, ou seja, nosso ponto de vista particular com relação à vida.

A seguir serão apresentadas tabelas práticas e fáceis com as quais você poderá descobrir, *com precisão relativa*, qual é o seu Ascendente.

Como usar as tabelas

❶ Descubra na Tabela 1 se você nasceu no horário de verão. Nesse caso, subtraia 1 hora do horário do seu nascimento.

❷ De acordo com o Estado em que você nasceu, some ou subtraia do horário do seu nascimento o número indicado na coluna de correção de horário constante da Tabela 2. Por exemplo, se você nasceu no dia 06 de abril de 1970, às 24h10, no Estado de São Paulo, terá de subtrair 6 minutos. Desse modo, a Hora Local será fixada em 24h04.

❸ Localize, na Tabela 3, a Hora Sideral, seguindo o dia do seu nascimento até chegar, na mesma linha, à coluna do mês. De acordo com o exemplo anterior, você vai encontrar 1h01 como Hora Sideral.

❹ O próximo passo é somar a Hora Local com a Hora Sideral, ou seja, 24h04 + 1h01, e terá 25h05 como resultado. No entanto, se os resultados forem acima de 24 horas, é preciso subtrair 24 horas da soma. Se forem abaixo, vá direto à Tabela 2. No exemplo, a soma foi superior a 24 horas, motivo pelo qual foi preciso subtrair 24 horas, chegando a um resultado final de 1h05 – Hora Sideral individual. Vá agora à Tabela 2 para localizar a latitude do Estado de nascimento ou de um Estado bem próximo. No exemplo, São Paulo está a 23 graus de latitude sul.

❺ Com todos os dados em mãos, vá até a Tabela 4 e procure nas colunas horizontais a latitude mais próxima do seu Estado de nascimento. No exemplo, a mais próxima de 23 é 25 graus. Retome então a Hora Sideral, que no exemplo é 1h05. Veja que na coluna dos 25 graus, à 1h05, ascendia aos céus o signo de Capricórnio. Portanto, o signo Ascendente do exemplo analisado é Capricórnio. Observe que a Tabela 4 dá as horas em que cada signo começa e termina sua ascensão. Assim, para a latitude de 25 graus, Capricórnio fica entre 23h00 e 1h19, pois à 1h20 começa a ascensão do signo de Aquário.

TABELA 1	
Períodos em que o horário de verão foi adotado	
03 out. 31, às 11h00 a 31 mar. 32, às 24h00	08 out. 00, à 00h00 a 18 fev. 01, às 24h00
03 out. 32, às 23h00 a 31 mar. 33, às 24h00	14 out. 01, à 00h00 a 17 fev. 02, às 24h00
01 dez. 49, à 00h00 a 16 abr 50, às 24h00	03 nov. 02, à 00h00 a 16 fev. 03, às 24h00
01 dez. 50, à 00h00 a 28 fev. 51, às 24h00	18 out. 03, à 00h00 a 14 fev. 04, às 24h00
01 dez. 51, à 00h00 a 28 fev. 52, às 24h00	02 nov. 04, à 00h00 a 20 fev. 05, às 24h00
01 dez. 52, à 00h00 a 28 fev. 53, às 24h00	16 out. 05, à 00h00 a 18 fev. 06, às 24h00
23 out. 63, à 00h00 a 01 mar. 64, às 24h00[1]	05 nov. 06, à 00h00 a 24 fev. 07, às 24h00
09 dez. 63, à 00h00 a 01 mar. 64, às 24h00[2]	14 out. 07, à 00h00 a 17 fev. 08, às 24h00
31 jan. 65, à 00h00 a 31 mar. 65, às 24h00	18 out. 08, à 00h00 a 15 fev. 09, às 24h00
30 nov. 65, à 00h00 a 31 mar. 66, às 24h00	18 out. 09, à 00h00 a 21 fev. 10, às 24h00
01 nov. 66, à 00h00 a 01 mar. 67, às 24h00	17 out. 10, à 00h00 a 20 fev. 11, às 24h00
01 nov. 67, à 00h00 a 01 mar. 68, às 24h00	16 out. 11, à 00h00 a 26 fev. 12, às 24h00
02 nov. 85, à 00h00 a 15 mar. 86, às 24h00	21 out. 12, à 00h00 a 17 fev. 13, às 24h00
24 out. 86, à 00h00 a 14 fev. 87, às 24h00	19 out. 13, à 00h00 a 16 fev. 14, às 24h00
25 out. 87, à 00h00 a 07 fev. 88, às 24h00	18 out. 14, à 00h00 a 22 fev. 15, às 24h00
16 out. 88, à 00h00 a 29 jan. 89, às 24h00	18 out. 15, à 00h00 a 21 fev. 16, às 24h00
15 out. 89, à 00h00 a 11 fev. 90, às 24h00	16 out. 16, à 00h00 a 19 fev. 17, às 24h00
21 out. 90, à 00h00 a 17 fev. 91, às 24h00	15 out. 17, à 00h00 a 18 fev. 18, às 24h00
20 out. 91, à 00h00 a 19 fev. 92, às 24h00	21 out. 18, à 00h00 a 17 fev. 19, às 24h00
25 out. 92, à 00h00 a 31 jan. 93, às 24h00	20 out. 19, à 00h00 a 16 fev. 20, às 24h00
17 out. 93, à 00h00 a 20 fev. 94, às 24h00	18 out. 20, à 00h00 a 21 fev. 21, às 24h00
16 out. 94, à 00h00 a 19 fev. 95, às 24h00	17 out. 21, à 00h00 a 20 fev. 22, às 24h00
15 out. 95, à 00h00 a 11 fev. 96, às 24h00	16 out. 22, à 00h00 a 19 fev. 23, às 24h00
06 out. 96, à 00h00 a 16 fev. 97, às 24h00	15 out. 23, à 00h00 a 18 fev. 24, às 24h00
06 out. 97, à 00h00 a 01 mar. 98, às 24h00	20 out. 24, à 00h00 a 16 fev. 25, às 24h00
11 out. 98, à 00h00 a 21 fev. 99, às 24h00	19 out. 25, à 00h00 a 15 fev. 26, às 24h00
03 out. 99, à 00h00 a 27 fev. 00, às 24h00	18 out. 26, à 00h00 a 21 fev. 27, às 24h00

(1) Só SP, MG, RJ e ES.
(2) Todos os demais Estados.

TABELA 2		
Estados	Correção	Latitude
Acre	+ 29 min	10 graus
Alagoas	+ 37 min	9 graus
Amapá	– 24 min	0 grau (Equador)
Amazonas		3 graus
Bahia	+ 26 min	13 graus
Ceará	+ 26 min	3 graus
Distrito Federal	– 12 min	15 graus
Espírito Santo	+ 19 min	20 graus
Goiás	– 17 min	16 graus
Maranhão	+ 3 min	3 graus
Mato Grosso	+ 16 min	15 graus
Minas Gerais	+ 4 min	19 graus
Pará	– 14 min	2 graus
Paraíba	+ 40 min	7 graus
Paraná	– 17 min	25 graus
Pernambuco	+ 40 min	8 graus
Piauí	+ 9 min	5 graus
Rio Grande do Norte	+ 39 min	5 graus
Rio Grande do Sul	– 25 min	30 graus
Rio de Janeiro	+ 7 min	23 graus
Rondônia	– 3 min	9 graus
Roraima	– 16 min	3 graus (N)
Santa Catarina	– 14 min	28 graus
São Paulo	– 6 min	23 graus
Sergipe	+ 32 min	10 graus
Tocantins	17 min	10 graus

TABELA 3 – HORA SIDERAL

Dia	Jan.	Fev.	Mar.	Abr.	Maio	Jun.	Jul.	Ago.	Set.	Out.	Nov.	Dez.
1	18h42	20h45	22h39	0h41	2h39	4h42	6h36	8h38	10h40	12h40	14h41	18h40
2	18h46	20h49	22h43	0h45	2h43	4h46	6h40	8h42	10h44	12h44	14h45	16h43
3	18h50	20h53	22h47	0h49	2h47	4h50	6h44	8h46	10h48	12h48	14h49	16h47
4	18h54	20h57	22h51	0h53	2h51	4h54	6h48	8h50	10h52	12h52	14h53	16h51
5	18h58	21h00	22h55	0h57	2h55	4h57	6h52	8h54	10h56	12h55	14h57	16h55
6	19h02	21h04	22h59	1h01	2h59	5h01	6h56	8h58	11h00	12h58	15h01	16h59
7	19h06	21h08	23h03	1h05	3h03	5h05	7h00	9h02	11h04	13h02	15h05	17h03
8	19h10	21h12	23h07	1h09	3h07	5h09	7h04	9h06	11h08	13h06	15h09	17h07
9	19h14	21h16	23h11	1h13	3h11	5h13	7h08	9h10	11h12	13h10	15h13	17h11
10	19h18	21h20	23h14	1h17	3h15	5h17	7h12	9h14	11h16	13h14	15h17	17h15
11	19h22	21h24	23h18	1h21	3h19	5h21	7h15	9h18	11h20	13h18	15h21	17h19
12	19h26	21h28	23h22	1h25	3h23	5h25	7h19	9h22	11h24	13h22	15h24	17h23
13	19h30	21h32	23h26	1h29	3h27	5h29	7h23	9h26	11h28	13h28	15h28	17h27
14	19h34	21h36	23h30	1h32	3h31	5h33	7h27	9h30	11h32	13h30	15h32	17h31
15	19h38	21h40	23h34	1h36	3h35	5h37	7h31	9h33	11h36	13h34	15h36	17h34
16	19h42	21h44	23h38	1h40	3h39	5h41	7h35	9h37	11h40	13h38	15h40	17h38
17	19h48	21h48	23h42	1h44	3h43	5h45	7h39	9h41	11h44	13h42	15h44	17h42
18	19h49	21h52	23h46	1h48	3h47	5h49	7h43	9h45	11h48	13h46	15h48	17h46
19	19h53	21h56	23h50	1h52	3h50	5h53	7h47	9h49	11h52	13h50	15h52	17h50
20	19h57	22h00	23h54	1h56	3h54	5h57	7h51	9h53	11h56	13h54	15h56	17h54
21	20h02	22h04	23h58	2h00	3h58	6h01	7h55	9h57	11h58	13h58	16h00	17h58
22	20h06	22h08	0h02	2h04	4h02	6h05	7h59	10h01	12h02	14h02	16h04	18h02
23	20h10	22h12	0h06	2h06	4h06	6h09	8h03	10h05	12h06	14h06	16h08	18h06
24	20h14	22h16	0h10	2h12	4h10	6h13	8h07	10h09	12h10	14h10	16h12	18h10
25	20h18	22h20	0h14	2h18	4h14	6h17	8h11	10h13	12h14	14h14	16h16	18h14
26	20h22	22h24	0h18	2h20	4h18	6h21	8h15	10h17	12h18	14h18	16h20	18h18
27	20h26	22h27	0h23	2h24	4h22	6h24	8h19	10h21	12h22	14h22	16h24	18h22
28	20h30	22h31	0h26	2h28	4h25	6h28	8h23	10h25	12h26	14h26	16h28	18h26
29	20h33	22h35	0h30	2h32	4h30	6h32	8h26	10h29	12h30	14h29	16h32	18h30
30	20h37		0h34	2h36	4h34	6h36	8h30	10h33	12h36	14h33	16h36	18h34
31	20h41		0h37		4h38		8h34	10h37		14h37		18h38

TABELA 4 – SIGNO ASCENDENTE

Latitude Sul		5 graus	10 graus	15 graus	20 graus	25 graus	30 graus
Áries	das às	6h00 7h59	6h00 8h09	6h00 8h09	6h00 8h14	6h00 8h19	6h00 8h24
Touro	das às	8h00 9h59	8h05 10h09	8h10 10h19	8h15 10h29	8h20 10h39	8h25 10h49
Gêmeos	das às	10h00 12h19	10h10 12h29	10h20 12h39	10h30 12h49	10h40 12h59	10h50 13h09
Câncer	das às	12h20 13h39	12h30 13h54	12h40 14h09	12h50 14h24	13h00 14h39	13h10 14h54
Leão	das às	13h40 15h39	13h55 15h49	14h10 15h59	14h25 16h09	14h40 16h19	14h55 16h29
Virgem	das às	15h40 17h59	15h50 17h59	16h00 17h59	16h10 17h59	16h20 17h59	16h30 17h59
Libra	das às	18h00 20h19	18h00 20h09	18h00 19h59	18h00 19h49	18h00 19h39	18h00 19h29
Escorpião	das às	20h20 22h19	20h10 22h04	20h00 21h49	19h50 21h34	19h40 21h19	19h30 21h04
Sagitário	das às	22h20 23h39	22h05 23h29	21h50 23h19	21h35 23h09	21h20 22h59	21h05 22h49
Capricórnio	das às	23h40 01h59	23h30 01h49	23h20 01h39	23h10 01h29	23h00 01h19	22h50 01h09
Aquário	das às	02h00 03h59	01h50 03h54	01h40 03h49	01h30 03h49	01h20 03h39	01h10 03h34
Peixes	das às	04h00 05h59	03h55 05h59	03h50 05h59	03h50 05h59	03h40 05h59	03h35 05h59

Trabalho em 2021: previsões segundo o Ascendente

O que 2021 vai pedir, profissionalmente, de cada um de nós?

A previsão a seguir foi feita por Ascendente, e não por signo solar, com base nos principais trânsitos que vão ativar setores específicos do Mapa Astral.

É importante entender que todos os Ascendentes vão se movimentar dentro do Céu Geral de 2021, e haverá ênfase em Aquário, pelo trânsito de Júpiter e Saturno nesse signo. O cenário coletivo será de muitas inovações, novos pensamentos, relevância de redes sociais e movimentos de grupos, exigindo um olhar atento às tendências.

Como esses dois planetas também vão fazer aspecto de tensão com Urano em Touro, podemos viver um período de instabilidade, sobretudo financeira, com impacto em empregos. Empresas e profissionais provavelmente terão de se modernizar e se reformular rapidamente para não perder espaço – o que vai requerer foco e esforço.

As datas mencionadas nas interpretações consideram sua Casa I do Mapa Astral e os trânsitos de Marte. Vale complementar a leitura consultando os trânsitos astrológicos personalizados do Personare, para entender quais tendências estarão evidenciadas ou amenizadas.

Ascendente em Áries

O ano pedirá a habilidade de trabalhar em grupo e a capacidade de pensar em projetos de médio e longo prazos. As fontes de estímulo tendem a vir de grupos, por meio de trocas de informações e debates. A participação em congressos e eventos estará favorecida. Você poderá receber propostas por se manter na direção certa ao acompanhar as tendências do mercado.

É provável que os meses de janeiro e fevereiro demandem cuidado com questões financeiras. Nessa fase, sobretudo no primeiro mês, a implantação de projetos inovadores pode ser mais demorada que o previsto, pedindo muita persistência até a concretização. Em meados de agosto até setembro será um período com um volume maior de responsabilidades. As tarefas tendem a exigir atenção aos detalhes. O período de 17 a 26 de agosto sugere inovação e criatividade, sendo propício a modernizações ou mesmo para a troca de emprego.

A fase que talvez vá exigir mais autocontrole e gestão emocional, até para não atrapalhar no trabalho, será entre final de abril e os primeiros dez dias de junho, com seu momento mais intenso a partir do final de maio. Podem surgir tensões em relacionamentos profissionais de 17 a 26 de outubro – embora haja também a possibilidade de oportunidades de expansão nesse período –, bem como crises e/ou surpresas de 6 a 21 de novembro.

Ascendente em Touro

Para todos os nativos com este Ascendente, 2021 tende a ser um ano com muito potencial de sucesso e destaque profissional – junto a muito trabalho e responsabilidades.

Quem tiver trabalhado para ter sucesso em algo enfim poderá ter sua chance, seja de passar em um concurso, receber uma promoção ou ter outro tipo de realização profissional almejado.

O taurino de Ascendente pode ser confrontado com a necessidade de mudanças em janeiro. De 4 de março a 22 de abril chega uma fase de muitos resultados positivos para taurinos autônomos ou que ganham comissões. O lado comunicador de quem tem Ascendente em Touro pode estar a mil entre 23 de abril e 11 de junho, favorecendo negociações e comunicações; mas podem surgir tensões em parcerias de 6 a 21 de novembro.

Ascendente em Gêmeos

De modo geral, 2021 tende a ser um ano muito positivo profissionalmente para o geminiano de Ascendente, que pode ter propostas envolvendo o exterior ou se dedicar a especializações.

Este signo Ascendente poderá notar mais motivação por expansão, além de por conexão com outras pessoas. Uma atmosfera de otimismo tende a imperar, mesmo que ocorram problemas ou excesso de trabalho, por conta da empolgação com novas possibilidades de ação.

Inícios pessoais, novos impulsos e uma renovação da energia ocorrem entre 4 de março e 22 de abril. O já comunicativo nativo deste Ascendente tende a estar especialmente expressivo de 11 de junho a 29 de julho. Todavia, de 26 de junho a 9 de julho, talvez seja necessário ter mais cuidado com as palavras. As parcerias estarão especialmente ativadas desde a segunda quinzena de dezembro até 24 de janeiro de 2022.

Ascendente em Câncer

O ano de 2021 pode trazer algumas crises ou exigir aprofundamento em questões profissionais para quem tem Ascendente em Câncer. Há, no entanto, a tendência a tirar partido dessas reviravoltas e a amadurecer com elas – por exemplo, passar por processos de *coaching* que levem a uma reorientação de carreira.

Existe também a possibilidade de participar de projetos que envolvam sociedades ou parcerias financeiras. Será necessária maior atenção às finanças, pois pode haver oscilação entre momentos de ganhos e perdas. Não raro, o coletivo pode interferir nisso, por exemplo, você pode pertencer a um grupo empresarial que passará por turbulências.

Em janeiro, pode haver projetos trabalhosos envolvendo grupos e/ou focados em possíveis ganhos, com inovações e implantação de modernizações. O trabalho em grupo e a prospecção do futuro também serão importantes em fevereiro.

É possível que o período de 23 de abril a 10 de junho envolva começos importantes para quem tem este Ascendente, mas alguns desafios podem surgir em relação a parcerias entre 31 de maio a 10 de junho. Já a fase de 29 de julho a 13 de setembro tende a ser muito produtiva intelectualmente e para a área de comunicações, em especial de 17 a 26 de agosto, com inovações em projetos coletivos e em parcerias.

Ascendente em Leão

O foco de 2021 tende a ser lidar com pessoas e parcerias. Muitas coisas poderão surgir por meio do famoso *networking*, como propostas auspiciosas e parcerias com possibilidade de ganhos e exploração de novos horizontes. Tendência a sucesso em eventos com público em um ano profissional muito sociável.

O primeiro mês do ano pode ter sobrecarga na implantação de mudanças em algo importante, resultando em estresse pessoal e/ou imprevistos. De março até quase o final de abril, eventos coletivos e atividades em grupo vão dar o tom, sendo um momento de ouro para o *networking*. Depois de tanta atividade, o período de 23 de abril a 10 de junho será mais favorável para planejar projetos nos bastidores. Uma boa fase para assuntos relacionados à comunicação ocorre de 14 de setembro a 16 de outubro. Mais à frente, de 6 a 21 de novembro, poderá ser um tanto estressante conciliar assuntos familiares, pessoais e profissionais.

Ascendente em Virgem

Pessoas com Ascendente em Virgem podem esperar muito trabalho em 2021, com o desafio de ter de reestruturar métodos e tarefas, mas também com a empolgação decorrente disso. Mudanças de emprego e/ou área de trabalho também estão favorecidas.

Em janeiro e fevereiro surgirão possibilidades de expansão, mas o primeiro mês demandará bastante esforço de sua parte bem como prontidão para possíveis imprevistos.

De março a 22 de abril, será hora de investir totalmente no âmbito profissional, com muita iniciativa. O único período menos produtivo dessa fase vai de 4 a 14 de abril, quando será melhor não iniciar projetos, que podem sofrer certo atraso ou algum problema.

De 23 de abril a 30 de maio, estarão indicadas atividades em grupo e também qualquer outra coisa que envolva pensar no futuro.

Os virginianos de Ascendente tenderão a notar mais disposição no período que vai de 29 de julho a 13 de setembro – exceto de 29 de agosto a 7 de setembro –, podendo, nessa fase, lançar-se em novos empreendimentos.

Ascendente em Libra

O ano de 2021 promete criatividade e trabalhos prazerosos para este sociável Ascendente. Existe a tendência de maior autoestima e disposição a correr riscos. O céu estará oferecendo a chance de se destacar e se expressar. Se você faz trabalhos criativos e autorais, tenderá a vivenciar um ano de muitas realizações, podendo até ganhar prêmios ou destaque.

Expansões, publicações e especializações destacam no período de 4 de março a 22 de abril, mas com certa atribulação ou atraso entre 4 e 14 de abril. De 23 de abril a 10 de junho, segue uma fase favorável para se concentrar inteiramente na carreira, embora com chance de complexidades e desafios entre vida pessoal e carreira entre 31 de maio e 10 de junho.

De 11 de junho a 29 de agosto, bom período para projetos em grupo. Começos importantes podem ocorrer de 14 de setembro a 29 de outubro, com renovação total de sua energia, mas atenção à fase que vai de 17 a 26 de outubro, que pode oferecer alguns desafios.

Ascendente em Escorpião

O Escorpião de Ascendente vai deparar com algo importante na esfera particular, envolvendo casa e família, em 2021. Talvez um novo imóvel, uma mudança de casa ou uma novidade familiar, como a chegada de um novo membro. É possível que essa alegria dê combustível para a vida profissional, mas também pode indicar que a pessoa tenha de se dividir entre as duas esferas, o que nem sempre é fácil. Outra possibilidade pode ser a preferência pelo *home office*, se sua empresa ou trabalho possibilitar tal arranjo.

Além disso, 2021 pode apresentar oportunidades ligadas ao âmbito interno, como fortalecer um setor de base da empresa ou do próprio negócio. Para quem exerce cargos de chefia, há algo importante no sentido de criar um bom ambiente e confiança com sua equipe. O ano tende também a apresentar muita cobrança, pedindo de você organização e boa estrutura interior, apesar das alegrias e dos ganhos na vida pessoal.

O mês de janeiro pode apresentar desafios envolvendo tarefas em parceria, que, no entanto, podem resultar em inovações. Possibilidade de um grande trabalho em parceria também em fevereiro.

De 23 de abril a 10 de junho, estarão favorecidos contatos com o exterior, publicação de artigos ou assuntos ligados a expansão de algum tipo. Todavia, certas questões que resultem em crise podem acontecer de 31 de maio a 10 de junho. Para projetos em grupo, a melhor fase vai de agosto a meados de setembro, mas com menos efetividade entre 29 de agosto e 7 de setembro.

Ascendente em Sagitário

Este será um ano propício para a comunicação. Se algo no trabalho depende de escrita, estudo, palestras e cursos, 2021 tende a ser promissor para pessoas com este Ascendente. Para quem está no ramo acadêmico, momento especial para publicar, defender uma tese ou palestrar.

Fase favorável para ativar o *networking* profissional, circular e aprender coisas novas, que prometem vir acompanhadas de bastante movimento e novidades. Palestras e apresentações também tendem a ser um sucesso, ainda que venham a custar certo trabalho para o preparo do conteúdo.

Janeiro pode ter um lado trabalhoso e com imprevistos, mas em fevereiro a produtividade e a eficiência vão estar melhores.

Datas para se ficar de olho: de 4 de março a 22 de abril, contatos, sociedades e parcerias estarão favorecidos. Já entre 11 e 28 de julho, boa fase para participação em eventos. Atividades em grupo estarão especialmente ativadas entre 14 de setembro e 29 de outubro, mas podem surgir situações mais complexas, seja na vida pessoal ou no trabalho, entre 17 e 26 de outubro.

Ascendente em Capricórnio

As melhores ideias e esforços dos capricornianos de Ascendente tendem a estar voltados para a produção de resultados financeiros em 2021. Será um ano prático para um Ascendente prático. Quem tem um negócio, por exemplo, pode pensar em projetos que atraiam mais retorno, investindo mais em redes sociais e marketing. Não será surpresa nenhuma se sua empresa melhorar financeiramente até o final do ano. Ou, sendo empregado, se conseguir provar que gera resultados, obterá um aumento ou cargo melhor.

De 4 de março a 22 de abril, será a hora de investir em pequenas tarefas, que demandarão bastante trabalho – porém, com efetividade mais baixa entre 4 e 14 de junho.

Assuntos que envolvam parcerias, público e relacionamentos podem ficar especialmente ativados entre 23 de abril e 10 de junho, mas os primeiros dez dias de junho não tendem a ser muito favoráveis: as parcerias fechadas nessa fase não vão se mostrar satisfatórias.

O momento de destaque chegará entre 14 de setembro e 29 de outubro, mas será preciso cautela de 17 a 26 de outubro, fase sujeita a desgastes.

Ascendente em Aquário

O ano de 2021 tende a ser de inícios para pessoas com Ascendente em Aquário. Lance-se a eles sem parcimônia! Serão novos ciclos, com novas responsabilidades, mas com promessas de estabilidade e recompensas. O momento pedirá ousadia. Mesmo que surja aquele medo de não conseguir dar conta, por causa da presença de Saturno, um novo ciclo se iniciará e o impelirá a novos ventos.

Muitas tarefas aguardarão os aquarianos de Ascendente entre 23 de abril e 10 de junho. Atenção à possibilidade de tensões no trabalho de 31 de maio a 10 de junho. Assuntos relacionados a parcerias e ao outro destacam-se entre 11 de junho e 28 de julho, mas não sem certa frustração ou imprevistos entre 26 de junho e 9 de julho.

Cursos e projetos com possibilidade de expansão podem surgir entre 14 de setembro e 29 de outubro, mas a fase que vai de 17 a 26 de outubro não será a mais indicada para essas questões. O momento de brilhar profissionalmente tende a ocorrer entre 30 de outubro e 12 de dezembro; só tome cuidado com o período que vai de 6 a 21 de novembro, pois ele guarda doses de estresse e imprevistos.

Ascendente em Peixes

Para o Ascendente em Peixes, o foco vai estar nos bastidores, como escrever uma dissertação ou elaborar um projeto. Para alguns, pode haver sensação de que algum ciclo esteja se fechando e que 2021 será um ano para pensar em novas inspirações. Seja como for, ainda não é o momento de se expor, se lançar ou fazer acontecer.

Mas a intuição vai, sim, começar a mostrar novos caminhos e alternativas. O crescimento de 2021 tende a seguir um rumo mais interno, com maior estruturação de certas questões e a possibilidade, no futuro, de expansão onde no momento há limitações, por isso vale a pena investir em terapias e aconselhamentos.

A comunicação vai estar a mil em janeiro e fevereiro, mas o primeiro mês tende a apresentar mais contratempos ou sobrecarga mental.

Datas para se ficar de olho: contatos e parcerias ficam favorecidos entre 29 de julho e 13 de setembro, mas o período de 29 de agosto a 7 de setembro será o menos produtivo para isso.

Expansões e estudos vão despontar na fase de 30 de outubro a 12 de dezembro, mas pode haver certo cansaço e contratempos entre 6 e 21 de novembro. O ano vai fechar com tendência a visibilidade profissional, o que vai se estender até 24 de janeiro de 2022.

Vanessa Tuleski (@vanessatuleski) é astróloga do Personare. Destaca-se por sua linguagem astrológica clara e direta. Tem ativa presença em redes sociais e é palestrante em eventos direcionados a profissionais e estudantes de Astrologia.

DESCUBRA O SEU ASCENDENTE E LEIA SEU MAPA ASTRAL

No maior portal de autoconhecimento do Brasil.

Acesse: **personare.com/ascendente**

Personare
.com.br

Horóscopo Chinês

A Astrologia chinesa fundamenta-se no ano lunar, que dura 12 meses e 29 dias. Cada ano lunar é regido por um signo, representado por um animal. Segundo a tradição chinesa, os seres humanos recebem as características do signo regente de cada ano.

Verifique na tabela a seguir qual é o seu animal-signo, tomando por base a data do seu nascimento. Se estiver interessado em conhecer seu signo Ascendente no horóscopo chinês, consulte também a tabela das horas regidas pelos signos.

Signos	Período Correspondente		Elemento	Polaridade
\multicolumn{5}{c}{Os anos lunares de 1900 a 2031}				
Rato	de 31 de janeiro de 1900	até 18 de fevereiro de 1901	Metal	+
Boi	de 19 de fevereiro de 1901	até 7 de fevereiro de 1902	Metal	−
Tigre	de 8 de fevereiro de 1902	até 28 de janeiro de 1903	Água	+
Coelho	de 29 de janeiro de 1903	até 15 de fevereiro de 1904	Água	−
Dragão	de 16 de fevereiro de 1904	até 3 de fevereiro de 1905	Madeira	+
Serpente	de 4 de fevereiro de 1905	até 24 de janeiro de 1906	Madeira	−
Cavalo	de 25 de janeiro de 1906	até 12 de fevereiro de 1907	Fogo	+
Carneiro	de 13 de fevereiro de 1907	até 1º de fevereiro de 1908	Fogo	−
Macaco	de 2 de fevereiro de 1908	até 21 de janeiro de 1909	Terra	+
Galo	de 22 de janeiro de 1909	até 9 de fevereiro de 1910	Terra	−
Cão	de 10 de fevereiro de 1910	até 29 de janeiro de 1911	Metal	+
Javali	de 30 de janeiro de 1911	até 17 de fevereiro de 1912	Metal	−
Rato	de 18 de fevereiro de 1912	até 5 de fevereiro de 1913	Água	+
Boi	de 6 de fevereiro de 1913	até 25 de janeiro de 1914	Água	−
Tigre	de 26 de janeiro de 1914	até 13 de fevereiro de 1915	Madeira	+
Coelho	de 14 de fevereiro de 1915	até 12 de fevereiro de 1916	Madeira	−

Dragão	de 13 de fevereiro de 1916 até 22 de janeiro de 1917	Fogo	+
Serpente	de 23 de janeiro de 1917 até 10 de fevereiro de 1918	Fogo	–
Cavalo	de 11 de fevereiro de 1918 até 31 de janeiro de 1919	Terra	+
Carneiro	de 1º de fevereiro de 1919 até 19 de fevereiro de 1920	Terra	–
Macaco	de 20 de fevereiro de 1920 até 7 de fevereiro de 1921	Metal	+
Galo	de 8 de fevereiro de 1921 até 27 de janeiro de 1922	Metal	–
Cão	de 28 de janeiro de 1922 até 15 de fevereiro de 1923	Água	+
Javali	de 16 de fevereiro de 1923 até 4 de fevereiro de 1924	Água	–
Rato	de 5 de fevereiro de 1924 até 24 de janeiro de 1925	Madeira	+
Boi	de 25 de janeiro de 1925 até 12 de fevereiro de 1926	Madeira	–
Tigre	de 13 de fevereiro de 1926 até 1º de fevereiro de 1927	Fogo	+
Coelho	de 2 de fevereiro de 1927 até 22 de janeiro de 1928	Fogo	–
Dragão	de 23 de janeiro de 1928 até 9 de fevereiro de 1929	Terra	+
Serpente	de 10 de fevereiro de 1929 até 9 de janeiro de 1930	Terra	–
Cavalo	de 10 de janeiro de 1930 até 16 de fevereiro de 1931	Metal	+
Carneiro	de 17 de fevereiro de 1931 até 5 de fevereiro de 1932	Metal	–
Macaco	de 6 de fevereiro de 1932 até 25 de janeiro de 1933	Água	+
Galo	de 26 de janeiro de 1933 até 13 de fevereiro de 1934	Água	–
Cão	de 14 de fevereiro de 1934 até 3 de fevereiro de 1935	Madeira	+
Javali	de 4 de fevereiro de 1935 até 23 de janeiro de 1936	Madeira	–
Rato	de 24 de janeiro de 1936 até 10 de fevereiro de 1937	Fogo	+
Boi	de 11 de fevereiro de 1937 até 30 de janeiro de 1938	Fogo	–
Tigre	de 31 de janeiro de 1938 até 18 de fevereiro de 1939	Terra	+
Coelho	de 19 de fevereiro de 1939 até 7 de fevereiro de 1940	Terra	–
Dragão	de 8 de fevereiro de 1940 até 26 de janeiro de 1941	Metal	+
Serpente	de 27 de janeiro de 1941 até 14 de fevereiro de 1942	Metal	–
Cavalo	de 15 de fevereiro de 1942 até 4 de fevereiro de 1943	Água	+
Carneiro	de 5 de fevereiro de 1943 até 24 de janeiro de 1944	Água	–
Macaco	de 25 de janeiro de 1944 até 12 de fevereiro de 1945	Madeira	+
Galo	de 13 de fevereiro de 1945 até 1º de fevereiro de 1946	Madeira	–
Cão	de 2 de fevereiro de 1946 até 21 de janeiro de 1947	Fogo	+
Javali	de 22 de janeiro de 1947 até 9 de fevereiro de 1948	Fogo	–
Rato	de 10 de fevereiro de 1948 até 28 de janeiro de 1949	Terra	+

Boi	de 29 de janeiro de 1949	até 16 de fevereiro de 1950	Terra	−
Tigre	de 17 de fevereiro de 1950	até 5 de fevereiro de 1951	Metal	+
Coelho	de 6 de fevereiro de 1951	até 26 de janeiro de 1952	Metal	−
Dragão	de 27 de janeiro de 1952	até 13 de fevereiro de 1953	Água	+
Serpente	de 14 de fevereiro de 1953	até 2 de fevereiro de 1954	Água	−
Cavalo	de 3 de fevereiro de 1954	até 23 de janeiro de 1955	Madeira	+
Carneiro	de 24 de janeiro de 1955	até 11 de fevereiro de 1956	Madeira	−
Macaco	de 12 de fevereiro de 1956	até 30 de janeiro de 1957	Fogo	+
Galo	de 31 de janeiro de 1957	até 17 de fevereiro de 1958	Fogo	−
Cão	de 18 de fevereiro de 1958	até 7 de fevereiro de 1959	Terra	+
Javali	de 8 de fevereiro de 1959	até 27 de janeiro de 1960	Terra	−
Rato	de 28 de janeiro de 1960	até 14 de fevereiro de 1961	Metal	+
Boi	de 15 de fevereiro de 1961	até 4 de fevereiro de 1962	Metal	−
Tigre	de 5 de fevereiro de 1962	até 24 de janeiro de 1963	Água	+
Coelho	de 25 de janeiro de 1963	até 12 de fevereiro de 1964	Água	−
Dragão	de 13 de fevereiro de 1964	até 1º de fevereiro de 1965	Madeira	+
Serpente	de 2 de fevereiro de 1965	até 20 de janeiro de 1966	Madeira	−
Cavalo	de 21 de janeiro de 1966	até 8 de fevereiro de 1967	Fogo	+
Carneiro	de 9 de fevereiro de 1967	até 29 de janeiro de 1968	Fogo	−
Macaco	de 30 de janeiro de 1968	até 16 de fevereiro de 1969	Terra	+
Galo	de 17 de fevereiro de 1969	até 5 de fevereiro de 1970	Terra	−
Cão	de 6 de fevereiro de 1970	até 26 de janeiro de 1971	Metal	+
Javali	de 27 de janeiro de 1971	até 14 de fevereiro de 1972	Metal	−
Rato	de 15 de fevereiro de 1972	até 2 de fevereiro de 1973	Água	+
Boi	de 3 de fevereiro de 1973	até 22 de janeiro de 1974	Água	−
Tigre	de 23 de janeiro de 1974	até 10 de fevereiro de 1975	Madeira	+
Coelho	de 11 de fevereiro de 1975	até 30 de janeiro de 1976	Madeira	−
Dragão	de 31 de janeiro de 1976	até 17 de fevereiro de 1977	Fogo	+
Serpente	de 18 de fevereiro de 1977	até 6 de fevereiro de 1978	Fogo	−
Cavalo	de 7 de fevereiro de 1978	até 27 de janeiro de 1979	Terra	+
Carneiro	de 28 de janeiro de 1979	até 15 de fevereiro de 1980	Terra	−
Macaco	de 16 de fevereiro de 1980	até 4 de fevereiro de 1981	Metal	+
Galo	de 5 de fevereiro de 1981	até 24 de janeiro de 1982	Metal	−

Cão	de 25 de janeiro de 1982 até 12 de fevereiro de 1983	Água	+
Javali	de 13 de fevereiro de 1983 até 1º de fevereiro de 1984	Água	–
Rato	de 2 de fevereiro de 1984 até 19 de fevereiro de 1985	Madeira	+
Boi	de 20 de fevereiro de 1985 até 8 de fevereiro de 1986	Madeira	–
Tigre	de 9 de fevereiro de 1986 até 28 de janeiro de 1987	Fogo	+
Coelho	de 29 de janeiro de 1987 até 16 de fevereiro de 1988	Fogo	–
Dragão	de 17 de fevereiro de 1988 até 5 de fevereiro de 1989	Terra	+
Serpente	de 6 de fevereiro de 1989 até 26 de janeiro de 1990	Terra	–
Cavalo	de 27 de janeiro de 1990 até 14 de fevereiro de 1991	Metal	+
Carneiro	de 15 de fevereiro de 1991 até 3 de fevereiro de 1992	Metal	–
Macaco	de 4 de fevereiro de 1992 até 22 de janeiro de 1993	Água	+
Galo	de 23 de janeiro de 1993 até 9 de fevereiro de 1994	Água	–
Cão	de 10 de fevereiro de 1994 até 30 de janeiro de 1995	Madeira	+
Javali	de 31 de janeiro de 1995 até 18 de fevereiro de 1996	Madeira	–
Rato	de 19 de fevereiro de 1996 até 6 de fevereiro de 1997	Fogo	+
Boi	de 7 de fevereiro de 1997 até 27 de janeiro de 1998	Fogo	–
Tigre	de 28 de janeiro de 1998 até 15 de fevereiro de 1999	Terra	+
Coelho	de 16 de fevereiro de 1999 até 4 de fevereiro de 2000	Terra	–
Dragão	de 5 de fevereiro de 2000 até 23 de janeiro de 2001	Metal	+
Serpente	de 24 de janeiro de 2001 até 11 de fevereiro de 2002	Metal	–
Cavalo	de 12 de fevereiro de 2002 até 31 de janeiro de 2003	Água	+
Carneiro	de 1º de fevereiro de 2003 até 21 de janeiro de 2004	Água	–
Macaco	de 22 de janeiro de 2004 até 8 de fevereiro de 2005	Madeira	+
Galo	de 9 de fevereiro de 2005 até 28 de janeiro de 2006	Madeira	–
Cão	de 29 de janeiro de 2006 até 17 de fevereiro de 2007	Fogo	+
Javali	de 18 de fevereiro de 2007 até 6 de fevereiro de 2008	Fogo	–
Rato	de 7 de fevereiro de 2008 até 25 de janeiro de 2009	Terra	+
Boi	de 26 de janeiro de 2009 até 13 de fevereiro de 2010	Terra	–
Tigre	de 14 de fevereiro de 2010 até 2 de fevereiro de 2011	Metal	+
Coelho	de 3 de fevereiro de 2011 até 22 de janeiro de 2012	Metal	–
Dragão	de 23 de janeiro de 2012 até 9 de fevereiro de 2013	Água	+
Serpente	de 10 de fevereiro de 2013 até 30 de janeiro de 2014	Água	–
Cavalo	de 31 de janeiro de 2014 até 18 de fevereiro de 2015	Madeira	+

Carneiro	de 19 de fevereiro de 2015 até 7 de fevereiro de 2016	Madeira	−
Macaco	de 8 de fevereiro de 2016 até 27 de janeiro de 2017	Fogo	+
Galo	de 28 de janeiro de 2017 até 15 de fevereiro de 2018	Fogo	−
Cão	de 16 de fevereiro de 2018 até 4 de fevereiro de 2019	Terra	+
Javali	de 5 de fevereiro de 2019 até 24 de janeiro de 2020	Terra	−
Rato	de 25 de janeiro de 2020 até 11 de fevereiro de 2021	Metal	+
Boi	de 12 de fevereiro de 2021 até 31 de janeiro de 2022	Metal	−
Tigre	de 1º de fevereiro de 2022 até 21 de janeiro de 2023	Água	+
Coelho	de 22 de janeiro de 2023 até 9 de fevereiro de 2024	Água	−
Dragão	de 10 de fevereiro de 2024 até 28 de janeiro de 2025	Madeira	+
Serpente	de 29 de janeiro de 2025 até 16 de fevereiro de 2026	Madeira	−
Cavalo	de 17 de fevereiro de 2026 até 5 de fevereiro de 2027	Fogo	+
Carneiro	de 6 de fevereiro de 2027 até 25 de janeiro de 2028	Fogo	−
Macaco	de 26 de janeiro de 2028 até 12 de fevereiro de 2029	Terra	+
Galo	de 13 de fevereiro de 2029 até 2 de fevereiro de 2030	Terra	−
Cão	de 3 de fevereiro de 2030 até 22 de janeiro de 2031	Metal	+
Javali	de 23 de janeiro de 2031 até 10 de fevereiro de 2032	Metal	−

Os signos e as horas

Das 23h à 1h,   horas governadas pelo Rato
Da 1h às 3h,   horas governadas pelo Boi
Das 3h às 5h,   horas governadas pelo Tigre
Das 5h às 7h,   horas governadas pelo Coelho
Das 7h às 9h,   horas governadas pelo Dragão
Das 9h às 11h, horas governadas pela Serpente
Das 11h às 13h, horas governadas pelo Cavalo
Das 13h às 15h, horas governadas pelo Carneiro
Das 15h às 17h, horas governadas pelo Macaco
Das 17h às 19h, horas governadas pelo Galo
Das 19h às 21h, horas governadas pelo Cão
Das 21h às 23h, horas governadas pelo Javali

Características Gerais de Cada Signo

RATO:

Quem nasce no signo do Rato é sedutor e encantador, o que é uma vantagem na vida. Por serem simpáticos e joviais, os Ratos são sempre convidados para todos os eventos e têm vida social intensa. Mas esses nativos, como todas as pessoas, também têm um lado mais negativo: é quando manipulam os sentimentos dos outros, pois são ávidos pelo poder; além de gostarem de jogar, pois são ambiciosos. Mas são generosos e honestos também, isto é, as qualidades superam os defeitos.

BOI:

Os nativos deste signo são reservados, mas é possível perceber que são muito dedicados à família. Na área profissional, são dignos de confiança pelo seu grande senso de responsabilidade e espírito de sacrifício, que os leva a fazer de tudo para cumprir bem seu dever. Eles inspiram confiança, embora sejam autoritários, lentos e resistentes às mudanças. Um defeito grave é serem teimosos e vingativos.

TIGRE:

A coragem é um dos traços mais marcantes da personalidade do Tigre. Além disso, ele é forte, autoritário e honrado. Mas pode tornar-se intransigente, impulsivo e irritadiço. É um otimista, prevendo sempre o melhor. Ter dinheiro é importante para sentir-se seguro. Os Tigres gostam de se arriscar e têm muita sorte ao fazê-lo. Ninguém fica indiferente a um Tigre, pois ele é muito magnético e atraente. Ou você o ama ou o odeia, dependendo das circunstâncias.

COELHO:

O Coelho é discreto, senhor de si, sensato e dotado de muita diplomacia, além de sensível e hospitaleiro. Em contrapartida pode ser pedante, misterioso e hipocondríaco. Gosta de viver de forma independente; não fica deprimido com a solidão. Não costuma apegar-se a relacionamentos que se deterioram com o tempo. Não hesita em se divorciar; gosta de encontrar o próprio caminho. Fica perturbado com a agitação ao redor e aprecia ver as coisas como elas são. O Coelho não é violento; mostra seu talento na santa paz.

DRAGÃO:
Este nativo é entusiasta, intuitivo e repleto de vitalidade. Bafejado pelo êxito, pode ser um artista admirável. Dá preferência a trabalhos autônomos. Mas pode ficar inquieto e mostrar-se inflexível, agastando-se com o mundo quando insatisfeito. Está sempre pronto a julgar os outros. No amor, é atraente, e o sexo oposto disputa os seus favores. Não é algo simples tentar descrever um Dragão, pois ele é difícil de interpretar, por ser muito imprevisível. Além disso, é bastante voluntarioso e egoísta. Tem os pés bem fincados no chão.

SERPENTE:
Em geral, a Serpente é culta, cerebral e intuitiva. É bem-educada e costuma ter sorte. Mas pode ser má perdedora, extravagante e vingativa. Uma característica negativa é a preguiça. Tem um magnetismo pessoal que pode ser desagradável de tão intenso. Gosta de manipular as outras pessoas e acaba conseguindo, porque é muito atraente, e sua beleza não é superficial; ela irradia uma espécie de luz interior. A Serpente é muito sagaz. Sempre ajuda a família, dando-lhe apoio e conselhos, embora não goste de distribuir dinheiro ou presentes.

CAVALO:
O Cavalo é amável, atlético, divertido e muito independente, além de trabalhador, franco e bastante sensual. Mas exalta-se com facilidade, podendo se tornar impiedoso, desprovido de tato e insensível – é quando põe muita coisa a perder. Sabe quando avançar nos negócios, quando parar e quando ficar para trás, em segundo plano. O Cavalo costuma vencer as discussões com outros signos, mas não com outro Cavalo. Relacionamentos com ele exigem muita paciência, bom senso e tolerância.

CARNEIRO:
Muito elegante, o Carneiro é criativo, inteligente e inventivo. Também é muito maleável e altruísta. Mas pode ser bastante caprichoso, indiscreto e indisciplinado. Conforme as circunstâncias, pode se tornar irresponsável. Resiste à injustiça, é muito organizado com seus pertences pessoais e não admite desordem. Às vezes, é um pouco tímido nos relacionamentos. As mulheres de Carneiro podem ser descritas como muito atraentes.

MACACO:

O Macaco costuma ser muito inteligente, espirituoso e amável. Tem facilidade para resolver problemas. Apaixona-se várias vezes, pois é um pouco imaturo e não tem grandes escrúpulos. Tem tendência para ser divertido; pelo lado negativo, é um mentiroso nato, mesmo que não minta por mal. Na melhor definição: é um velhaco. É sincero ao fazer suas críticas, sem perceber que magoa os outros. Em geral, fica rico na meia-idade.

GALO:

Muito franco, desembaraçado e talentoso, o Galo também é elegante e divertido. Mas, quando atacado, pode se tornar desconfiado, pomposo e até mesmo descarado. Esse signo é um trunfo para os homens; a dicotomia de interesses entre sua família e os relacionamentos amorosos e comerciais o acompanha do começo até o final da vida. A fidelidade não é seu ponto forte. Deve pensar antes de falar para não incorrer em erros graves.

CÃO:

O Cão é magnânimo, nobre e leal. Muito responsável, gosta de analisar tudo antes de agir; é bastante discreto e lúcido. Por outro lado, sua reserva natural exagerada o leva a perder oportunidades, e sua introversão também não contribui para o sucesso. Bastante moralista, e até um pouco pessimista, por vezes é dotado de um cinismo mordaz. A hipocrisia fere a alma do Cão.

JAVALI:

O Javali é muito escrupuloso; em geral dedica-se aos estudos e é culto. Muito sensível e profundo, não custa a se magoar com as palavras dos outros, defendendo-se, porém, por trás de uma máscara de indulgência. Mas de fato é indefeso e ingênuo, pois não tem espírito de rivalidade, tornando-se presa fácil dos inimigos. É muito crédulo. Quando enraivecido, torna-se mordaz e suas críticas atingem o ponto fraco dos outros.

Ano do Boi

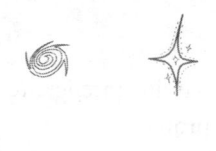

De 12 de fevereiro de 2021 até 31 de janeiro de 2022

Na astrologia chinesa, o ano do Boi indica um período de muito trabalho – e trabalho árduo! Tanto o país quanto o mundo passam por uma profunda transformação, logo precisaremos de muito esforço consciente para que nossas metas sejam cumpridas. As pessoas deverão assumir a responsabilidade por seus atos e também no âmbito familiar, no qual todas as questões serão resolvidas ainda nesse período. Embora seja um ano, como dissemos, de trabalho árduo, é também um ano de ascensão ao poder, tanto nas esferas sociais quanto profissionais. O sucesso dependerá, entretanto, do esforço pessoal de cada indivíduo, não se podendo contar nem com a sorte nem com oportunidades. Os sentimentos e a sensibilidade terão um papel menos importante neste ano do Boi. Mas, em contrapartida, a vida econômica e profissional deverá ser posta em ordem nesse período.

Os agricultores terão um ano bastante favorável, pois as condições atmosféricas estarão propícias a isso.

Ao se falar de assuntos do coração, este ano em particular deverá favorecer relações longas e duradouras; evite guardar ressentimentos.

No término do ano, perceberemos que nada nos foi dado ao acaso; seremos merecedores de tudo que tenhamos conquistado e pelo que tenhamos lutado.

Eis o que nos reserva o ano do Boi

RATO:

Neste ano, tanto a vida pessoal quanto profissional se desenvolverá por meio de investimentos, projetos e empreendedorismo pessoal. Para que esses projetos decolem, devem se manter dentro dos limites da razoabilidade e do bom senso; é provável que se possa contar, também, com a parceria nos negócios. No âmbito familiar, a fase será excelente e bem-afortunada no decorrer deste ano. Momento ótimo para fortalecer seus valores pessoais. Não se precipite nem seja por demais ambicioso, e verá que este ano lhe trará gratas surpresas.

BOI:

Ano extremamente próspero, pois, como o trabalho faz parte da sua natureza, tudo o que comande tratará de acontecer. Não desanime se seus planos sofrerem algum atraso; ele será apenas consequência de não ter planejado suas ações do modo adequado. No entanto, procure encontrar equilíbrio entre os momentos de trabalho e lazer, pois neste período as responsabilidades serão muitas. Não se esqueça: a vida não é feita apenas de trabalho. Existe ainda a possibilidade de viagens longas e maior sociabilidade – que, por mais incrível que possa lhe parecer, se dará por intermédio de pessoas mais jovens. Ano favorável também às relações amorosas: o casamento ou a ampliação da família serão muito benéficos.

TIGRE:

Este ano será de mais recolhimento e meditação, pois seu ritmo diário acelerado, de acordo com sua natureza, tende a diminuir, e você encontrará diversas oportunidades e razões para refletir sobre a vida. Aproveite este momento para buscar seus objetivos pessoais e profissionais. Procure evitar novos empreendimentos, uma vez que, por não poder agir de acordo com sua livre vontade, essas iniciativas poderão gerar certa frustração. No quesito amor, será hora de se entregar a algum relacionamento, provavelmente ao encontrar sua cara-metade. A partir do segundo semestre, possíveis questões no âmbito profissional tenderão a ser resolvidas, desde que você contenha sua rebeldia e impulsividade.

COELHO:
Apesar da vida social muito ativa e de mais sensibilidade nas relações humanas, haverá tendência ao ostracismo e a sensação de estar só. A vida social muito ativa tenderá a exercer papel fundamental nas atividades profissionais. Mas prepare-se para algumas decepções: viagens que não se realizarão, trabalhos que não vão progredir da maneira desejada, relacionamentos frustrantes... Em meio a essas situações, os amigos terão um papel importante, na medida em que lhe darão apoio, até mesmo financeiro, embora você também terá de ajudá-los – nada virá ao acaso. É aconselhável abrir seu coração para as pessoas que considere importantes, mesmo que você esteja a certa distância. Evite qualquer tipo de excesso.

DRAGÃO:
Momento de fortalecer ou iniciar empreendimentos profissionais, pois este é um ano especialmente afortunado ao desenvolvimento profissional e à ascensão pessoal. A vida em família seguirá com muita tranquilidade, e os problemas apresentados pelo meio ambiente, pelos familiares e pelo círculo de amizades não o atingirão diretamente. No final do ano, pode haver certa dificuldade na esfera do trabalho, por isso, pense bem no quanto quer se dedicar a um empreendimento antes de iniciá-lo. Porém, com trabalho, perseverança e atitude, todos os projetos terão êxito. Não se esqueça da saúde; evite o estresse.

SERPENTE:
A paciência é uma virtude, e, devagar e sempre, você correrá atrás dos seus objetivos. Ano para aprimorar o intelecto e desenvolver sua capacidade mental, pois o modo como você vê as coisas ao redor vai mudar de forma significativa. Sua visão de mundo se aperfeiçoará e, dessa forma, possibilitará o surgimento de novos planos para o futuro, tanto na esfera profissional quanto pessoal. Os relacionamentos sociais no decorrer deste ano irão favorecê-lo de maneira muito positiva. O trabalho transcorrerá com relativa tranquilidade e até com certa folga financeira. Convém cuidar um pouco mais da alimentação. No amor, espere várias surpresas; caberá a você se beneficiar ou não delas.

CAVALO:

No ano que se segue, para alcançar suas metas pessoais e profissionais, você terá de fazer um esforço extra, indo bem além do limite habitual – mas as recompensas virão também na mesma proporção. Haverá diversas situações que vão gerar ansiedade, mas, sabendo lidar com isso, as áreas profissional e de relacionamentos transcorrerão com bastante tranquilidade. Na família, podem surgir problemas com os filhos; porém, com bastante calma e muita comunicação, eles serão resolvidos. No trabalho, cuidado com colegas ou subordinados; pode ser que a divergência de opiniões gere algum tipo de conflito. Evite alimentos gordurosos e pratique exercícios regularmente.

CARNEIRO:

Brigas e mal-entendidos vão atrapalhar sua vida profissional. Logo, este não será um ano muito favorável nessa área, requerendo um exercício de paciência para sanar os problemas. Com a família particularmente exigente, e sendo você um tanto extravagante, tenderão a aparecer alguns problemas financeiros, embora você obterá o suficiente para viver com relativo conforto. Não se acanhe tanto diante das pessoas que lhe são importantes: abra o coração e fale do que se passa com você e do que pretende em relação a elas, pois assim minimizará os conflitos. Neste ano, sua saúde estará em evidência, sendo apropriado fazer exames de rotina para prevenir problemas futuros. Cuide dos relacionamentos, e a vida seguirá seu curso naturalmente.

MACACO:

O ano para você será meio morno em termos de realizações profissionais. Há previsão de perdas pessoais, e talvez uma doença crônica venha a atrapalhar seus planos. A vida doméstica e familiar, contudo, será tranquila. É aconselhável planejar bem suas ações antes de começar a fazer qualquer tipo de trabalho ou você poderá se deparar com diversos obstáculos. No entanto, no decorrer do ano, os relacionamentos sociais e afetivos serão beneficiados, e você se mostrará expansivo e bastante liberal com pessoas próximas. Uma dica: equilibre bem o trabalho intenso com os momentos de lazer junto a amigos e pessoas queridas. Cuide bem da saúde, fazendo caminhadas e mantendo uma boa alimentação.

GALO:

Ano muito bom para o campo amoroso, que ganhará estímulo; os compromissos afetivos tenderão a ser duradouros e estáveis. Confiança e equilíbrio farão sua personalidade brilhar. O maior problema ao longo desse período será o medo de compartilhar sua vida com pessoas próximas – você teme que, ao abrir o coração, fique exposto e as relações se tornem definitivas. Como sua criatividade estará em alta, convém aplicá-la a novas ideias, tanto no lado profissional quanto no âmbito pessoal. Este ano pode proporcionar grandes conquistas, mas também derrotas, cabendo a você julgá-las com seu coração. Muito cuidado com a saúde; existe risco de acidentes e ferimentos com perda de sangue. Aja com cautela. No seu lar, a vida seguirá bastante serena.

CÃO:

Pode ser que este ano não lhe seja muito favorável, pois algumas incertezas poderão abalar sua confiança, que, verdade seja dita, não costuma ser tão firme. Decisões precipitadas não serão bem-vindas, especialmente no início do ano. Será muito difícil concordar com as pessoas, que poderão se ofender com facilidade e interpretar mal suas escolhas. Evite conflitos e reações exageradas ou fora de propósito. Um longo período de recolhimento o fará descobrir e fortalecer suas verdadeiras motivações. Será preciso se reinventar e ter convicções mais profundas antes de tomar qualquer decisão. O convívio familiar será, no entanto, muito favorecido, embora você deva assumir certas responsabilidades. Evite qualquer tipo de confronto e cultive a tranquilidade emocional para fazer boas escolhas. Mantenha uma rotina de exercícios e cuide bem da alimentação.

JAVALI:

Pequenas mudanças serão a máxima deste ano, e, com elas, virão a possibilidade de novas perspectivas e excelentes oportunidades. Aprimore a comunicação, pois suas ideias serão muito bem aproveitadas. Por sorte, nenhum problema será grave e nenhuma dificuldade vai perdurar. Por outro lado, nada de bom ocorrerá se não organizar mais sua vida e usar essas pequenas mudanças a seu favor. Os assuntos amorosos e de família não estarão muito favorecidos, podendo haver rompimentos ou complicações na vida afetiva. Haja com muito tato para não se decepcionar. Na saúde, tudo vai muito bem; você deve apenas cuidar para que os problemas dos outros não interfiram diretamente nela. Dê atenção a seu lado espiritual e pratique exercícios com regularidade.

Calendário Permanente (1901 – 2092)

Tabela A – Anos

1901-2000			2001-2092		
	25	53	81	09	37	65
	26	54	82	10	38	66
	27	55	83	11	39	67
	28	56	84	12	40	68
01	29	57	85	13	41	69
02	30	58	86	14	42	70
03	31	59	87	15	43	71
04	32	60	88	16	44	72
05	33	61	89	17	45	73
06	34	62	90	18	46	74
07	35	63	91	19	47	75
08	36	64	92	20	48	76
09	37	65	93	21	49	77
10	38	66	94	22	50	78
11	39	67	95	23	51	79
12	40	68	96	24	52	80
13	41	69	97	25	53	81
14	42	70	98	26	54	82
15	43	71	99	27	55	83
16	44	72	00	28	56	84
17	45	73		01	29	57	85
18	46	74		02	30	58	86
19	47	75		03	31	59	87
20	48	76		04	32	60	88
21	49	77		05	33	61	89
22	50	78		06	34	62	90
23	51	79		07	35	63	91
24	52	80		08	36	64	92

Tabela B – Meses

J	F	M	A	M	J	J	A	S	O	N	D
4	0	0	3	5	1	3	6	2	4	0	2
5	1	1	4	6	2	4	0	3	5	1	3
6	2	2	5	0	3	5	1	4	6	2	4
0	3	4	0	2	5	0	3	6	1	4	6
2	5	5	1	3	6	1	4	0	2	5	0
3	6	6	2	4	0	2	5	1	3	6	1
4	0	0	3	5	1	3	6	2	4	0	2
5	1	2	5	0	3	5	1	4	6	2	4
0	3	3	6	1	4	6	2	5	0	3	5
1	4	4	0	2	5	0	3	6	1	4	6
2	5	5	1	3	6	1	4	0	2	5	0
3	6	0	3	5	1	3	6	2	4	0	2
5	1	1	4	6	2	4	0	3	5	1	3
6	2	2	5	0	3	5	1	4	6	2	4
0	3	3	6	1	4	6	2	5	0	3	5
1	4	5	1	3	6	1	4	0	2	5	0
3	6	6	2	4	0	2	5	1	3	6	1
4	0	0	3	5	1	3	6	2	4	0	2
5	1	1	4	6	2	4	0	3	5	1	3
6	2	3	6	1	4	6	2	5	0	3	5
1	4	4	0	2	5	0	3	6	1	4	6
2	5	5	1	3	6	1	4	0	2	5	0
3	6	6	2	4	0	2	5	1	3	6	1
4	0	1	4	6	2	4	0	3	5	1	3
6	2	2	5	0	3	5	1	4	6	2	4
0	3	3	6	1	4	6	2	5	0	3	5
1	4	4	0	2	5	0	3	6	1	4	6
2	5	6	2	4	0	2	5	1	3	6	1

Tabela C – Dias da Semana

D	1	8	15	22	29	36
S	2	9	16	23	30	37
T	3	10	17	24	31	
Q	4	11	18	25	32	
Q	5	12	19	26	33	
S	6	13	20	27	34	
S	7	14	21	28	35	

Exemplo

É muito simples usar o calendário permanente. Vamos tomar como exemplo o dia 1º de janeiro do ano de 2021, para saber em que dia da semana começará a segunda década do século XXI.

Procure na Tabela A os últimos dois dígitos do ano 2021 (neste caso, 21) e siga essa mesma linha à direita, parando no mês de janeiro na Tabela B. (Os meses nessa tabela são indicados apenas pela primeira letra.) Ao número encontrado (neste caso, 5), adicione o número do dia em questão (1) e terá o resultado 6. Verifique na Tabela C (ao lado) em que dia da semana cai o número 6. É uma sexta-feira (indicada, na Tabela C, pela letra S).

Vênus, Regente de 2021

A astrologia é um campo de conhecimento que visa compreender os ciclos da vida, e sua linguagem simbólica é uma ponte estendida entre o cosmos e a humanidade como um todo. Dizemos que a astrologia é o estudo comparado entre o céu e a terra, e esse relacionamento, desde as mais remotas eras, traz aos homens compreensão e sentido para sua existência. Em termos astrológicos, os planetas têm diferentes significados, por meio dos quais atuam no psiquismo humano. Como símbolos arquetípicos, representam diferentes motivações e impulsos que são comuns a todos os seres vivos.

Neste ano de 2021 estaremos sob a regência de Vênus, associada ao amor, à beleza, às artes, à harmonia, ao prazer, às associações, a diversão e ao bem-estar comum. Desse modo, as bênçãos venusianas se farão sentir por meio de ações que visem uma sociedade mais justa e equilibrada, em que o indivíduo precisa entender que suas ações repercutem no todo, ou seja, estamos sempre interconectados. Estamos em relação o tempo inteiro, e o desejo de ser aceito, compreendido e amado é universal, a despeito de códigos filosóficos, morais ou religiosos de diferentes culturas.

Neste ciclo astrológico, esperamos que a energia de Vênus possa nos propiciar formas mais solidárias, conscientes e cooperativas de convivência, pois sabemos que nos relacionamentos se encontram as estruturas básicas de vida para os seres humanos.

Do ponto de vista pessoal, Vênus deve incidir sobre a casa do nosso mapa natal astrológico, que é regida pelo signo de Vênus. Veja a seguir em que assuntos Vênus lhe conferirá bênçãos adicionais, conforme o seu signo ascendente. Por exemplo: se você tem o Ascendente em Áries, Libra ocupará a sétima casa, e Touro ocupará a segunda casa. Se seu Ascendente for Gêmeos, Libra ocupará a quinta casa e Touro ocupara a décima segunda casa.

Vênus nas diferentes casas do mapa de nascimento nos informará em que áreas da vida o indivíduo vai expressar sua natureza mais amável, sociável, amorosa, romântica e diplomática. A casa onde Vênus está também pode dar dicas sobre os lugares prováveis em que a pessoa poderá encontrar seus parceiros amorosos ou fazer contatos românticos mais intensos.

ÁRIES: Casa I ➤ natureza simpática, sedutora, diplomática, atraente e acessível; gosta de agradar a todos. Aprecia apresentar-se bem; preocupa-se com a aparência.

TOURO: Casa II ➤ tendência a extravagâncias com comida e outros gastos. Sentimento de posse e apego por aquilo que possui; gosto por adereços, enfeites e conforto material. Talento para negócios ou comércio; sabe investir seu dinheiro.

GÊMEOS: Casa III ➤ interesses culturais e artísticos. Gosto pela leitura, pelos estudos e por viagens. Aprecia a poesia e a literatura; tem o dom da comunicação empática e fluente. Fortalece o convívio e as relações com irmãos, primos e vizinhos.

CÂNCER: Casa IV ➤ valoriza muito o relacionamento familiar. Tem prazer em ficar em casa; representa os bons anfitriões, que amam receber os amigos. Prazer em decorar e embelezar a casa; amor pelos antepassados.

LEÃO: Casa V ➤ natureza romântica, alegre e atraente. O amor ocupa um lugar importante em sua vida, seja nos romances, na relação com os filhos ou no casamento. Pode haver tendências artísticas, amor por tudo o que é belo.

VIRGEM: Casa VI ➤ É fundamental gostar daquilo que faz na vida profissional; as condições de trabalho devem ser confortáveis e harmoniosas. Interesse por uma boa alimentação e por uma vida saudável; prazer em cuidar de animais domésticos.

LIBRA: Casa VII ➤ talento e diplomacia nos relacionamentos; preza a harmonia e a boa convivência com todos. A vida social é muito valorizada, assim como as parcerias. A prosperidade material pode advir do casamento. Possui natureza conciliadora.

ESCORPIÃO: Casa VIII ➤ emoções intensas e profundas. Interesse pela área da psicologia e pela interação e sexualidade entre os casais. Gosta de assuntos misteriosos. Pode também indicar ganhos ou heranças provenientes do casamento.

SAGITÁRIO: Casa IX ➤ amor pelos estudos, pela filosofia e pela vida espiritual. Prazer em viajar a longa distância e expandir os interesses culturais. Pode encontrar seu parceiro no estrangeiro. Tendência a idealizar os relacionamentos.

CAPRICÓRNIO: Casa X ➤ pode haver ambição ou necessidade de reconhecimento na vida social; valoriza o *status* profissional. Pode indicar sucesso por intermédio da arte ou da própria beleza. Diplomacia, bom gosto e dotes artísticos.

AQUÁRIO: Casa XII ➤ interesse por todo tipo de pessoa. Grande prazer em estar com amigos, compartilhar experiências e cooperar com atividades sociais; o melhor amigo pode se tornar marido ou esposa. Pode indicar ainda convívio com artistas.

PEIXES: Casa XII ➤ grande sensibilidade psíquica; empatia e compaixão pelos que sofrem. Gosto por imagens em geral, moda, cinema e música. Amores secretos ou proibidos podem ser fonte de fascínio ou frustração sentimental.

> **Dicas para o leitor:** caso você tenha em mãos seu mapa astrológico de nascimento, poderá ver abaixo e na página 102 ("Vênus nos signos") uma interpretação de Vênus mais personalizada, de acordo com o dia em que nasceu.

Particularidades e correspondências astrológicas de Vênus

- **Elementos:** Terra e Ar.
- **Signos que rege:** Touro e Libra.
- **Ritmos:** fixo e cardinal, respectivamente.
- **Funções psíquicas:** amor e equilíbrio.
- **Natureza:** sensual, atraente, simpática, diplomática e ponderada.
- **Metal:** cobre.
- **Pedras:** quartzo rosa e rodocrosita.
- **Cores:** rosa, verde-claro; tons pastel.
- **Animais:** pomba, delfim, tartaruga.
- **Flores:** rosa, azaleia, lírio.
- **Símbolos:** maçã, concha e espelho.
- **Anatomia:** boca, garganta, rins, região lombar, útero e pele.
- **Dia da semana:** sexta-feira.
- **Atividades e profissões:** diplomacia, dança, poesia, área artística em geral; esteticista, setores de confecção de roupas, perfumes e cosméticos; setores de lazer e entretenimento.

- ☆ **Representa:** o prazer, o desejo, a busca por conforto, amor e prazer sexual; a autoestima.
- ☆ **Características positivas:** cooperação, ritmo, estética, cortesia, amabilidade, empatia, talento artístico, humanismo, diplomacia, valores sociais das relações.
- ☆ **Características negativas:** impetuosidade, vingança, ressentimento, luxúria, passionalidade, indolência, preguiça, frivolidade, ciúmes, sentimento de posse, vaidade em excesso, egoísmo.
- ☆ **Personalidades: Touro:** Mariana Ximenes, George Clooney, Adele, Cauã Raymond, Bruno Mazzeo, Lulu Santos, Leonardo da Vinci; **Libra:** Mariza Orth, Lobão, John Lennon, Sting, Fernanda Montenegro, Tiago Abravanel, Pedro Almodovar, Gal Costa.

Vênus na mitologia, na astrologia e no tarô

Conta o mito que Urano, o céu estrelado, e Gaia, a Terra, eram o casal primordial do mundo, tendo gerado muitos filhos. Urano, temendo ser destronado por algum deles, devolvia-os com rapidez ao ventre materno assim que nasciam. Gaia, cansada de parir incessantemente, conseguiu salvar seu filho caçula: Saturno (também conhecido por Cronos). Este, revoltado com a volúpia do pai, acabou por cortar seus órgãos sexuais com uma foice. O esperma e o sangue de Urano caíram no mar, formando uma bela espuma branca, da qual se originou Vênus (ou Afrodite para os gregos).

Dentro de uma grande concha de madrepérola, essa divindade foi levada por Zéfiro, o Vento, sobre as ondas do mar até a ilha de Chipre. Lá ela foi acolhida pelas Horas, filhas de Júpiter (Zeus), que se encarregaram de vesti-la e enfeitá-la da maneira mais bela possível. Conduzida ao Olimpo, a morada dos deuses, foi reverenciada por todos, que ficaram encantados com sua doçura e beleza. Entretanto, ironicamente, Vênus casou-se com Vulcano (Hefestos), o deus da forja, que era coxo e feio. Vênus, com sua incrível beleza e capacidade de sedução, teve muitos amantes; entre eles, Marte (Ares), o deus da guerra e das batalhas. Conta o mito que nesses encontros às escondidas traziam consigo um menino cujo nome era Alectrion. Ele ficava de sentinela e precisava rapidamente anunciar o nascer do dia aos amantes. Em certa ocasião, ele adormeceu, e o fogoso casal foi surpreendido por Hélio, o Sol, que tudo via. Logo o Sol avisou o marido de Vênus, Hefestos, que, muito enfurecido, prendeu o casal na cama dentro de uma rede feita de ouro. Então resolveu chamar os outros deuses do Olimpo para que pudessem ver a cena toda, acreditando que ficariam escandalizados. Mas acabaram se divertindo com a cena toda e no final só deram uma sonora gargalhada. Livre da rede, Vênus, envergonhada, foi para Chipre, e Marte foi enviado para a Trácia. O menino Alectrion também foi punido: foi transformado em um galo, obrigado a cantar por toda a eternidade, todas as manhãs, para anunciar a chegada do Sol. *Alektryon*, em grego, significa "galo".

Vênus também amou Adônis, cuja beleza a encantou. Essa paixão intensa entre o casal despertou grande ciúmes em Marte, que tramou uma vingança fatal, atraindo o jovem para uma caçada. Assim, Adônis foi mortalmente atacado por um javali. Vênus foi desesperada a seu encontro, mas deparou com o amante já sem vida. Desconsolada, recolheu algumas gotas do sangue dele e com elas regou a terra. Assim nasceram as anêmonas, as primeiras flores da primavera, que se tornaram o símbolo da vida efêmera. Espalhado pelo chão, o sangue vertido do corpo de Vênus, ferido pelos espinhos da mata, fez nascer rosas vermelhas. Como relatou um poeta: "De cada gota de sangue de Adônis nascia uma anêmona, e de cada lágrima de Vênus, uma rosa".

Mitologia e simbolismo de vênus

Vênus (ou Afrodite) tornou-se conhecida na antiga Grécia não só por sua rara beleza, mas também por suas explosões de ódio e terríveis vinganças contra os que ousavam desafiá-la. Ela era a deusa do amor no sentido amplo da palavra, estando associada ao amor físico e carnal, e também a seu poder fertilizador e reprodutor na natureza em todas as suas manifestações: humanas, animais e vegetais. A preservação das espécies encontrava-se sob seu domínio. A chuva da primavera era o elemento fecundante enviado à terra por essa divindade. Outras deusas, de outras culturas, também tinham características simbólicas semelhantes às de Vênus. São elas: Inanna na antiga Suméria; Ishtar na Babilônia; Lakshmi na Índia; e Ísis no antigo Egito.

O arquétipo de Vênus surgiu em todas as mitologias antigas como ícone da eterna feminilidade, representando desde sempre o tipo perfeito de beleza feminina. Dizem que Vênus era mãe de Eros, o deus do amor, que, com a evolução do mito, transformou-se em Cupido. Este é geralmente representado como um garotinho alado, que se diverte ao ferir o coração dos homens com suas flechas envenenadas de amor e paixão. Muito travesso e caprichoso, jamais cresceu, deixando sua imprevisibilidade e irracionalidade, muitas vezes marcadas nos corações apaixonados. Quem já ficou cego ou louco de amor bem conhece seu poder.

Eros na verdade é uma projeção de Vênus; vale dizer: ambos representam a mesma coisa. Neles estão simbolizados a força universal da atração, o desejo do amor, da relação e da comunhão amorosa. Seu poder é imenso, pois interferem na vida das pessoas e no destino do mundo.

Vênus na astrologia

Já vimos que o planeta Vênus está relacionado aos signos de Touro e Libra. Portanto, em função dessa dupla regência, é importante entendermos que o significado da palavra *amor* alcança assim uma dimensão mais ampla e abrangente. Vênus Astarte, da antiga Babilônia, era o símbolo da Grande Mãe, das formas do universo, ligada à gestação e aos nascimentos; sua natureza era mais instintiva e sensorial. Vênus como regente do signo de Touro, nos remete aos símbolos de fertilidade, força de atração física, do acasalamento, da procriação e da manutenção das espécies.

Com o passar do tempo, Vênus ou Afrodite tornou-se também a divindade que preside a inspiração criativa, simbolizando os artistas e as artes em geral. A mulher, nesse contexto, tem domínio de sua sexualidade, obtém alegria na vida conjugal; é esposa, mãe, amante e conselheira de todos aqueles que ela ama.

Vênus, como regente do signo de Libra, simboliza a energia feminina que se expressa com mais independência, que escolhe seus parceiros também por afinidades intelectuais. Desta feita, essa imagem simbólica representa o amor e a relação entre todas as formas da natureza. No signo de Libra vemos o arquétipo de Vênus em sua dimensão mais humana ou socializada; vale dizer, entre homens e mulheres que buscam por relacionamentos significativos ou estáveis, em uma parceria valorizada também como *status* na sociedade em geral, que pode tornar a vida mais plena.

O desejo de conexão, de comunhão amorosa e a criatividade humana pulsam sob as bênçãos do simbolismo de Vênus.

Vênus e simbolismo do tarô

A Imperatriz, a carta III do Tarô, guarda relação arquetípica com o simbolismo do planeta Vênus. Na imagem dessa carta podemos ver uma mulher bonita, sentada num trono, tendo ao fundo uma bela vegetação, o que nos remete à representação da fecundidade da natureza. Ela tem uma coroa e um cetro nas mãos, mostrando sua natureza próspera e poderosa, denotando também sabedoria e força espiritual.

Essa carta mostra o princípio feminino que valoriza os prazeres da vida, as artes e o belo. Esses valores dizem respeito à inteligência, à ação e às ideias criativas. Seus atributos físicos despertam admiração; essa figura feminina é sedutora, sensual, elegante e delicada, semelhante às qualidades venusianas.

Representa uma deusa primordial, a esposa do rei ou a mãe dos heróis, presente nas narrativas mitológicas de várias culturas.

Várias estrelas circundam sua cabeça; aos seus pés vemos uma meia-lua. Em termos simbólicos, A Imperatriz é vista também como a representação da Madona cristã, a Mãe e a Rainha do Céu. Como o arquétipo da Grande Mãe, é protetora não só de seus filhos, mas também de seus amigos.

Vênus nos Signos
por Tereza Kawall

Na Astrologia, como já vimos, Vênus é o planeta que representa o amor, a beleza, os desejos, nossos valores pessoais. Simboliza também a autoestima, que influencia o nosso destino amoroso, e que é fundamental para que nossas escolhas amorosas sejam mais equilibradas e felizes.

Vênus em Áries: Essa posição de Vênus indica uma natureza apaixonada e ardente, entusiástica e muito impulsiva, em que o indivíduo tende a buscar a princípio a satisfação do próprio eu. Geralmente caracteriza alguém que aprecia relações breves e intensas, e que cultiva uma grande sinceridade, às vezes acompanhada de certa falta de sutileza em suas opiniões. Indivíduos com essa posição astrológica adoram o prazer da conquista e não sofrem muito com rupturas, pois logo se recuperam e partem para outra. São pessoas que precisam de independência no amor; costumam ser automotivadas, confiantes, ousadas, preferindo tomar a iniciativa no jogo amoroso.

Vênus em Touro: Aqui Vênus está no próprio signo, exaltando suas características afetivas, terrenas e sensoriais. Com essa posição, encontramos indivíduos com acentuada capacidade de atração pessoal, simpatia e muito apegados àqueles que amam; leais e fiéis, dão preferência às relações duradouras. Vênus em Touro confere à pessoa uma natureza bastante sensual, indolente e mesmo materialista no que diz respeito aos objetos pessoais. São pessoas muito vaidosos e preocupados com sua aparência física, com o desejo de obter prazer e conforto em todas as suas formas. Adoram belas roupas, perdem-se facilmente no prazer de um saboroso prato. Românticos ao extremo, sofrem com o ciúmes, ressentem-se com bastante facilidade e guardam mágoas durante muito tempo, pois têm dificuldade para perdoar. As mulheres, assim como a deusa grega Afrodite, gostam de ter sempre à mão, em casa ou no trabalho, um espelho, perfume ou acessório para caprichar um pouco mais no charme.

Vênus em Gêmeos: Este é um signo astrológico comunicativo, flexível e inconstante do Zodíaco. O planeta Vênus no signo da comunicação caracteriza indivíduos de natureza muito adaptável, gentil e sociável. São dotados de uma grande versatilidade com as palavras, expressando seus sentimentos com facilidade e fluência. Se por um lado essa posição indica uma acentuada curiosidade intelectual, por outro, predispõe a inconstância emocional, relações simultâneas ou triangulares. A emoção tende a ser vivida através do canal mental, acentuando certa superficialidade aos encontros pessoais. Além de extremamente volúvel, o indivíduo com essa posição pode ser arredio a relacionamentos muito longos ou sérios.

Vênus em Câncer: Câncer, como signo feminino por excelência, configura mulheres muito sensíveis, maternais, protetoras e delicadas. Nessa posição, o planeta Vênus se manifesta de forma devotada, sensível e sonhadora. O indivíduo com essa posição torna-se muito romântico e imaginativo, com tendências nostálgicas, sempre lembrando as experiências vivenciadas no passado. As lembranças familiares, o amor da família e/ou da mãe são sempre marcantes em seu desenvolvimento, assim como a atmosfera emocional do lar, o qual quanto mais aconchegante, melhor. Na verdade, o lar é para ele um sinônimo de segurança contra as adversidades do mundo exterior.

Vênus em Leão: Vênus no signo regido pelo Sol manifesta-se pelo amor ardente, caloroso e vital. São indivíduos dotados de notável capacidade dramática, necessitando de constante admiração e reconhecimento alheios. Adoram se sentir especiais e muito desejados. As mulheres com Vênus em Leão costumam ser vaidosas e orgulhosas, não suportam a rejeição e preferem distanciar-se do lado sombrio da vida. Em geral, são pessoas que valorizam a fidelidade e a lealdade. Apreciam festas e o *glamour* da vida, afastando-se daquilo que lhes pareça medíocre ou sem graça. Dotadas de caráter afetuoso, que gostam de deixar aparente, quando apaixonadas, são generosas e benevolentes, mas têm muita dificuldade em ser contrariadas ou frustradas em seus desejos.

Vênus em Virgem: No signo que representa a perfeição, a pureza e os detalhes, Vênus se manifesta de modo mais reservado e tímido. De maneira recatada e com simplicidade, os indivíduos com essa posição astrológica podem manifestar seus desejos e sentimentos por meio de gestos delicados, favores ou bens materiais. Embora gostem muito de servir aqueles que amam, são também bastante críticos e exigentes em suas relações em geral. Possuem forte tendência a discriminar e racionalizar as emoções, e prezam a sinceridade e a transparência nos sentimentos. Existe neles uma abordagem mais racional e analítica dos assuntos do coração, e mesmo a paixão é expressa de forma contida e pragmática. Vida disciplinada e com hábitos formais são alguns dos valores que permeiam a natureza virginiana.

Vênus em Libra: Posicionada no signo das relações e da harmonia, Vênus se manifesta por uma natureza diplomática, refinada e habilidosa no trato humano. Frequentemente caracteriza indivíduos que valorizam a elegância, a vida social, as opiniões alheias e a justiça entre todos. Assim, eles costumam ter um temperamento pacífico, que tende a evitar a qualquer custo confrontos e desentendimentos, em especial na vida amorosa. Amáveis e sentimentais, possuem enorme interesse pelas artes em geral, como música, pintura ou poesia. Notável é sua capacidade de ouvir e compreender o outro, por isso são excelentes juízes e conselheiros. A estética e a beleza estarão sempre presentes na vida dessas pessoas.

Vênus em Escorpião: Nas águas profundas deste signo, Vênus se manifesta por uma natureza emocional intensa, passional e, por vezes, explosiva. Trata-se de pessoas dotadas de forte magnetismo pessoal, incansáveis sedutoras, de sensualidade bastante perceptível. Preferem ter o controle das relações e vivem o amor de forma arrebatadora, fatal e até perigosa; quando apaixonadas, entregam-se por completo. Esse extremismo emocional pode deixá-las em estado de esgotamento, principalmente quando movidas por ciúmes ou qualquer outra forma de controle. Sentindo-se confiantes, são fiéis e sérias em seus compromissos sentimentais, mas, se forem traídas, tornam-se frias e implacáveis.

Vênus em Sagitário: Em geral, observam-se a extravagância e o gosto por aventuras em indivíduos que tenham essa posição na carta natal. Francos e expressivos, não raro lhes escapa um sentido de habilidade e tato no relacionamento social. Por outro lado, respondem com rapidez a estímulos emocionais, criando uma aura sempre positiva e otimista ao redor. Essa posição astral traz ainda algumas inclinações filosóficas e intelectuais, que se manifestam nos que necessitam compartilhar esses ideais com seus companheiros de vida pessoal ou amorosa. Apesar do acentuado idealismo ou dogmatismo no que diz respeito aos relacionamentos, vemos nestes tipos astrológicos uma natureza volúvel, com emoções dispersas.

Vênus em Capricórnio: A natureza amorosa de Vênus neste signo confere necessidade de fidelidade e segurança nos relacionamentos em geral. É frequente a busca desses valores em companheiros mais velhos e experientes. Nessa posição, Vênus simboliza também o amor que cresce e amadurece com o passar do tempo. Na verdade, o indivíduo com essa posição astrológica necessita muito mais de atenção e carinho do que realmente demonstra, pois preza bastante sua autonomia. No começo da relação, pode ser arredio e desconfiado. São pessoas sérias e cautelosas nas questões sentimentais, por isso nem sempre expressam em palavras seus desejos, e sua capacidade de entrega não é lá essas coisas. O temperamento pode ser reservado, preferindo-se compartilhar a intimidade com poucas pessoas; não raro, gostam de se isolar quando não estão de bem com a vida.

Vênus em Aquário: Neste signo, Vênus se manifesta por uma natureza independente, fraterna e original. Indivíduos com essa posição astrológica têm uma visão aberta e livre do amor, sendo pouco apegados a regras convencionais quando o assunto são os sentimentos. Adoram a liberdade e, assim sendo, crises de ciúmes e casamento não são exatamente seu forte. No entanto, essa forma aparentemente distante ou impessoal não significa indiferença; na verdade, eles são amigos leais, disponíveis e bons confidentes. Costumam ser liberais em seus julgamentos, pois são dotados de uma visão abrangente da vida e da natureza humana. Relacionam-se com todo tipo de pessoa, necessitando bastante de amigos que possam compreendê-los. Amores inesperados e platônicos ocorrem com certa frequência em sua vida.

Vênus em Peixes: Vênus, no signo que representa o amor universal e a sensibilidade psíquica, manifesta a natureza mais romântica de todo o Zodíaco. De temperamento suave e gentil, indivíduos com essa posição são muito generosos, prestativos e bastante permeáveis às relações amorosas. Idealistas e benevolentes ao extremo, identificam-se intensamente com todos aqueles que sofrem. No entanto, falta-lhes um discernimento prático na escolha de suas relações. Têm grande amor pela música, sendo afetados pelo estado emotivo que ela desperta. São sensíveis não só às vibrações dos sons, mas também a perfumes, flores e tudo o que possa criar uma atmosfera mágica e fantasiosa.

Entrada do Sol nos Signos do Zodíaco 2021

Signo	Data	Horário de ingresso
♒ Aquário	19 de janeiro	17h41
♓ Peixes	18 de fevereiro	7h45
♈ Áries	20 de março	6h39
♉ Touro	19 de abril	17h35
♊ Gêmeos	20 de maio	16h38
♋ Câncer	21 de junho	0h33
♌ Leão	22 de julho	11h28
♍ Virgem	22 de agosto	18h36
♎ Libra	22 de setembro	16h22
♏ Escorpião	23 de outubro	1h52
♐ Sagitário	21 de novembro	23h35
♑ Capricórnio	21 de dezembro	13h00

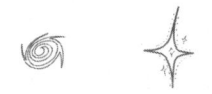

Tábua do Nascimento e Ocaso do Sol
(Hora Legal de Brasília)

Data	Brasília		Rio de Janeiro		São Paulo	
	Nasc. (hora)	Ocaso (hora)	Nasc. (hora)	Ocaso (hora)	Nasc. (hora)	Ocaso (hora)
1º de janeiro	05h45	18h47	05h12	18h42	05h24	18h57
11 de janeiro	05h51	18h50	05h18	18h44	05h31	18h59
21 de janeiro	05h56	18h51	05h26	18h43	05h38	18h58
1º de fevereiro	06h02	18h49	05h33	18h40	05h46	18h55
11 de fevereiro	06h07	18h46	05h40	18h35	05h53	18h49
21 de fevereiro	06h10	18h41	05h45	18h28	05h59	18h42
1º de março	06h13	18h36	05h49	18h21	06h03	18h36
11 de março	06h15	18h29	05h54	18h12	06h07	18h26
21 de março	06h16	18h22	05h57	18h03	06h11	18h17
1º de abril	06h18	18h14	06h01	17h52	06h15	18h06
11 de abril	06h19	18h07	06h05	17h43	06h19	17h56
21 de abril	06h21	18h00	06h09	17h35	06h23	17h48
1º de maio	06h23	17h55	06h13	17h27	06h28	17h40
11 de maio	06h26	17h51	06h17	17h22	06h32	17h34
21 de maio	06h29	17h48	06h22	17h18	06h37	17h30
1º de junho	06h33	17h47	06h27	17h16	06h42	17h28
11 de junho	06h36	17h48	06h31	17h15	06h46	17h28
21 de junho	06h38	17h50	06h33	17h17	06h48	17h29
1º de julho	06h40	17h52	06h35	17h20	06h50	17h32
11 de julho	06h40	17h55	06h34	17h24	06h49	17h36
21 de julho	06h39	17h58	06h32	17h28	06h47	17h40
1º de agosto	06h36	18h01	06h27	17h32	06h42	17h45
11 de agosto	06h31	18h04	06h21	17h36	06h36	17h49
21 de agosto	06h26	18h05	06h13	17h40	06h28	17h53
1º de setembro	06h18	18h06	06h03	17h43	06h18	17h57
11 de setembro	06h10	18h07	05h54	17h46	06h08	18h00
21 de setembro	06h02	18h08	05h44	17h49	05h57	18h03
1º de outubro	05h55	18h09	05h34	17h52	05h47	18h06
11 de outubro	05h47	18h11	05h24	17h56	05h38	18h10
21 de outubro	05h41	18h13	05h16	18h00	05h29	18h15
1º de novembro	05h35	18h16	05h08	18h06	05h21	18h21
11 de novembro	05h32	18h21	05h03	18h12	05h16	18h27
21 de novembro	05h31	18h26	05h00	18h19	05h12	18h34
1º de dezembro	05h31	18h31	04h59	18h26	05h12	18h41
11 de dezembro	05h34	18h37	05h01	18h32	05h14	18h47
21 de dezembro	05h38	18h43	05h05	18h38	05h18	18h53

Como a variação do horário é mínima, apresentamos apenas o nascimento e ocaso do Sol dos dias 1º, 11 e 21 de cada mês.

Dados cedidos pelo Departamento de Astronomia do Instituto Astronômico e Geofísico da Universidade de São Paulo (IAG-USP). Agradecemos ao Dr. João Luiz Kohl Moreira.

Tábua Solar 2021

O Sol caminha em média 1 grau por dia ao se deslocar ao longo do zodíaco. Nesta tabela, você vai encontrar a posição dele a cada 5 dias, calculada para a meia-noite e a partir do meridiano de Greenwich.

	Janeiro			Fevereiro			Março	
Dia	Posição	Signo	Dia	Posição	Signo	Dia	Posição	Signo
1º	10º46'	Capricórnio	1º	12º20'	Aquário	1º	10º37'	Peixes
5	14º51'	Capricórnio	5	16º23'	Aquário	5	14º37'	Peixes
10	19º57'	Capricórnio	10	21º27'	Aquário	10	19º37'	Peixes
15	25º2'	Capricórnio	15	26º31'	Aquário	15	24º37'	Peixes
20	0º8'	Aquário	20	1º33'	Peixes	20	29º36'	Peixes
25	5º13'	Aquário	25	6º35'	Peixes	25	4º33'	Áries
31	11º19'	Aquário	28	9º36'	Peixes	31	10º29'	Áries
	Abril			Maio			Junho	
Dia	Posição	Signo	Dia	Posição	Signo	Dia	Posição	Signo
1º	11º29'	Áries	1º	10º50'	Touro	1º	10º44'	Gêmeos
5	15º25'	Áries	5	14º43'	Touro	5	14º33'	Gêmeos
10	20º20'	Áries	10	19º33'	Touro	10	19º21'	Gêmeos
15	25º14'	Áries	15	24º23'	Touro	15	24º7'	Gêmeos
20	0º8'	Touro	20	29º12'	Touro	20	28º54'	Gêmeos
25	5º0'	Touro	25	4º1'	Gêmeos	25	3º40'	Câncer
30	9º52'	Touro	31	9º46'	Gêmeos	30	8º26'	Câncer
	Julho			Agosto			Setembro	
Dia	Posição	Signo	Dia	Posição	Signo	Dia	Posição	Signo
1º	9º23'	Câncer	1º	8º58'	Leão	1º	8º47'	Virgem
5	13º12'	Câncer	5	12º48'	Leão	5	12º39'	Virgem
10	17º58'	Câncer	10	17º36'	Leão	10	17º30'	Virgem
15	22º44'	Câncer	15	22º24'	Leão	15	22º22'	Virgem
20	27º30'	Câncer	20	27º12'	Leão	20	27º15'	Virgem
25	2º17'	Leão	25	2º1'	Virgem	25	2º8'	Libra
31	8º1'	Leão	31	7º49'	Virgem	30	7º3'	Libra
	Outubro			Novembro			Dezembro	
Dia	Posição	Signo	Dia	Posição	Signo	Dia	Posição	Signo
1º	8º2'	Libra	1º	8º46'	Escorpião	1º	8º59'	Sagitário
5	11º58'	Libra	5	12º47'	Escorpião	5	13º3'	Sagitário
10	16º54'	Libra	10	17º48'	Escorpião	10	18º8'	Sagitário
15	21º51'	Libra	15	22º50'	Escorpião	15	23º12'	Sagitário
20	26º48'	Libra	20	27º52'	Escorpião	20	28º18'	Sagitário
25	1º47'	Escorpião	25	2º55'	Sagitário	25	3º23'	Capricórnio
31	7º46'	Escorpião	30	7º59'	Sagitário	31	9º30'	Capricórnio

Horário da Semana de acordo com a Regência Planetária

Convém lembrar que a hora astrológica de alguns planetas coincide: os assuntos regidos por Urano devem ser tratados na hora de Mercúrio, e o mesmo acontece com Netuno e Plutão, cujos assuntos devem ser tratados nas horas de Vênus e Marte, respectivamente.

Use esta tabela para concluir o cálculo das Horas Planetárias e saber quais são as horas mais propícias para tratar dos seus empreendimentos.

Horas	Domingo	Segunda	Terça	Quarta	Quinta	Sexta	Sábado
1ª do dia	Sol	Lua	Marte	Mercúrio	Júpiter	Vênus	Saturno
2ª do dia	Vênus	Saturno	Sol	Lua	Marte	Mercúrio	Júpiter
3ª do dia	Mercúrio	Júpiter	Vênus	Saturno	Sol	Lua	Marte
4ª do dia	Lua	Marte	Mercúrio	Júpiter	Vênus	Saturno	Sol
5ª do dia	Saturno	Sol	Lua	Marte	Mercúrio	Júpiter	Vênus
6ª do dia	Júpiter	Vênus	Saturno	Sol	Lua	Marte	Mercúrio
7ª do dia	Marte	Mercúrio	Júpiter	Vênus	Saturno	Sol	Lua
8ª do dia	Sol	Lua	Marte	Mercúrio	Júpiter	Vênus	Saturno
9ª do dia	Vênus	Saturno	Sol	Lua	Marte	Mercúrio	Júpiter
10ª do dia	Mercúrio	Júpiter	Vênus	Saturno	Sol	Lua	Marte
11ª do dia	Lua	Marte	Mercúrio	Júpiter	Vênus	Saturno	Sol
12ª do dia	Saturno	Sol	Lua	Marte	Mercúrio	Júpiter	Vênus
1ª da noite	Júpiter	Vênus	Saturno	Sol	Lua	Marte	Mercúrio
2ª da noite	Marte	Mercúrio	Júpiter	Vênus	Saturno	Sol	Lua
3ª da noite	Sol	Lua	Marte	Mercúrio	Júpiter	Vênus	Saturno
4ª da noite	Vênus	Saturno	Sol	Lua	Marte	Mercúrio	Júpiter
5ª da noite	Mercúrio	Júpiter	Vênus	Saturno	Sol	Lua	Marte
6ª da noite	Lua	Marte	Mercúrio	Júpiter	Vênus	Saturno	Sol
7ª da noite	Saturno	Sol	Lua	Marte	Mercúrio	Júpiter	Vênus
8ª da noite	Júpiter	Vênus	Saturno	Sol	Lua	Marte	Mercúrio
9ª da noite	Marte	Mercúrio	Júpiter	Vênus	Saturno	Sol	Lua
10ª da noite	Sol	Lua	Marte	Mercúrio	Júpiter	Vênus	Saturno
11ª da noite	Vênus	Saturno	Sol	Lua	Marte	Mercúrio	Júpiter
12ª da noite	Mercúrio	Júpiter	Vênus	Saturno	Sol	Lua	Marte

Horas Planetárias

O método mais prático para você aproveitar a influência das horas planetárias na sua vida diária é sincronizar as suas atividades mais importantes com os dias e horas mais favoráveis. Você obterá a informação quanto aos dias mais e menos propícios ao início dos seus empreendimentos no *Guia Astral*. E as influências e as características da hora associada a cada planeta são dadas a seguir, a fim de que você possa usá-las em combinação com o dia mais favorável, de modo a conseguir um grande sucesso. Consulte também a seção "Cálculo das Horas Planetárias", p. 120.

Lua — Influência mais acentuada à noite. Sua hora é boa para fazer viagens e mudanças não definitivas, e para estipular comissões e todas as coisas de natureza provisória ou variável. É também uma boa hora para fazer as pessoas mudarem de opinião ou alterarem seus planos. Facilita negociações rápidas e o comércio varejista.

Os negócios tratados nessa hora precisam ser concluídos logo; caso contrário, correm o risco de sofrer mudanças ou ser cancelados.

Devemos ter cautela com os arranjos feitos nessa hora porque todas as coisas correm o risco de ficar incertas e serão passageiras.

Mercúrio — A influência de sua hora é sempre duvidosa e variável, pois gera oscilações e tem um caráter secundário.

É uma hora favorável para a redação de cartas, estudos de toda natureza, teorias, escrituras, documentos e textos literários. Boa para a troca de correspondência, compra de livros e trabalho com impressoras. A compreensão e a percepção são rápidas devido à fertilidade de ideias. Favorece os profissionais de vendas, os professores e todos os que se ocupam de atividades intelectuais. Também favorece os joalheiros que fabricam objetos de precisão.

Na hora de Mercúrio, geralmente encontramos pessoas volúveis e inconstantes, que dificilmente sustentam a palavra dada ou levam adiante seus projetos.

A hora de Mercúrio é sempre seguida pela da Lua e pela de Saturno, de modo que é melhor chegar logo a uma conclusão ou adiar os negócios para uma ocasião mais propícia.

A hora de Vênus é favorável à recreação, à diversão, ao canto, à música, à dança e a todas as áreas relativas ao vestuário, ornamentos e luxo.

É boa para a compra de objetos artísticos, de roupas, de perfumes e de outros itens do gênero. Favorece o amor e a galanteria, bem como o estudo das belas-artes. Favorece a restauração de objetos artísticos.

Essa hora governa o lado doméstico e feminino da vida e tudo o que é relativo aos sentimentos; facilita a dissolução do ódio e dos rancores; amplia os assuntos ligados à construção de formas (arquitetura, manipulação de projetos).

É a hora em que existe o perigo do excesso e da extravagância.

Favorece a maledicência de que são alvo aqueles que só vivem para o presente.

A hora do Sol favorece as relações com pessoas que ocupam posição de destaque – autoridades, juízes, altos funcionários do governo, homens de Estado.

Esta hora é própria para solicitar favores e proteção dos maiorais; favorável a projetos que ativam a consciência das atividades no planeta Terra.

As melhores horas solares são as que vêm antes do meio-dia. Elas reeducam ou retiram o sentimento de usura, de avareza e usurpação.

A hora de Marte é propícia a todos os empreendimentos ousados. Há forças suplementares nas situações difíceis e tensas. É geralmente nessa hora que aumenta a incidência de acidentes, disputas e desentendimentos.

Ela favorece os impulsos, o domínio da força e tende a produzir contestações e argumentações, enfrentando-se concorrentes profissionais sem agressões, além de fazer aflorar a decisão firme com bases sólidas.

Nesta hora é preciso fazer tudo para não provocar a cólera alheia. Não se deve começar novas amizades durante esta hora, nem transitar por lugares reconhecidamente perigosos. É boa hora para nos ocuparmos de coisas práticas, referentes à mecânica, às minas, aos metais e aos materiais de natureza explosiva e inflamável, como o carvão, o petróleo etc. É prudente não assumir compromissos nesta hora, nem tomar atitudes com respeito a situações sérias e graves. É a hora em que convém nos precavermos contra roubos e assaltos, pois é considerada uma das mais perigosas do dia.

De todas as horas planetárias, a mais favorável é a de Júpiter, durante a qual pode se iniciar novos empreendimentos de qualquer tipo.

Favorece toda espécie de assuntos financeiros e é boa para as questões legais e religiosas.

É a hora mais fecunda de todas; as coisas que forem executadas pela "primeira vez" nesta hora devem ser repetidas até que o sucesso recompense a iniciativa.

Todas as coisas de valor, seja de caráter objetivo ou subjetivo, podem ser tratadas na hora de Júpiter. Ela faz aflorar a sabedoria, proporcionando confiança sem fanatismo.

A influência deste planeta é lenta e pesada. As coisas começadas nesta hora caminham devagar, porém a passos firmes.

Saturno confere determinação, simplicidade, prudência e maturidade. Governa a terra de onde o homem tira seu sustento e a casa que lhe serve de abrigo; por isso Saturno rege os negócios imobiliários e a agricultura. Influencia os estudos avançados e de compreensão lenta. Tendência a ponderar como sair da vida diária criando, modelando, construindo novas vivências. Trata-se da experiência sábia dos idosos. É o planeta da destruição e da reconstrução.

Este planeta governa todas as atividades do mundo moderno e a tecnologia avançada; a eletricidade, a eletrônica, a aeronáutica, a indústria automobilística etc. Sua influência é imprevisível, e os negócios iniciados em sua hora podem ter os mesmos resultados duvidosos ou variáveis induzidos por Mercúrio, pois a hora de Urano é a mesma de Mercúrio. Tendência à renovação e à originalidade.

Este planeta governa a inspiração artística e todas as faculdades extrassensoriais: intuição, clarividência etc. Sua hora favorece os assuntos artísticos, o amor desinteressado e os atos de benevolência. A hora de Netuno é a mesma de Vênus. É a inspiração da vida, que modifica o modo de agir e de pensar em todas as atividades do cotidiano.

Plutão ainda é um enigma para a maioria dos astrólogos. Ele representa uma força estranha, um tanto destrutiva e em parte desconhecida. Está relacionado com o poder atômico, favorecendo mudanças drásticas, descobertas de cunho técnico e exigindo que se saiba lidar com essa energia planetária para que não cause danos. Plutão atua destruindo para que se possa reconstruir. Favorece as ações que requerem entusiasmo e uma nova visão dos fatos. A hora de Plutão é a mesma de Marte. Plutão nos impulsiona a transformações profundas.

Cálculo das Horas Planetárias

Depois de conhecer as características da hora de cada planeta, na seção "Horas Planetárias", aprenda a calcular essa hora, para poder usar essas características de forma benéfica e proveitosa.

As 12 horas planetárias diurnas e as 12 noturnas às vezes têm mais de 60 minutos, às vezes têm menos, dependendo do horário do nascimento ou do ocaso do Sol. Por isso, é preciso calcular em primeiro lugar o momento exato em que começa e termina a primeira hora do dia que lhe interessa. Para tanto, use a "Tábua do Nascimento e Ocaso do Sol" e verifique o horário em que esse astro nasce e se põe. Por exemplo, consultando essa tabela, você saberá que em Brasília, no dia 1º de janeiro, o Sol nasceu às 5h45min e se pôs às 18h47min. Se subtrairmos 5h45min de 18h47min, saberemos que o dia durou 13 horas e 2 minutos. Transforme as 13 horas em minutos (780 min), acrescente os 2 minutos restantes (782 min) e divida o resultado por 12. Você saberá, então, que cada hora desse dia terá 65 minutos e 2 segundos, ou 1 hora e 2 minutos – podendo-se deixar de lado os segundos.

Portanto, a primeira hora do dia 1º de janeiro de 2021 começará, em Brasília, às 5h45min e terminará às 6h47min; a segunda hora começará às 6h48min e assim por diante. (O período noturno deve ser calculado da mesma forma.)

Consulte, a seguir, a tabela "Horário da Semana de acordo com a Regência Planetária". Com ela você saberá que, em 1º de janeiro de 2021, uma sexta-feira, Vênus rege a 1ª hora diurna, Mercúrio rege a 2ª hora etc. Portanto, o melhor momento do dia para tratar dos assuntos regidos por Vênus, será ao longo da 1ª hora, que vai das 5h45min às 6h47min. Quanto aos assuntos relacionados com Mercúrio, o melhor é esperar até a 2ª hora do dia.

Com base nessas informações, você poderá organizar as atividades desse dia, levando em conta o horário em que elas serão mais favorecidas!

Tábua Planetária para 2021

Segue abaixo a posição dos planetas em cada signo do zodíaco à zero hora de Greenwich do dia 1º de cada mês. A posição está indicada por graus (°) e minutos ('), bem como qualquer mudança que houver para outro signo no decorrer do mês. Note ainda que estão indicados também o início do movimento retrógrado, assinalado pela letra (R), ou a retomada do movimento direto, indicada pela letra (D).

JANEIRO

Mercúrio: 17°42' de Capricórnio; no dia 9, a 0°49' de Aquário; no dia 30, a 26°27' de Aquário (R)
Vênus: 20°24' de Sagitário; no dia 9, a 0°26' de Capricórnio
Marte: 27°21 de Áries; no dia 7, a 0°1' de Touro
Júpiter: 2°47' de Aquário
Saturno: 1°37' de Aquário
Urano: 6°48' de Touro (R)
Netuno: 18°28' de Peixes
Plutão: 24°11' de Capricórnio

FEVEREIRO

Mercúrio: 26°19' de Aquário (R); no dia 21, a 11°1' de Aquário (D)
Vênus: 29°15' de Capricórnio; no dia 2, a 0°31' de Aquário; no dia 26, a 0°33' de Peixes
Marte: 12°32' de Touro
Júpiter: 10°3' de Aquário
Saturno: 5°16' de Aquário
Urano: 6°51' de Touro
Netuno: 19°16' de Peixes
Plutão: 25°12' de Capricórnio

◇ MARÇO ◇

Mercúrio: 14°6' de Aquário; no dia 16, a 0°5' de Peixes
Vênus: 4°18' de Peixes; no dia 22, a 0°30' de Áries
Marte: 28°10' de Touro; no dia 5, a 0°29' de Gêmeos
Júpiter: 16°36' de Aquário
Saturno: 8°28' de Aquário
Urano: 7°36' de Touro
Netuno: 20°15' de Peixes
Plutão: 26°1' de Capricórnio

◇ ABRIL ◇

Mercúrio: 24°29' de Peixes; no dia 5, a 1°31' de Áries; no dia 20, a 1°11' de Touro
Vênus: 12°56' de Áries; no dia 15, a 0°17' de Touro
Marte: 16°26' de Gêmeos; no dia 24, a 0°18' de Câncer
Júpiter: 23°13' de Aquário
Saturno: 11°22' de Aquário
Urano: 9°0' de Touro
Netuno: 21°25' de Peixes
Plutão: 26°38' de Capricórnio; no dia 27, a 26°48' de Capricórnio (R)

◇ MAIO ◇

Mercúrio: 24°8' de Touro; no dia 5, a 1°34' de Gêmeos; no dia 29, a 24°41' de Gêmeos (R)
Vênus: 20°2' de Touro; no dia 10, a 1°7' de Gêmeos
Marte: 4°33' de Câncer
Júpiter: 28°21' de Aquário; no dia 14, a 0°0' de Peixes
Saturno: 13°6' de Aquário; no dia 23, a 13°31' de Aquário (R)
Urano: 10°41' de Touro
Netuno: 22°23' de Peixes
Plutão: 26°48' de Capricórnio (R)

JUNHO

Mercúrio: 24°33' de Gêmeos (R); no dia 22, a 16°9' de Gêmeos (D)
Vênus: 28°5' de Gêmeos; no dia 3, a 0°32' de Câncer; no dia 28,
  a 0°59' de Leão
Marte: 23°30' de Câncer; no dia 12, a 0°16' de Leão
Júpiter: 1°34' de Peixes; no dia 20, a 2°11' de Peixes (R)
Saturno: 13°27' de Aquário (R)
Urano: 12°25' de Touro
Netuno: 23°2' de Peixes; no dia 25, a 23°12' de Peixes (R)
Plutão: 26°32' de Capricórnio (R)

JULHO

Mercúrio: 18°42' de Gêmeos; no dia 12, a 0°12' de Câncer; no dia 29,
  a 2°0' de Leão
Vênus: 4°37' de Leão; no dia 23, a 1°10' de Virgem
Marte: 12°0' de Leão; no dia 30, a 0°5' de Virgem
Júpiter: 2°0' de Peixes (R); no dia 29, a 29°57'de Aquário
Saturno: 12°22' de Aquário (R)
Urano: 13°47' de Touro
Netuno: 23°11' de Peixes (R)
Plutão: 25°57' de Capricórnio (R)

AGOSTO

Mercúrio: 8°18' de Leão; no dia 12, a 0°9' de Virgem; no dia 31,
  a 1°6' de Libra
Vênus: 11°56' de Virgem; no dia 17, a 0°57' de Libra
Marte: 1°20' de Virgem
Júpiter: 29°36' de Aquário (R)
Saturno: 10°16' de Aquário (R)
Urano: 14°38' de Touro; no dia 19, a 14°47' de Touro (R)
Netuno: 22°51' de Peixes (R)
Plutão: 25°13' de Capricórnio (R)

SETEMBRO

Mercúrio: 2°30' de Libra; no dia 27, a 25°28' de Libra (R)
Vênus: 18°34' de Libra; no dia 11, a 0°9' de Escorpião
Marte: 20°59' de Virgem; no dia 16, a 0°38' de Libra
Júpiter: 25°41' de Aquário (R)
Saturno: 8°8' de Aquário (R)
Urano: 14°44' de Touro (R)
Netuno: 22°9' de Peixes (R)
Plutão: 24°36' de Capricórnio (R)

OUTUBRO

Mercúrio: 24°37' de Libra (R); no dia 18, a 10°9' de Libra (D)
Vênus: 22°50' de Escorpião; no dia 8, a 0°34' de Sagitário
Marte: 10°23' de Libra; no dia 31, a 0°16' de Escorpião
Júpiter: 22°49' de Aquário (R); no dia 18, a 22°19' de Aquário (D)
Saturno: 6°57' de Aquário (R); no dia 11, a 6°52' de Aquário (D)
Urano: 14°6' de Touro (R)
Netuno: 21°20' de Peixes (R)
Plutão: 24°19' de Capricórnio (R); no dia 6, a 24°18' de Capricórnio (D)

NOVEMBRO

Mercúrio: 22°23' de Libra; no dia 6, a 0°5' de Escorpião; no dia 25, a 0°33' de Sagitário
Vênus: 25°41' de Sagitário; no dia 6, a 0°31' de Capricórnio
Marte: 0°56' de Escorpião
Júpiter: 22°38' de Aquário
Saturno: 7°14' de Aquário
Urano: 12°56' de Touro (R)
Netuno: 20°39' de Peixes (R)
Plutão: 24°28' de Capricórnio

DEZEMBRO

Mercúrio: 10°3' de Sagitário; no dia 14, a 0°24' de Capricórnio
Vênus: 20°28' de Capricórnio; no dia 19, a 26°29' de Capricórnio (R)
Marte: 21°22' de Escorpião; no dia 14, a 0°24' de Sagitário
Júpiter: 25°23' de Aquário; no dia 30, a 0°9' de Peixes
Saturno: 8°58' de Aquário
Urano: 11°45' de Touro (R)
Netuno: 20°24' de Peixes; no dia 2, a 20°24' de Peixes (D)
Plutão: 25°2' de Capricórnio

As Lunações e os Trânsitos Planetários em 2021

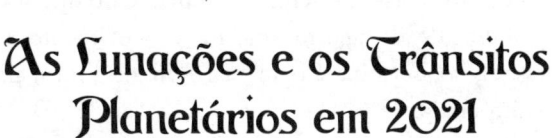

O movimento dos cinco planetas lentos (Júpiter, Saturno, Urano, Netuno e Plutão) através do Zodíaco indica os ciclos planetários e as tendências das manifestações individuais e coletivas da humanidade. A interpretação astrológica dos trânsitos e dos aspectos dos planetas lentos bem como a interpretação das lunações mensais revelam as tendências de processos internos e externos e da mentalidade das pessoas durante o ano de 2021.

O movimento dos planetas lentos durante o ano de 2021

☆ **Júpiter** inicia o ano em movimento direto a 2°47' do signo de Aquário. Entrará a 0°0' do signo de Peixes no dia 14 de maio. No dia 20 de junho, entrará em movimento retrógrado a 2°11' desse mesmo signo, retornando ao signo de Aquário a 29°57' no dia 29 de julho. No dia 18 de outubro, retoma seu movimento direto a 22°19' desse signo, entrando a 0°9' do signo de Peixes no dia 30 de dezembro. No dia 31 de dezembro termina a 0°1' desse signo. Júpiter fará quadratura com Urano em Touro em meados de janeiro de 2021.

☆ **Saturno** inicia o ano em movimento direto a 1°37' do signo de Aquário. No dia 23 de maio entrará em movimento retrógrado a 13°31' desse mesmo signo. No dia 11 de outubro, Saturno retoma seu movimento direto a 6°52' de Aquário, terminando o ano a 11°47' desse signo.

Saturno em Aquário fará três quadraturas com Urano em Touro. A primeira delas tem início na primeira semana de fevereiro e termina no final desse mês. A segunda ocorrerá na segunda quinzena do mês de junho, e a terceira e última quadratura se dará na segunda quinzena do mês de dezembro de 2021.

- **Urano** inicia o ano em movimento retrógrado a 6°48' do signo de Touro; no dia 14 de janeiro retoma o movimento direto a 6°43' desse signo. No dia 19 de agosto iniciará o movimento retrógrado a 14°47'desse signo. Terminará o ano a 10°58' de Touro, ainda em movimento retrógrado.

    Urano fará três quadraturas com Saturno em Aquário. A primeira em fevereiro, a segunda em junho e a terceira em dezembro de 2021.

- **Netuno** inicia o ano de 2021 em movimento direto a 18°28' de Peixes. Entrará em movimento retrógrado a 23°12' desse signo no dia 25 de junho. No dia 2 de dezembro, a 20°24' de Peixes, voltará ao seu movimento direto, terminando o ano a 20°39' desse mesmo signo.

- **Plutão** começa o ano em movimento direto a 24°11' de Capricórnio. No dia 27 de abril iniciará o movimento retrógrado a 26°48' desse signo. No dia 6 de outubro retomará seu movimento direto a 24°18' de Capricórnio e segue assim até 31 de dezembro, terminando o ano a 25°54' desse signo ainda em movimento direto.

Interpretação do trânsito dos planetas lentos em 2021

Júpiter em Aquário e Urano em Touro formam uma quadratura, que é um ângulo de tensão. Expressam dificuldades entre forças mais conservadoras que se opõem a movimentos de mudança na sociedade. A ordem estabelecida tende a ser questionada, gerando radicalismos de expressão mais exacerbados. Esse contraste entre forças antagônicas pode causar rupturas inesperadas, mas todos esses excessos só serão solucionados por meio da diplomacia e da boa vontade entre todos.

Saturno em Aquário e Urano em Touro evidenciam tensões entre velhas estruturas e as forças de renovação que encontram resistência às mudanças necessárias. Essa quadratura pode paralisar os setores produtivos, gerando revolta e insatisfação entre aqueles que querem mais liberdade e urgência, e não têm receio das transições inexoráveis que chegam com a passagem do tempo. Novas tecnologias exigem mais capacidade de adaptação para seu aprendizado, mas o ritmo de implementação dessas mudanças poderá não ser compatível com a velocidade dessas demandas sociais e econômicas.

As lunações de 2021 –
Calculadas no fuso horário de Brasília (DF)

1ª LUNAÇÃO

A primeira lunação de 2021 ocorrerá no dia 13 de janeiro, às 2h01, a 23°13' do signo de Capricórnio. Nesse período, observamos um forte *stellium* nesse signo e também no signo de Aquário, ocupando a casa III da carta celeste. Os aspectos tensos de Mercúrio, Júpiter e Saturno podem indicar dificuldades nos setores de comunicação, transportes, mobilidade, comércio interno. Urano ocupa a casa VI e pode representar reivindicações mais radicais de trabalhadores e funcionários públicos; acordos anteriores podem sofrer alterações. Porém temos também Vênus na casa II, em harmonia com Urano, um indício de soluções rápidas, que mostrem uma saída para essas adversidades ou conflitos.

2ª LUNAÇÃO

A segunda lunação deste ano ocorrerá no dia 11 de fevereiro, às 16h07, a 23°17' do signo de Aquário. O *stellium* tem agora seis planetas nesse signo, localizando-se nas casas VII e VIII da carta celeste. Os aspectos desarmônicos no céu ainda não se desfizeram, o que pode sugerir divergências de interesses na área de exportação ou importação com outros países. Júpiter e Vênus estão em conjunção exata em Aquário, e esse aspecto sinaliza esforços de conciliação e negociações que possam minimizar conflitos de interesse, permitindo assim soluções diplomáticas relevantes para o país. Netuno, que ocupa a casa IX, em bom aspecto com Marte em Touro, favorece o intercâmbio cultural, o mundo acadêmico, as universidades, assim como ações que promovam e estimulem o turismo interno e externo.

3ª LUNAÇÃO

No dia 13 de março teremos a terceira lunação do ano, às 7h22, a 23°4' do signo de Peixes. Nesta carta, os luminares ocupam a casa XII do mapa, fazendo um aspecto harmonioso com Plutão em Capricórnio na casa X. Boas decisões devem propiciar um efeito benéfico em serviços assistenciais públicos, obras filantrópicas e de caridade. Mais controle, gestão eficaz e concentração de esforços voltados para o setor carcerário podem minimizar os problemas crônicos que lhe são pertinentes. Saturno e Urano em tensão podem ser indício de muita resistência a mudanças dentro do Congresso, embora haja, em contrapartida, um clima positivo para transformações e rupturas com formas já ultrapassadas de legislar e comandar o país.

4ª LUNAÇÃO

A quarta lunação deste ano ocorrerá no dia 11 de abril, às 23h32, a 22°25' do signo de fogo de Áries. Observamos que Júpiter no signo de Aquário, e Marte no signo de Gêmeos, fazem bons aspectos com Sol, Lua e Vênus, que ocupam a casa IV da carta celeste. Momento benéfico para o mercado imobiliário e a construção civil, que terão um período de expansão e investimentos. A produção agrícola tende a ser mais produtiva, com boas safras, e esses bons resultados na economia devem gerar um clima de mais confiança por parte da população. O trígono entre Marte e Júpiter se dá em um signo de Ar, podendo dinamizar o setor produtivo em geral, gerando assim mais empregos e contratações, em especial nas áreas de tecnologia e informática. Mercúrio faz bom aspecto com Saturno e pode sinalizar êxito na área de transportes, comércio interno, turismo e negócios em geral, vale dizer, mais dinheiro em circulação e mais oportunidades de crescimento.

5ª LUNAÇÃO

No dia 11 de maio teremos a quinta lunação de 2021, às 16h01, a 21°18' do signo de Touro. Plutão ocupa a casa IV e mostra bom aspecto com os luminares, o que confirma os bons resultados não só da produção agrícola, mas possivelmente também no setor petrolífero e em toda a cadeia produtiva que ele envolve. Mercúrio em Gêmeos faz trígono com Saturno em Aquário, mostrando que o uso de tecnologias mais modernas terá impacto favorável no âmbito da economia, e que políticas de longo prazo serão implementadas com êxito na infraestrutura da nação. Assim, o turismo bem como os transportes, as estradas e os aeroportos devem dar uma base de sustentação para que os bons resultados continuem. Esse trígono é favorável ainda às áreas culturais, artísticas e literárias, podendo trazer a revelação de novos talentos, além de melhorias no ensino fundamental.

6ª LUNAÇÃO

A sexta lunação deste ano ocorrerá no dia 10 de junho, às 7h54, a 19°47' do signo de Gêmeos. Ao lado dos luminares, temos também a presença de Mercúrio em seu próprio signo. Todos recebem um aspecto tenso de Netuno, que está em Peixes, na casa IX. Por um lado, podem surgir novas revelações de desvio de dinheiro público, mas, por outro, será preciso estar atento a uma atmosfera de confusão, notícias falsas ou desinformação, em que a suposta verdade pode estar sendo manipulada. Há a possibilidade de agravamento de divergências ou conflitos de natureza religiosa em nosso país e no planeta. Marte em oposição a Plutão sinaliza ainda que intensos embates pelo poder talvez precisem de intervenções diplomáticas. Além disso, podem ocorrer crimes ambientais envolvendo incêndios ou explosões de maior porte.

7ª LUNAÇÃO

No dia 9 de julho, observaremos a sétima lunação de 2021, às 22h18, a 18°2' do signo de Câncer. Sol e Lua ocupam a casa IV, também relacionada a esse signo no Zodíaco natural. Os luminares se apresentam em bom aspecto com Netuno, indicando possibilidade de esclarecimentos relevantes em relação ao ciclo anterior. Pode haver uma pacificação em relação a divergências religiosas que, de uma forma ou de outra, afetam o bem-estar de muitos. Isso é corroborado pelo trígono entre Mercúrio e Júpiter, que agora está no signo de Peixes, promovendo assim, dentro do possível, um clima de mais integração, senso de justiça e de união no país. O sentimento de patriotismo e de pertencer a uma família, seja ela pessoal ou coletiva, está associado ao signo de Câncer, e ele pode estar mais forte neste ciclo do ano. As matrizes culturais do país tendem a ser mais valorizadas.

8ª LUNAÇÃO

No dia 8 de agosto, às 10h51, teremos a oitava lunação do ano, a 16°14' do signo de Leão. Os luminares estão na casa X, em tensão com Urano em Touro, e indicam possíveis conflitos de poder que tensionam o Poder Executivo e suas ações. Rupturas só serão evitadas com muito bom senso e diplomacia. Levando isso em conta, o trígono entre

Vênus em Virgem e Plutão em Capricórnio terá bastante relevância nesse período, pois a conciliação de interesses não se dará por atitudes mais radicais, mas por um sentido de responsabilidade e cooperação. Esse trígono ativa a casa XI da carta, que representa o Congresso, devendo este ter um papel moderador e mais pragmático em relação aos interesses e direitos já conquistados pelo povo. Vênus em sextil no Meio do Céu propicia mais dinamismo à vida artística e cultural do país.

9ª LUNAÇÃO

A nona lunação acontecerá no dia 6 de setembro, às 21h53, a 14°38' do signo de Virgem. Os luminares estão na casa V, em trígono exato com Urano em Touro. Ciclo benéfico para reformulações positivas na área educacional, em especial para jovens e crianças. Mercúrio em Libra também favorece as artes em geral, produções literárias, exposições, atividades de lazer, assim como esportes e competições. Mercúrio faz trígono com Saturno em Aquário, propiciando bons acordos para exportações e importações, investimentos externos. Vênus e Júpiter em harmonia nos signos de Libra e Aquário, respectivamente, evidenciam uma jurisprudência mais favorável para os trabalhadores, garantindo-lhes direitos e benefícios. Urano na casa I da carta mostra um ciclo auspicioso para políticas de investimentos relacionadas a energias renováveis em geral, como eólica, solar e biomassa.

10ª LUNAÇÃO

No dia 6 de outubro, às 8h07, teremos a décima lunação do ano, a 13°25' do signo de Libra. Os luminares estão em conjunção exata com o planeta Marte na casa XI da carta, que representa o Congresso Nacional e o Poder Legislativo. Esses planetas formam um sextil com o Meio do Céu, expressando um esforço de realização dos interesses da população, ou seja, novos projetos para o futuro do país. Esse movimento é corroborado pelo trígono entre Mercúrio e Júpiter – que estão em Libra e Aquário, respectivamente –, pois eles sinalizam mais justiça e direitos para a coletividade. Também expressam mais dinamismo e capacidade de renovação nos setores de comunicação em geral, falada ou escrita, redes sociais, imprensa, *startups*, *e-commerce* etc. Novamente a mobilidade urbana tem destaque, com novos meios de transporte ou uma legislação mais apropriada, assim como o turismo interno, que poderá contar com mais facilidades para o deslocamento das pessoas.

11ª LUNAÇÃO

A décima primeira lunação se dará no dia 4 de novembro, às 18h16, a 12°40' do signo de Escorpião. Sol e Lua estão na casa VI, fazendo oposição a Urano em Touro, e Marte encontra-se em ângulo difícil com Saturno na casa IX. Poderemos observar certa paralisia e dificuldades no funcionamento das redes de saúde pública devido à escassez de recursos relacionados a má gestão ou desvio de dinheiro. Isso pode gerar bastante revolta na população mais carente, que reivindicará seus direitos de forma mais radical. Surtos de doenças supostamente já erradicadas podem aparecer e exigir de novo reações rápidas por parte dos responsáveis nessa área. Vênus em Sagitário faz bom aspecto com Mercúrio, que é o regente da casa II da carta, sinalizando a continuidade de um ciclo favorável para o comércio em geral e também para eventos de entretenimento, artísticos e literários.

12ª LUNAÇÃO

No dia 4 de dezembro teremos a última lunação de 2021, às 4h44, a 12°22' do signo de Sagitário. As tensões do ciclo anterior tendem a se dissolver em função do sextil que os luminares fazem com Saturno nas casas I e III, respectivamente. É possível que eventos internacionais e esforços diplomáticos projetem uma imagem positiva do país e de seus representantes. Os feitos positivos do Poder Judiciário vêm colaborando para que a visão do país como símbolo de impunidade vá se modificando, obrigando os políticos a adotarem ações mais responsáveis em suas prerrogativas como parlamentares. Isso pode ser observado pelo sextil de Marte com Vênus e Plutão em Capricórnio na casa III, que mostra mais empenho do Estado em ações de longo prazo na educação, em particular no ensino fundamental, que é a base para que os cidadãos, no futuro, saibam escolher melhor seus representantes. Marte e Vênus fazem bons aspectos com Netuno em Peixes, favorecendo a expressão artística ou revelações no setor de audiovisual, artes cênicas, música e fotografia.

Regências Planetárias

Aqui relacionamos os planetas, as áreas e assuntos regidos por cada um deles. Com esses dados em mãos, o leitor poderá escolher as melhores datas para praticar suas atividades do dia a dia, de acordo com as previsões do Guia Astral.

LUA: Rege as viagens; as mudanças temporárias; a água e os líquidos em geral, bem como seu respectivo comércio; o comércio varejista; os artigos de primeira necessidade; a pesca; os assuntos domésticos; a saúde; as comissões e o cotidiano.

MERCÚRIO: Influencia os contratos; os assuntos relacionados com cartas, papéis e escritos; a literatura; os transportes; o correio; o fax; viagens curtas e excursões; mudanças de residência; estudos e o raciocínio com relação a questões práticas.

VÊNUS: Rege as artes em geral, tais como a música, o teatro e o cinema, a moda. Influencia também os amores, as amizades, o casamento, as diversões, as plantações, os tratamentos de beleza, a decoração dos ambientes e os assuntos domésticos e sociais.

SOL: Favorece o trabalho profissional, a publicidade, as honrarias, os favores e as melhorias. Os seus bons aspectos são positivos quando se solicita emprego ou aumento de salário, bem como quando se trata com autoridades ou superiores em geral.

MARTE: Atua sobre operações cirúrgicas, consultas a médicos e dentistas, lutas, negócios arriscados, assuntos militares e tudo o que se refere ao ferro ou às armas, os esportes, a iniciativa em empreendimentos.

JÚPITER: Governa os assuntos financeiros, jurídicos, religiosos e filosóficos, o comércio, os empréstimos, a expansão, a vida cultural, o estrangeiro, as viagens longas, os estudos superiores.

SATURNO: Rege o trabalho em geral, os negócios relativos a terras, casas, minas e construções, a agricultura, os estudos e as coisas antigas. Também favorece os que tratam com pessoas famosas ou idosas.

URANO: Influencia mudanças repentinas, assuntos e negócios relativos à eletricidade e ao magnetismo, drogas medicinais, novos empreendimentos, alta tecnologia, novas ideias e astrologia.

NETUNO: Tem sob sua atuação questões psíquicas, tais como clarividência, clariaudiência, telepatia e intuição, o misticismo, as manifestações coletivas e os assuntos marítimos.

PLUTÃO: Atua sobre tudo aquilo que exige energia e entusiasmo, as ideias originais, o pioneirismo, os assuntos relacionados à energia nuclear e as transformações radicais.

Guia Astral 2021

As informações a seguir se referem aos aspectos que o Sol, a Lua e os planetas formam entre si diariamente. Para melhor aproveitamento dessas informações, verifique na seção "Regências planetárias", na p. 132, a relação de planetas, atividades e assuntos que são regidos por eles.

Aqui são observados e interpretados os trânsitos da Lua, que se move rapidamente, e dos demais planetas em um único dia. Esse fato faz com que as interpretações deste *Guia* e das previsões astrológicas por vezes pareçam contraditórias entre si; no entanto, elas são complementares.

Janeiro

1º É importante lembrar que uma visão mais espiritual e abrangente da vida pode tornar-se uma bênção. Sempre é possível ver as mesmas coisas de formas diferentes; a razão não é capaz de prever todas as possibilidades. **Favorável para Netuno e Mercúrio.**

2 Nada como uma fase de maior autoestima para você poder tomar decisões acertadas e agir de forma mais segura. A vida social segue animada; não recuse convites para sair, viajar ou reciclar amizades. **Favorável para Vênus.**

3 Momento interessante para criar, ainda que mentalmente, novos projetos para o ano que se inicia. Deixe a rotina de lado, reservando mais tempo para sonhar e estar mais atento às suas intuições. **Favorável para Urano e Lua.**

4 Você poderá obter mais saúde e disposição com caminhadas, exercícios e uma alimentação balanceada. Mas não espere o momento certo para começar; a hora é agora. **Favorável para Sol e Lua.**

5 Mercúrio e Plutão juntos no céu favorecem a perspicácia e a capacidade de ir mais fundo em suas reflexões pessoais. Converse com pessoas de sua confiança a respeito de suas descobertas íntimas. **Favorável para todos os planetas.**

6 Não procure por culpados caso algum plano pessoal não tenha o sucesso que esperava. Nem tudo o que se cria vai dar certo, pois há fatores sociais e financeiros que precisam ser levados em conta. **Desfavorável para Lua e Mercúrio.**

7 As relações familiares podem ficar muito intensas e as discussões talvez terminem em brigas e decepções. Recuar e ficar em silêncio podem ser estratégias mais inteligentes do que a sinceridade e o confronto. **Desfavorável para Marte e Plutão.**

8 Neste dia já é possível um clima mais ameno entre pessoas próximas. O calor das divergências poderá ser substituído por diálogos menos reativos e mais adequados; busque a reconciliação. **Favorável para Netuno e Lua.**

9 Hoje o céu está auspicioso para encontros amorosos; mostre seus sentimentos e se deixe levar por eles sem receios. Aproveite para sair, lembrando que o lazer é fundamental para seu bem-estar psíquico. **Favorável para Vênus e Marte.**

10 Este dia continua benéfico para o amor; seus desejos serão compreendidos, assim como suas palavras e intenções. Tudo isso vem com a promessa de consolidação desse relacionamento. **Favorável para Mercúrio e Saturno.**

11 O ritmo dos acontecimentos não está de acordo com suas demandas. Será preciso evitar despesas desnecessárias; economize seus ganhos. Espere para se comprometer com mais segurança com algum eventual projeto. **Desfavorável para Marte.**

12 Continue firme em suas decisões de frear gastos; este é um momento de retração e sobrecarga na vida doméstica. Fique atento a tendências pessimistas; olhe mais para o amanhã e menos para o passado. **Desfavorável para Urano e Mercúrio.**

13   Na Lua Nova há uma concentração de energia vital que pode ser canalizada de maneira criativa. Foque mais naquilo que está necessitando agora, com a convicção de que tudo o que espera possa ser materializado em breve. **Desfavorável para Lua e Plutão.**

14   Vênus e Urano em harmonia indicam uma fase mais positiva e confiante, em que novidades poderão surpreendê-lo positivamente. As artes mânticas, como tarô, runas ou astrologia, poderão ajudá-lo em suas decisões. **Favorável para todos os planetas.**

15   A convicção de que está no caminho certo e fez escolhas acertadas deve levá-lo rumo ao sucesso. É importante não desistir dos seus sonhos e, sobretudo, ser mais resiliente. **Favorável para Sol e Plutão.**

16   O equilíbrio entre razão e emoção garante mais apoio para lidar com situações complexas. Não é hora de fazer julgamentos, mas avaliações realistas daquilo que pode ou não assumir agora. **Favorável para Lua e Marte.**

17   Dia harmonioso no convívio familiar. Esteja mais atento às demandas afetivas das pessoas que lhe querem bem, sejam jovens ou idosos. Evite o excesso de carboidratos ou alimentos muito condimentados. **Desfavorável para Lua e Netuno.**

18   O dia pode começar com boas notícias; impulsos de superação e coragem podem surgir espontaneamente. Confie em seus talentos e afirme sua autonomia, sem depender de aprovação alheia. **Favorável para Júpiter.**

19   Dia positivo para diálogos construtivos e aprendizados importantes para seu desempenho profissional. Mostre com mais clareza suas ideias e opiniões, sem receio de ser mal interpretado. **Favorável para Mercúrio e Lua.**

20   Neste dia, a atmosfera está mais para conflitos e divergências de pontos de vida. Embora você tenha ótimas intenções, poderá exagerar um pouco no modo de expressá-las; vá com calma. **Desfavorável para Urano e Marte.**

21   Continua sendo aconselhável controlar rompantes de intolerância e de falta de paciência. Sua ansiedade pode prejudicar a saúde; assim sendo, tente se acalmar e tirar a lente de aumento dos problemas. **Desfavorável para Júpiter.**

22 Os bons aspectos de Lua e Vênus tendem a suavizar o clima emocional. Agora você já é capaz de relativizar o peso das contrariedades e evitar discussões arbitrárias e radicais. **Desfavorável para Marte.**

23 Vênus está em sextil com Netuno no céu planetário, propiciando um dia harmonioso para a vida social e cultural. Divirta-se com amigos, vá ao cinema ou a um *show* musical. Sua mente precisa descansar. **Favorável para todos os planetas.**

24 Sol e Saturno se encontram no mesmo grau do signo de Aquário. Ciclo bom para estar com pessoas mais velhas e experientes, amigos ou familiares com quem você possa reviver boas lembranças do passado. **Desfavorável para Marte e Júpiter.**

25 Sua facilidade em se comunicar bem pode abrir caminhos ou atrair oportunidades interessantes. Ainda que surjam contrariedades, procure não levar tudo para o lado pessoal; cultive a tolerância. **Favorável para Lua e Mercúrio.**

26 Neste momento podem surgir imprevistos devido a falhas em seus instrumentos tecnológicos, como celular, internet etc. Adie compromissos que não são urgentes e exerça a criatividade para não se aborrecer. **Desfavorável para Sol e Urano.**

27 Hoje também será necessário manter o controle e frear a impaciência, que pode resultar em palavras mais ríspidas. Cada um dá aquilo que tem; diminua suas expectativas de desempenho perfeito, seja em relação a você ou aos outros. **Desfavorável para Lua, Vênus e Plutão.**

28 Plutão e Vênus estão juntos em Capricórnio e podem intensificar a vida amorosa; as emoções tornam-se mais profundas e misteriosas. Aproveite para observar seu amor-próprio, independentemente de ter alguém ou não em sua vida. **Favorável para todos os planetas.**

29 Sua intuição e presença de espírito podem chamar sua atenção para coisas diferentes e experiências inusitadas. Dia excelente para tomar decisões mais idealistas e generosas. **Favorável para Sol e Júpiter.**

30 Ainda que algum projeto pareça ser impossível, faça um novo esforço para realizá-lo. Muitas vezes, o êxito chega só para aqueles que são perseverantes e disciplinados. Por isso siga em frente. **Favorável para Marte e Lua.**

31 A Lua em Virgem faz oposição a Netuno em Peixes. Procure se certificar de que nem tudo o que ouve ou lê é realmente verdade. Não seja refém de fofocas ou mal-entendidos cuja intenção é apenas criar confusão. **Favorável para Urano e Mercúrio.**

Fevereiro

1º Neste dia, com Marte e Sol em ângulo difícil, você terá a oportunidade de exercitar jogo de cintura e paciência. Não se precipite em decisões arriscadas sem antes ouvir os outros interlocutores. **Favorável para Plutão e Vênus.**

2 Mantenha-se firme em seus propósitos e esforços para ser feliz, pois a infelicidade é sempre um fardo para quem está por perto. Parece difícil ver dessa perspectiva, mas a felicidade é uma escolha que tem a ver com saber valorizar o que você já conquistou em sua vida. **Favorável para Júpiter e Lua.**

3 De vez em quando, é preciso engolir algum sapo para evitar brigas inúteis. Avalie o que é mais importante: sua paz de espírito ou querer ter sempre razão e a última palavra. **Favorável para Mercúrio.**

4 No vai e vem do cotidiano, nem tudo são flores nem espinhos. Cabe a você dar risada de si mesmo quando algo o deixar um pouco frustrado – vale dizer, saber relativizar os aborrecimentos. **Desfavorável para Urano e Lua.**

5 Dê mais atenção à saúde física, ficando longe de doces, comidas industrializadas e lanches. Não existem milagres: ou você se alimenta melhor ou ficará sempre com um sobrepeso que compromete seu bem-estar e sua autoestima. **Favorável para Netuno e Plutão.**

6 Não se altere demais caso sua programação de lazer seja cancelada, pois sempre há opções. Um encontro inesperado poderá ser a solução que você desejava. **Desfavorável para Urano e Vênus.**

7 Deixe de lado os horários e a disciplina dos dias de semana. Fique mais atento a atividades que representem prazer ou descanso. Uma onda de nostalgia poderá surgir; saiba respeitá-la sem ignorar a falta de alguém importante. **Favorável para Saturno.**

8 É possível que algumas estruturas antigas de sua vida impeçam movimentos mais audaciosos de sua parte. Tenha humildade e sabedoria para mudar as coisas quando elas estiverem maduras. **Desfavorável para Urano e Saturno.**

9 Já passou da hora de você ter mais flexibilidade no ambiente profissional. Deixe de lado o espírito crítico, que não acrescenta nada. Procure oferecer sugestões, faça mais elogios. **Desfavorável para Plutão e Lua.**

10 Mercúrio está retrógrado no céu e pode trazer certo atraso para fechar negócios e dificuldades na comunicação ao se marcar reuniões ou encontros. Não tenha pressa, a hora certa vai chegar em breve. **Favorável para todos os planetas.**

11 Dia auspicioso para atitudes mais altruístas e solidárias com quem você convive. É sempre bom lembrar que aquilo que irradia de forma positiva também volta para você. Ótimo para sair, namorar e se divertir. **Favorável para Lua, Vênus e Júpiter.**

12 Uma visita ou um encontro fora da agenda pode trazer um colorido especial para este dia. Aproveite bem essa energia de leveza e jovialidade, e não desmarque seus horários para exercícios físicos que já estão dando bons resultados. **Favorável para Urano.**

13 Os caminhos já estão se definindo conforme suas necessidades, pois você tem uma visão mais abrangente do todo. Dê mais atenção aos novos parceiros e colegas; seja claro naquilo que pretende fazer. **Favorável para Marte, Netuno e Mercúrio.**

14 Hoje o clima é positivo para decisões rápidas; confie em sua intuição caso precise fazer alguma alteração de última hora. Ótimo dia para viagens rápidas e passeios que possam relaxar sua mente. **Favorável para Vênus e Netuno.**

15 Dia interessante para o contato com pessoas mais experientes e maduras que podem lhe dar bons conselhos. Bom para o planejamento a longo prazo dos próximos passos no trabalho. **Favorável para Lua e Saturno.**

16 Contrariedades pessoais podem abalar seu humor, e de pouco vão adiantar atitudes de retaliação. Pense bem antes de falar e magoar alguém, pois o difícil é ter de consertar as coisas depois. **Desfavorável para Plutão e Lua.**

17 É provável que você não consiga vencer as demandas e solicitações no trabalho. Procure delegar uma parte das responsabilidades para evitar o estresse da sobrecarga. E lembre-se: um dia por vez, fazendo o que é possível. **Desfavorável para Saturno.**

18 Vênus e Marte, planetas relacionados à vida amorosa, estão em tensão no céu planetário. A teimosia e o orgulho podem ser o nó do conflito a ser desatado. Alguém terá de ceder. **Favorável para os demais planetas.**

19 Ações extremadas estão longe de ser uma saída para a tensão na vida sentimental. É hora de deixar claro o que está incomodando para facilitar uma provável e desejada reconciliação. **Favorável para Lua e Plutão.**

20 Dia benéfico para descansar ou fazer só aquilo que lhe dá prazer. Ótimo para estar com amigos, fazer confidências, ir ao cinema, dançar, ouvir música, ficar perto da natureza. Afinal, ninguém é de ferro. **Favorável para Júpiter e Saturno.**

21 O planeta Mercúrio volta ao movimento direto, facilitando assim a troca de ideias, negócios, encontros importantes, assinatura de papéis e viagens rápidas. Você pode retomar planos ou projetos que estavam parados. **Favorável para Vênus e Lua.**

22 Lua e Sol estão em harmonia no céu, sinalizando um bom momento para resolver pendências importantes. Você está mais confiante de sua capacidade e seguro de suas boas intenções para a vida familiar poder seguir adiante. **Favorável para os demais planetas.**

23 Bom momento para o convívio com os familiares, dar mais atenção a eles ou mesmo receber deles carinho sincero, afinal, quem não gosta disso? O planeta Netuno favorece o início de uma dieta para emagrecer, caso precise. **Favorável para Lua e Netuno.**

24 Agora você tem mais foco e eficiência para trabalhar e pode se surpreender com talentos até então desconhecidos. Uma atitude mais corajosa sempre acaba estimulando quem está por perto. **Favorável para Marte e Plutão.**

25 Continue determinado a dar continuidade ao que já começou, ainda que surjam alguns contratempos no meio do caminho. É aconselhável evitar gastos com coisas supérfluas; guarde seu dinheiro. **Desfavorável para Saturno e Lua.**

26 É possível que você esteja vivendo algum tipo de conflito entre apostar em novos desafios e o receio do desconhecido. O desapego é um exercício difícil, mas necessário, para quem deseja evoluir. **Favorável para Sol e Urano.**

27 Confie em sua intuição, pois uma visão muito pragmática pode limitar sua criatividade. Se o desejo de mudança está batendo à sua porta, trate de abri-la. **Favorável para todos os planetas.**

28 Sua sensibilidade excessiva tenderá a deixá-lo confuso ou vulnerável em termos psicológicos. Não tome decisões definitivas e aprenda a dizer não quando não estiver bem seguro de suas reais pretensões. **Desfavorável para Lua e Netuno.**

Março

1º Procure organizar melhor sua agenda e seu cotidiano, sem procrastinar decisões ou ações que podem funcionar a médio e longo prazos. Você poderá encontrar um amigo que não vê há um bom tempo; aproveite bem esse momento. **Favorável para Lua e Saturno.**

2 Evite atitudes defensivas, que expõem sua fragilidade emocional. Agora o melhor é fazer uma autocrítica sincera a respeito de coisas que deixou de realizar e seguir em frente sem culpas, pois ninguém é perfeito. **Desfavorável para Plutão e Lua.**

3 Nada como um dia após o outro; chuvas torrenciais também trazem calmaria e renovação. Dia excelente para contatos sociais em todos os segmentos que demandem equilíbrio e cooperação. **Favorável para Vênus e Urano.**

4 Os bons aspectos planetários fortalecem seus vínculos familiares, e isso exige mais esforço e dedicação de sua parte. Aproveite para estudar e ler temas relacionados aos seus interesses profissionais. **Favorável para Lua, Júpiter e Plutão.**

5 Mercúrio e Júpiter estão juntos no signo de Aquário e devem dinamizar a comunicação e os contatos nas redes sociais. Mantenha a mente aberta para aquilo que desconhece, especialmente se for na área de tecnologia. **Desfavorável para Marte.**

6 Hoje é dia de evitar conflitos ou intrigas na vida profissional. Será preciso ser mais estratégico e benevolente, evitando também tomar partido de lados conflitantes. **Desfavorável para Netuno e Lua.**

7 Considere sempre aquilo que sua intuição diz, pois pode indicar um caminho no qual você não havia pensado até então. Os resultados não vão chegar de imediato, mas confie em tudo o que já fez até aqui. **Favorável para Urano e Lua.**

8 Um encontro importante pode acontecer, seja no plano afetivo ou mesmo em uma parceria de trabalho. Nada melhor do que se sentir compreendido e valorizado por pessoas que você considera. **Favorável para Vênus e Lua.**

9 Você está mais fortalecido internamente e pode dirigir sua vontade para alvos específicos. A autoconfiança e a consciência de seu potencial são relevantes para o êxito; não desanime. **Favorável para Marte.**

10 A Lua está em Aquário com Saturno e Júpiter, e esse aspecto impulsiona seus interesses humanitários e altruístas. O convívio social é estimulante, assim como a troca de ideias sobre valores éticos com o próximo. **Favorável para todos os planetas.**

11 O Sol ao lado de Netuno também estimula seus ideais sociais e humanitários. Será importante cercar-se de pessoas com as quais possa compartilhar suas motivações. Mantenha o pragmatismo, de preferência com os pés no chão. **Favorável para todos os planetas.**

12 Não tenha receio de fazer propostas mais criativas e inovadoras em seu trabalho, ainda que não sejam totalmente aceitas ou compreendidas. Mas saiba que já lançou uma semente para futuras realizações. **Favorável para Urano.**

13 Hoje temos a Lua Nova no signo de Peixes, onde estão também Vênus e Netuno. Momento auspicioso para continuar confiando em seus ideais; invista em seus sonhos e em tudo o que o deixa feliz. **Favorável para os demais planetas.**

14 Hoje sua sensibilidade está em alta; você poderá se comover e se encantar com coisas simples do cotidiano. Eventos artísticos e musicais elevarão seu espírito, assim como o contato com a natureza. **Favorável para Lua e Marte.**

15 A amorosidade e a imaginação criativa continuam estimuladas neste dia. Sua espontaneidade e sua generosidade podem cativar a todos. Por que não elogiar mais as qualidades alheias? **Favorável para Mercúrio, Lua e Júpiter.**

16 Mercúrio em Peixes indica mais criatividade para trabalhar com artes visuais e imagens, como desenho, fotografia e cinema. Há mais receptividade para a vida psicológica. Fique atento aos seus sonhos, sejam eles diurnos ou noturnos. **Desfavorável para Lua e Plutão.**

17 Dia relevante para afirmação dos compromissos profissionais; suas iniciativas podem surpreender os colegas de trabalho. Estão valendo também mais eficiência e criatividade para a solução de problemas. **Favorável para Sol e Plutão.**

18 Assuntos de natureza jurídica podem ser bem encaminhados, e os resultados tendem a ser positivos. Você está confiante e otimista, atraindo bons negócios e oportunidades; fique atento. **Favorável para Marte e Júpiter.**

19 Hoje você poderá ressignificar aspectos importantes em sua vida amorosa, o que é um sinal de maturidade nessa relação. Não subestime as qualidades da pessoa amada, valorizando tudo o que conquistaram até então. **Favorável para Plutão e Vênus.**

20 O Sol entra no signo de Áries, e temos o início do ano zodiacal – momento ideal para acreditar e investir em novos projetos. Seu sistema imunológico pode estar em baixa; preste mais atenção na qualidade de sua alimentação. **Desfavorável para Netuno.**

21 Sol e Vênus estão lado a lado no céu planetário, estimulando a vida social, artística e amorosa. Haverá mais facilidade e cooperação em todas as formas de convívio e trocas afetivas, que fazem bem para todos. **Favorável para Saturno.**

22 Neste dia, sua eficiência e capacidade de se comunicar estão em alta com o ângulo harmonioso entre Marte em Gêmeos e Saturno em Aquário. Excelente para estudos e para participar de seminários, congressos, ampliando assim seu repertório intelectual. **Favorável para Mercúrio e Urano.**

23 É provável que você tenha pressa em tomar decisões e acabe se precipitando ao proferir palavras duras, que podem gerar rupturas. Sua assertividade precisa ser mesclada aos dons da diplomacia e da paciência. **Desfavorável para Marte, Mercúrio e Lua.**

24 Neste momento, as tensões do dia anterior podem ser minimizadas, com mais aceitação do ritmo dos outros, bom humor e leveza de espírito. A cumplicidade das boas amizades tem um valor especial; lembre-se disso. **Favorável para Lua, Vênus e Marte.**

25 Sol e Vênus estão em conjunção com o signo de Áries – uma promessa de paixão e calor na vida a dois. É uma boa hora para conquistar alguém ou investir mais na sua relação, seja ela nova ou já estabelecida há tempos. **Desfavorável para Mercúrio e Saturno.**

26 A atmosfera de encantamento permanece na vida afetiva. Pode surgir também o desejo de se relacionar com pessoas mais livres e originais, que o motivarão a formas de relacionamento mais livres e desapegadas. **Favorável para Vênus, Sol e Urano.**

27 O ritmo de sua vida está mais acelerado; há muitas solicitações, o que gera dispersão e informações desconexas. Organize a agenda e os horários para não prejudicar seu trabalho ou estudos. **Favorável para Lua e Plutão.**

28 Hoje é dia de Lua Cheia, e certamente a motivação para o encontro amoroso ainda permanece. Uma paixão forte pode surgir, mas talvez não seja muito duradoura. O que está valendo são as emoções que só o Cupido é capaz de provocar. **Favorável para todos os planetas.**

29 Na astrologia, Vênus representa também a capacidade de criar, harmonizar e embelezar. Nesse sentido, hoje você pode deixar sua casa e o ambiente de trabalho mais bonitos e, de quebra, se dar um presente há muito sonhado. **Favorável para Lua, Júpiter e Saturno.**

30 Caso haja algum contratempo ou decepção com amigos, evite colocar uma lente de aumento na situação. É mais aconselhável minimizar o ocorrido, não julgar e perdoar. Afinal, quem nunca errou? **Desfavorável para Lua e Plutão.**

31   O contato com pessoas mais velhas e sábias será muito gratificante; você poderá compartilhar suas experiências íntimas com segurança e confiabilidade. Não se esqueça das responsabilidades com seus familiares. **Favorável para Vênus e Saturno.**

Abril

1º   Dia oportuno para a organização de seus planos a médio e longo prazos para o novo ano. Tenha em mente que na hora da colheita haverá muito trabalho e que seus esforços serão recompensados. **Favorável para Sol e Saturno.**

2   Sua necessidade de informação e conhecimento está em alta. Procure ouvir pessoas mais experientes, aprendendo com suas vivências anteriores. Na vida amorosa, tudo corre com tranquilidade. **Favorável para Lua, Vênus, Mercúrio e Plutão.**

3   Algumas restrições no ambiente de trabalho podem deixá-lo contrariado, e isso tende a prejudicar sua concentração. Fique tranquilo, pois as mudanças são necessárias, embora passageiras. **Desfavorável para Lua e Mercúrio.**

4   Mercúrio adentra o signo de Fogo de Áries, deixando o clima profissional mais dinâmico, rápido e criativo. A liderança e a energia de boas iniciativas vão estimular e contagiar quem estiver ao seu lado. **Favorável para todos os planetas.**

5   Lua e Mercúrio em bom aspecto promovem uma produtiva interação social, que é motivadora e agregadora ao mesmo tempo. Atitudes espontâneas e altruístas que partam de você podem melhorar o desempenho de todos. **Favorável para Plutão.**

6   As experiências realizadas anteriormente agora podem proporcionar mais segurança e determinação para lidar com as pessoas de maneira adequada e responsável – isso para seu trabalho e também para os familiares. **Favorável para Marte e Saturno.**

7   Caso haja pendências na vida amorosa, este é o dia perfeito para dissipar bloqueios e mágoas mal digeridas. Momento para reconciliações e ações mais tolerantes de sua parte. **Favorável para Júpiter e Vênus.**

8 Este é um ciclo positivo para a expressão de seus sentimentos de maneira mais honesta e assertiva. O calor humano sempre faz bem, sendo terapêutico quando genuíno e sincero, é capaz até de fazer milagres. **Favorável para todos os planetas**.

9 Neste dia, podem surgir discussões e polêmicas sobre temas difíceis, em relação aos quais todos querem ter razão. Será mais adequado respeitar os diferentes pontos de vista, evitando assim rompimentos definitivos. **Desfavorável para Marte**.

10 Marte e Netuno em tensão ainda evidenciam um clima de intrigas mal equacionadas. Estas só serão superadas com uma boa dose de pragmatismo e tolerância, tendo em vista o bem-estar de todos. **Favorável para Júpiter e Vênus**.

11 Dia muito bom para investir mais tempo e energia em sua saúde. Se possível, desligue o celular e deixe a internet de lado, para assim desfrutar de períodos de descanso ou lazer com pessoas queridas. **Favorável para Vênus**.

12 Uma desilusão na vida a dois poderá deixá-lo abatido ou melancólico. Não busque a perfeição nem o final feliz dos contos de fadas em suas relações. Cada um só pode dar aquilo que tem. **Desfavorável para Vênus e Plutão**.

13 Seu ciclo profissional pede atitudes mais arrojadas e dinâmicas; não resista às mudanças que vão surgindo. Ótimo dia para exercitar o desapego de opiniões arraigadas e sentir-se mais livre em suas escolhas. **Favorável para Marte e Sol**.

14 Os ventos continuam favoráveis para você obter o reconhecimento que esperava. Continue firme em seus propósitos; sua obstinação e sua energia vital são a certeza do sucesso. Excelente dia para a prática de esportes. **Favorável para todos os planetas**.

15 Lembre-se de que seus valores e princípios éticos têm o poder de influenciar pessoas com quem você convive. Por isso conscientize-se da responsabilidade que isso significa, sem esquecer de suas limitações. **Favorável para Sol e Júpiter**.

16 Eventos difíceis que não dependem de sua vontade podem surgir e desorganizar seus compromissos já agendados. Não fique refém de notícias ruins; siga em frente, nem todos os dias são ensolarados. **Desfavorável para Sol e Plutão.**

17 Você já parou para pensar na importância da autoestima? Ela o livra da dependência da aprovação alheia e, como um ímã, é capaz de atrair oportunidades surpreendentes. **Favorável para Lua e Júpiter.**

18 O otimismo e a vontade de superar obstáculos estão no DNA dos vencedores. Imaginar que a sorte é algo aleatório e que acontece só aos predestinados é um engano. A perseverança é e sempre será uma boa aliada. **Favorável para Júpiter e Marte.**

19 Dia auspicioso para investir mais tempo em conhecimento, leituras, debates, seminários e trocas intelectuais. Sua capacidade de expressão está mais dinâmica, direta e espontânea. **Favorável para Mercúrio e Sol.**

20 A dispersão é uma das grandes dificuldades decorrentes do excesso de recursos tecnológicos no dia a dia. São muito importantes a concentração e a finalização daquilo que você se propõe a realizar. **Desfavorável para Lua, Vênus e Saturno.**

21 Aproveite o tempo que tiver livre para organizar sua casa, agenda ou local de trabalho. A desordem não é boa companheira para sua produtividade, mesmo que não perceba. **Desfavorável para Saturno e Urano.**

22 Um encontro fora da agenda poderá surpreender ou fisgar seu coração. Aventuras não fazem mal a ninguém, bem ao contrário. De qualquer maneira, é possível que ela dure pouco, assim como a flor chamada amor-perfeito. **Favorável para Vênus e Urano.**

23 Use e abuse de conhecimentos de tecnologia para melhorar seu desempenho profissional. No entanto, sua presença de espírito e vivacidade pessoal é que abrirão portas para novos trabalhos. **Favorável para Lua e Urano.**

24 As redes sociais podem alavancar oportunidades para fazer novos amigos, ou despertar novos interesses em sua vida. As novidades vão deixá-lo animado para conhecer talentos ainda adormecidos. **Favorável para Urano, Mercúrio, Lua e Plutão.**

25 A sobrecarga de tarefas ainda não terminadas pode deixá-lo estressado. Respire fundo, fazendo uma coisa por vez, ou então peça ajuda para terminar o que precisa, sem muitos rodeios. **Desfavorável para Vênus, Saturno e Júpiter.**

26 Mercúrio e Vênus estão no signo de Touro, sendo esse um bom dia para investir seu dinheiro com segurança. Interessante também para um *happy hour* com amigos ou trocar ideias com quem gosta e tem afinidades. **Favorável para Vênus, Lua e Mercúrio.**

27 A Lua Cheia no signo de Escorpião está em oposição a Urano em Touro. Não queira impor seus pontos de vista de modo radical, pois isso pode tumultuar a vida familiar; o gasto de energia não vai valer a pena. **Desfavorável para Urano.**

28 As tensões ou irritabilidade do dia anterior já estão se dissipando; o que era importante ontem já deixou de ser no dia de hoje. Não levar as coisas para o lado pessoal é sinônimo de inteligência emocional. **Desfavorável para Júpiter.**

29 Excelente momento para práticas meditativas, massagens ou acupuntura, para relaxar a mente e o corpo. Assuntos de natureza filosófica ou espiritual podem trazer as respostas que você tem procurado. **Favorável para Netuno e Mercúrio.**

30 Ainda que as condições externas não sejam favoráveis, a fé e a vontade de viver sempre serão um ótimo adubo para aquilo que está semeando. Tudo tem uma razão de ser; continue lutando. **Favorável para Júpiter e Lua.**

Maio

1º Você agora pode propor mudanças positivas no ambiente de trabalho. Elas envolvem praticidade e eficiência em um contexto mais colaborativo entre todos. **Favorável para Mercúrio e Netuno.**

2 Podem acontecer bons contatos para impulsionar sua atividade profissional. Mantenha-se atento e objetivo em relação àquilo que precisa comunicar sobre seus novos empreendimentos e realizações. **Favorável para Plutão e Mercúrio.**

3 Este é um dia auspicioso para cultivar sentimentos elevados, fazer planos ou sonhar com a pessoa amada. O convívio familiar também será harmonioso; aproveite bem o momento. **Favorável para Vênus e Netuno.**

4 Podem surgir imprevistos que vão gerar gastos inesperados. Não procure por culpados; assuma sua responsabilidade por ter adiado certas decisões que eram relevantes. **Desfavorável para Lua e Vênus.**

5 Mercúrio adentra o signo de Gêmeos, e essa posição ratifica a energia de interação social, o desejo de aprender, ampliando assim os horizontes intelectuais. Não tenha receio de perguntar sobre aquilo que desconhece. **Favorável para Lua e Júpiter.**

6 Dia muito inspirador para a vida amorosa. A cumplicidade torna tudo mais emocionante e prazeroso. Invista mais tempo e energia em eventos artísticos e culturais que beneficiem seu espírito. **Favorável para Vênus e Plutão.**

7 Momento de autoestima em alta. Faça valer seu talento e habilidades para se destacar no trabalho ou nos estudos. A timidez agora não será boa conselheira; trate de se expor mais. **Favorável para Lua e Plutão.**

8 Hoje você pode tomar decisões com base em experiências anteriores e também em uma boa dose de coragem. Exerça sua liderança sem medo de críticas; o pior é deixar passar as oportunidades. **Favorável para Saturno e Marte.**

9 O sentimentalismo poderá impregnar seu estado de espírito, alterando seu humor. Evite atitudes drásticas ou melodramas perante possíveis frustrações. **Desfavorável para Vênus e Júpiter.**

10 Neste dia, você pode contar com mudanças ou imprevistos que, se bem administrados, serão até estimulantes. Não há por que mergulhar em uma rotina sem nenhuma criatividade ou desafios. **Favorável para Marte e Urano.**

11 A Lua Nova no signo de Touro aponta para um ciclo de mais produtividade e amor pelo trabalho. Aproveite para cuidar melhor do corpo, atendendo a suas necessidades, e fazer exercícios. **Favorável para todos os planetas.**

12 Marte em bom aspecto com Urano indica facilidade ou interesse por assuntos que envolvam tecnologia em geral. Amplie seus conhecimentos, vencendo resistências ou a preguiça em lidar com as novidades que chegam o tempo todo. **Favorável para Urano e Lua.**

13 Sol e Netuno em sextil podem trazer um colorido especial a sua rotina se você der mais espaço à imaginação e originalidade. Mude seus horários e hábitos; veja as mesmas coisas sob ângulos diferentes. **Favorável para Mercúrio e Saturno.**

14 Júpiter entra no signo aquático de Peixes. Sentimentos românticos e mais altruístas continuam presentes em sua alma. Deixe-se guiar por emoções positivas, sem esperar reconhecimento por isso. **Favorável para todos os planetas.**

15 Seu espírito, mais otimista e jovial, deve contagiar as pessoas próximas de forma marcante. Uma viagem rápida com amigos será excelente para repor a energia física e mental. **Favorável para Júpiter e Lua.**

16 Este dia favorece a vida social, a hospitalidade e a convivência pacífica com todos. Lua e Marte em conjunção favorecem passeios, aventuras, esportes – tudo o que faça seu corpo se movimentar e seja prazeroso. **Favorável para Urano.**

17 Momento benéfico e especial para lidar com pessoas de autoridade. Seus talentos podem se revelar com intensidade, o que aumentará sua autoestima. Planeje melhor os próximos passos no trabalho. **Favorável para Sol e Plutão.**

18 A Lua está em Leão, em aspecto tenso com Urano. O dia pode trazer desafios que você vai superar com jogo de cintura e diplomacia. Se insistir em uma atitude de orgulho ou teimosia, o resultado será pior para todos. **Favorável para os demais planetas.**

19 Hoje já é possível contornar as dificuldades do dia anterior. O entendimento e a tolerância se sobrepõem aos ressentimentos. Ótimo para sair, conversar com amigos e assim relativizar as mazelas do cotidiano. **Favorável para Lua e Mercúrio.**

20 Notícias confusas podem deixá-lo aflito; procure esclarecer o que de fato está acontecendo o mais rápido possível. Desvie a atenção para aquilo que está dando certo, e não o contrário. **Favorável para Urano e Lua.**

21 Este pode ser um ciclo difícil para os negócios; evite investimentos de risco ou ações sem objetividade. Evite também discussões e opiniões muito radicais, que só estimularão a discórdia. **Desfavorável para Sol, Lua e Júpiter.**

22 O dia demanda cuidados com empreendimentos comerciais em geral. Não confie só na sorte ou em pessoas ambíguas, que não inspiram confiança. Espere a hora certa para agir. **Desfavorável para Netuno e Mercúrio.**

23 Emoções mais controladas e seguras contribuirão para um clima de harmonia, pautando assim as demandas deste dia. O convívio familiar será prazeroso, assim como a presença de pessoas mais velhas e experientes. **Favorável para Vênus, Mercúrio e Saturno.**

24 Deixe de lado a preocupação excessiva com o futuro, procurando resolver as questões do aqui e agora. Uma atitude mais confiante sempre produz bons resultados, mesmo que não sejam imediatos. **Desfavorável para Lua e Urano.**

25 Você poderá assumir as responsabilidades do dia com o apoio dos colegas. Isso tornará tudo mais enriquecedor, motivando-o a encarar novos desafios, que certamente chegarão. **Favorável para Plutão e Netuno.**

26 Hoje é dia de Lua Cheia; há tendência a inquietações internas e mudanças de humor bruscas. Procure se interiorizar, observando seus sentimentos, sem se tornar refém deles. **Desfavorável para Júpiter e Lua.**

27 Sua sensibilidade psíquica continua em evidência; será importante não acreditar em fantasias equivocadas. Decisões importantes devem ser adiadas até que você possa ver tudo com mais clareza. **Desfavorável para Netuno e Vênus.**

28 A Lua em Capricórnio indica um momento mais estável, em que a razão fala mais forte que as emoções. Excelente para organizar sua rotina de trabalhos ou estudos, perseverando nos planos que construiu anteriormente. **Favorável para todos os planetas.**

29 Não se preocupe com as restrições financeiras, pois elas serão circunstanciais. Evite fechar com rapidez negócios que podem parecer oportunidades interessantes. É preciso paciência para saber a hora certa de agir. **Desfavorável para Mercúrio.**

30   Sua visão e compreensão das coisas devem se tornar mais abrangentes. Esse distanciamento trará segurança para decisões acertadas para si e seus familiares. **Favorável para Marte e Netuno.**

31   Dia oportuno para marcar consultas ou obter bons diagnósticos médicos que estejam pendentes. Excelente momento para começar uma dieta ou atividade física de forma mais regular. **Favorável para todos os planetas.**

Junho

1º   Lua e Vênus estão em harmonia nos signos de Aquário e Gêmeos, respectivamente. Você com certeza poderá vivenciar um dia em que estará bem consigo mesmo, deixando a autocrítica bem longe. **Favorável para Marte e Netuno.**

2   Vênus está adentrando o signo de Câncer, associado à moradia e à família, sendo ele a base de sustentação emocional de todos. Excelente momento para rever pessoas queridas que você não vê há tempos, relembrando experiências que passaram juntos. **Favorável para todos os planetas.**

3   Nem tudo em seu dia será exatamente como gostaria, mas faça valer sua criatividade para que ele seja o melhor possível. Vale dizer, você sempre pode fazer do limão uma boa limonada. **Favorável para Marte, Lua e Plutão.**

4   Este é um dia auspicioso para os relacionamentos amorosos, para participar de festas e eventos culturais, incrementando sua vida social. Aceite convites para viajar, conhecer lugares diferentes e, assim, diversificar seu lazer. **Favorável para Vênus, Júpiter, Sol e Saturno.**

5   Mercúrio e Netuno estão em ângulo difícil, evidenciando estados mentais mais dispersivos ou confusos. Fique longe de discussões ou de polêmicas que nada acrescentam à sua vida ou repertório intelectual. **Desfavorável para Lua e Urano.**

6 Emoções intensas e até mesmo arrebatadoras podem deixá-lo alterado; o melhor a fazer é evitar discussões extremadas. Assuma a responsabilidade pela parte que lhe cabe naquilo que não está dando certo. **Desfavorável para Marte e Plutão.**

7 Caso ainda tenha ressentimentos guardados, faça um esforço para neutralizar a raiva antes de expressá-los. Lembre-se de que não é possível mudar o outro, só se ele achar necessário. **Desfavorável para Urano e Lua.**

8 Tempestades emocionais sempre passam e também têm seu lado positivo; o que era tóxico já foi embora. Se as pessoas são imperfeitas e contraditórias, por que os relacionamentos seriam perfeitos? **Favorável para Lua e Plutão.**

9 Dia positivo para organizar sua casa, pertences, papéis e documentos. Aquilo que não tem mais utilidade bem poderia ser doado: roupas e livros, por exemplo. A energia de renovação chegará se fizer a sua parte. **Favorável para Lua e Saturno.**

10 Hoje é dia de Lua Nova; os luminares estão no signo de Gêmeos, assim como o planeta Mercúrio. Interessante ciclo para estar mais consciente daquilo que você precisa para se tornar uma pessoa mais realizada. Acredite em seu potencial. **Desfavorável para Netuno.**

11 Marte está entrando no signo de Fogo de Leão. Momento de mais exuberância e alegria de viver; há um forte desejo de compartilhar coisas positivas com todos os que você ama, seja a família ou os amigos. **Favorável para Lua e Júpiter.**

12 Lua e Vênus estão em Câncer, estimulando reuniões familiares, a troca afetiva e o aconchego da casa; nada como recarregar as baterias afetivas. E tudo isso ainda com direito a comidas saborosas... Aproveite! **Favorável para Urano.**

13 Deixe a preguiça de lado, e invista mais tempo e energia em algo inusitado. Um encontro inesperado com alguém especial tornará este dia inesquecível. Evite extremos com bebidas alcoólicas. **Favorável para Urano e Vênus.**

14 O dia promete bastante trabalho e contrariedades que podem deixá-lo frustrado. Reorganize sua agenda, cancelando aquilo que não é urgente. Faça somente aquilo que conseguir, sem culpas. **Desfavorável para Sol e Netuno.**

15 O ritmo dos acontecimentos já está fluindo melhor; a comunicação ocorrerá sem grandes esforços. Excelente para assistir a palestras, seminários, trocar experiências, alargar horizontes intelectuais. **Favorável para Lua, Sol e Mercúrio.**

16 Saturno e Urano em conflito no céu podem representar forte tensão entre o que representa sua zona de conforto e aquilo que ainda é desconhecido. É necessário abrir mão de coisas que não têm mais serventia. **Desfavorável para Lua e Júpiter.**

17 Em meio a esse antagonismo entre o velho e o novo, tente criar espaços para o lazer, cultivando a vida social. Suas iniciativas para marcar encontros serão muito bem-vindas e elogiadas. **Favorável para Vênus e Lua.**

18 Faça um esforço para gastar menos, pois poderão surgir despesas extras. Dia favorável para superar algum mal-entendido com subalternos; evite expectativas muito altas, aceitando cada um como ele é. **Favorável para Lua e Plutão.**

19 Evite negligenciar ou procrastinar decisões que só você pode tomar. Se for necessário, procure ajuda de pessoas de sua confiança para solucionar os problemas que o incomodam. **Favorável para Saturno.**

20 Lua e Plutão em tensão podem deixar os ânimos exaltados e a sensibilidade à flor da pele. Seja como for, não se fixe nas circunstâncias difíceis. Procure se divertir e relativizar o tamanho dos problemas; tudo se resolverá. **Favorável para Sol e Lua.**

21 O Sol está no signo de Câncer, dando início ao solstício de inverno. A interiorização poderá ser uma demanda de sua alma e seu corpo; respeite essas necessidades, pois tudo tem sua razão de ser. **Favorável para todos os planetas.**

22 Netuno e Vênus estão em bom aspecto nos signos de Peixes e Câncer, respectivamente. Um clima de romance e cumplicidade está no ar. Deixe de lado o receio de se expor e aja para conseguir o que o seu coração pede. **Favorável para Lua e Netuno**.

23 Lua em Sagitário em bom aspecto com Marte em Leão sinalizam um dia em que você poderá exercer sua liderança de maneira espontânea e assertiva. Seu otimismo é muito inspirador para todos. **Favorável para Saturno**.

24 Hoje temos a fase da Lua Cheia, além de um trígono entre Júpiter e Sol. As emoções parecem estar prestes a transbordar, e sua capacidade de compreender os sentimentos alheios está mais exacerbada. **Desfavorável para Plutão e Vênus**.

25 Bom momento para tratar de assuntos familiares de maneira mais pragmática e objetiva. Decisões de longo prazo, como venda ou compra de imóveis, devem ser estudadas com mais prudência. **Favorável para Urano e Lua**.

26 Caso haja conflitos e divergências de opiniões com pessoas próximas, procure achar um denominador comum entre você e elas. Evite discussões inúteis e muito acaloradas. **Desfavorável para Lua e Plutão**.

27 Com Vênus em Leão, é hora de usar seu charme e capacidade de sedução, caso encontre alguém que encante seu coração. Não economize elogios, pois todos gostam de ser valorizados. Deixe o medo em casa e vá se divertir. **Desfavorável para Saturno**.

28 Lua e Júpiter em Peixes vão favorecer interesses ligados ao mundo místico, invisível ou espiritual. Esteja aberto para receber o melhor da vida, esquecendo as mágoas do passado. Mire no amanhã. **Favorável para todos os planetas**.

29 Momento favorável para planejar uma viagem, seja de lazer ou para ampliar seus conhecimentos na vida profissional. Preste mais atenção à sua intuição; nem tudo pode ser equacionado apenas à luz da razão. **Favorável para Urano**.

30 Se for possível, cuide mais do corpo e do espírito, ou com práticas meditativas, ou com massagens energizantes e prazerosas. Nada como espantar o estresse e as mazelas do cotidiano. **Favorável para Netuno e Lua**.

Julho

1º As demandas do cotidiano podem ser estressantes ou intensas. Por isso tenha em mente que nem tudo depende só da sua boa vontade. Fatores externos contribuem para os contratempos deste dia. **Desfavorável para Marte e Saturno**.

2 Sua autoconfiança será essencial para tomar decisões rápidas, porém nem sempre reconhecidas. Neste momento, elas são necessárias para extirpar coisas ruins ou tóxicas que prejudicam seus relacionamentos. **Favorável para Lua e Marte**.

3 Continue atento a essa "faxina" que precisa ser feita em sua vida pessoal ou profissional. Lembre-se de que pedir ajuda não é sinal de fraqueza, mas sim de confiança em suas escolhas. **Desfavorável para Lua e Plutão**.

4 Trate de tirar o dia para descansar e se recuperar. Estão valendo: passeios, caminhadas ou tudo o que mude sua paisagem habitual. Fique mais atento aos excessos com comidas pesadas e bebidas alcoólicas. **Desfavorável para Saturno**.

5 A semana começa com humor e ânimos mais elevados. A maré de preocupações já chegou ao fim. E você está feliz consigo mesmo por ter se mantido firme em suas convicções e propósitos de mudança. **Favorável para Sol e Urano**.

6 Não procure por culpados em função daquilo que não teve o resultado que esperava. Será mais positivo perceber as próprias falhas no trabalho ou nos estudos. Evite o criticismo e bola para a frente. **Desfavorável para Júpiter e Lua**.

7 Talvez você tenha de superar frustrações na vida amorosa. Se quiser que ela continue, terá de ceder ou reconsiderar posições muito unilaterais. Pedir desculpas é uma boa pedida. **Desfavorável para Saturno, Lua e Netuno**.

8 Neste dia, você terá melhor desempenho na vida intelectual e social. Estude e pesquise assuntos de seu interesse. Em breve haverá a oportunidade de utilizá-los em seu trabalho de *networking*. **Favorável para Mercúrio**.

9 Seu espírito cooperativo e democrático vai ter boas consequências no trabalho. Bons exemplos são assimilados com rapidez. Continue confiando e seguindo sua intuição. **Favorável para Urano**.

10 Hoje é um dia propício para exercitar o perdão, tanto em relação a alguém quanto a si mesmo. A grandeza em considerar os próprios erros é fundamental em qualquer tipo de relação. **Favorável para Netuno e Lua**.

11 O planeta Mercúrio adentra o signo aquático de Câncer, símbolo da família e dos antepassados. Esteja mais atento à vida doméstica, curtindo a presença de crianças ou pessoas mais velhas; elas têm sempre muito a nos ensinar. **Favorável para todos os planetas**.

12 Júpiter e Mercúrio em harmonia são auspiciosos para todas as formas de comunicação. Organize sua agenda da semana, faça novos contatos. Sua concentração e foco deverão atrair oportunidades especiais de trabalho. **Favorável para Marte e Lua**.

13 Vênus e Marte estão no signo de Leão. Um bom dia para namorar ou conhecer alguém que pode mexer com seu coração. Deixe-se levar pela magia do Cupido; amor à primeira vista não acontece todos os dias. **Favorável para Mercúrio e Júpiter**.

14 Sua capacidade de sedução ainda está em alta; nada de se esconder em casa, com a desculpa de preguiça, frio etc. O momento é de desprendimento em relação ao passado, caso ainda tenha alguma cicatriz no coração. **Favorável para Urano**.

15 Sua disposição mais empática e generosa terá ótima reverberação naqueles que estão ao redor. Um olhar mais atento e carinhoso, um elogio sincero, quem não gosta de receber? **Favorável para Plutão e Lua**.

16 Sua atenção e seus interesses podem se voltar para temas metafísicos ou filosóficos. Dia adequado para meditar, ouvir boa música e relaxar. Cuidar do espírito com dedicação também é uma arte. **Favorável para Sol e Netuno**.

17 Neste momento, rompantes emocionais podem causar rupturas, que talvez você possa controlar. Aja com mais diplomacia e paciência, mesmo que isso passe a impressão de falta de interesse pelas pessoas. **Desfavorável para Lua e Plutão**.

18 Hoje ainda resta um clima de tensão, e ações inconscientes poderão ser desencadeadas mais facilmente. Não tome decisões rápidas; espere o desenrolar dos acontecimentos. **Desfavorável para Plutão e Sol.**

19 A Lua em trígono com o Sol propicia um clima de mais capacidade de discernimento e equilíbrio entre razão e emoção. Bom para resolver assuntos patrimoniais familiares. **Favorável para todos os planetas.**

20 Sua presença de espírito vai favorecer ações mais dinâmicas e criativas. Uma boa dose de alegria e bom humor, ou seja, saber rir de si mesmo, trará um clima de leveza e descontração ao seu redor. **Favorável para Mercúrio e Urano.**

21 A Lua está em Sagitário, em bom aspecto com Vênus e Marte em Leão, todos no elemento Fogo. Este representa força vital, entusiasmo, idealismo, aspirações espirituais. Procure estar conectado com pessoas que estejam nessa sintonia. **Favorável para todos os planetas.**

22 Vênus adentra o signo de Virgem e faz oposição a Júpiter. O dia aponta para tendência aos excessos, que vão desde gastos supérfluos a um sentimentalismo contraditório. Vigie melhor suas emoções. **Favorável para os demais planetas.**

23 O dia vai exigir de você atenção aos seus sentimentos mais profundos; observe quais são as frustrações antigas que o impedem de ficar mais confiante em relação a sua vida íntima. Mas convém lembrar que a autocrítica precisa ser moderada! **Desfavorável para Lua e Plutão.**

24 A sensibilidade psíquica aumentará sua criatividade; procure soltar a imaginação, visualizando o que deseja para sua vida. Essa clareza pode direcioná-lo a escolhas mais acertadas. **Favorável para Netuno e Mercúrio.**

25 Caso se sinta muito ansioso, aproveite o dia para liberar a energia vital acumulada durante a semana. Faça caminhadas ao ar livre, mexa o corpo, tonifique os músculos, respire com mais tranquilidade. **Desfavorável para Marte.**

26 É preciso estar atento à qualidade das informações que chegam a você. Sendo negativas ou confusas, crie um filtro mental para proteger a si mesmo, evitando discussões polêmicas e estressantes. **Desfavorável para Mercúrio e Plutão.**

27 A Lua em Peixes pode deixá-lo mais sonhador e receptivo aos sentimentos alheios. Você poderá ser solicitado a ajudar ou aconselhar alguém bem próximo que passa por dificuldades. Bons amigos são presentes da vida. **Favorável para Lua e Urano**.

28 Bom momento para trocar informações relevantes, interagir mais em redes sociais. O convívio familiar estará mais dinâmico e interessante, com boas notícias ou novidades inesperadas. **Favorável para Plutão e Mercúrio**.

29 Júpiter está voltando para o signo de Aquário, e Marte entra no signo de Virgem. Procure direcionar sua atenção a ações que tragam benefícios para si e para todos. **Favorável para Saturno e Lua**.

30 Ótimo momento para atividades intelectuais, discussões em grupo, fazer planos para o futuro. Sua postura mais aberta e confiante vai exercer influência positiva no ambiente profissional. **Favorável para Júpiter**.

31 As condições e oportunidades para amadurecer e desenvolver seus talentos estão todas em aberto. Lembre-se sempre de que a vida está em constante movimento. **Favorável para Urano e Marte**.

Agosto

1º Sol e Mercúrio juntos no signo de Leão podem indicar um dia propício para comemorações importantes. Nada melhor do que o calor humano daqueles que nos querem bem. **Favorável para Lua, Urano e Netuno**.

2 A semana pode começar com excesso de trabalho; muitas responsabilidades se acumularam. Priorize aquilo que é mais urgente no momento e delegue atividades a outros que possam assumi-las. Tudo se resolverá bem. **Desfavorável para Mercúrio e Saturno**.

3 O ritmo dos eventos planejados está longe de ser aquele que você esperava. Apesar dos atrasos, surpresas interessantes podem acontecer; no final, elas desviarão sua atenção para o lado mais alegre e despreocupado da vida. **Desfavorável para Sol e Saturno**.

4 Alguns imprevistos relacionados à tecnologia podem desorganizar momentaneamente seu dia, mas nada sem solução. Com a mente focada em resoluções e sem reclamar, tudo vai se organizar novamente. **Desfavorável para Urano e Mercúrio.**

5 Ainda que algum colega de trabalho ou de estudos diga algo ofensivo, controle sua indignação. Por vezes, prolongar uma discussão significa abrir a porta para ganhar inimigos. Não vale a pena. **Desfavorável para Marte e Lua.**

6 A vida a dois pode atravessar um período de instabilidades, e esse estranhamento talvez seja motivado por desconfianças sem fundamento. Procure esclarecer tudo o mais rápido possível e virar essa página. **Desfavorável para Lua e Netuno.**

7 O criticismo exagerado pode criar um clima difícil no ambiente familiar. Será importante manter o respeito mútuo, apesar de divergências de valores e opiniões. **Desfavorável para Sol e Urano.**

8 Hoje teremos a Lua Nova no signo de Leão. Aproveite o dia para fazer uma reflexão, caso sinta vontade de estar mais silencioso ou introvertido. Respeite essa necessidade. **Desfavorável para Lua e Saturno.**

9 Para manter o bom convívio, social e familiar, é preciso sempre se lembrar da palavra "tolerância". Observe em primeiro lugar suas próprias limitações, que é o melhor a fazer, em todos os momentos. **Desfavorável para Júpiter e Lua.**

10 A vida amorosa ainda merece mais atenção de sua parte, especialmente por aquilo que não foi dito, ou seja, a omissão de algo que está incomodando. É chegada a hora de dizer a verdade. **Desfavorável para Netuno e Vênus.**

11 Hoje a atmosfera sentimental está mais leve. Já é possível confiar e transformar o que é relevante, não só na mente, mas também em atitudes mais positivas e estimulantes. **Favorável para Vênus, Lua e Plutão.**

12 Mercúrio entra agora no signo de Virgem, do elemento Terra, associado ao princípio da lógica e da organização. Aproveite para colocar papéis e contas em dia, e atualizar sua agenda de contatos profissionais. **Favorável para Lua e Saturno.**

13 Bom momento para planejar uma viagem rápida de lazer, rever amigos queridos, conhecer algum lugar novo. Lembre-se de cuidar da saúde, em especial com uma alimentação mais leve e saudável. Nada de preguiça. **Favorável para Júpiter.**

14 A Lua em Escorpião estimula sua criatividade. Você pode ter boas ideias, inspiração para escrever, comunicar-se com mais clareza e pragmatismo. Não adie decisões que você sabe serem importantes em seu cotidiano. **Favorável para Marte e Mercúrio.**

15 Sua disposição para este dia é mais para descanso, sem horários nem grandes preocupações sociais. Aquele livro encostado que está à sua espera faz tempo poderá ser uma ótima companhia. **Favorável para Netuno e Lua.**

16 Vênus está adentrando o signo de Libra, e essa posição é auspiciosa para uma nova parceria profissional. Uma boa sintonia entre você e seu sócio será essencial para atrair oportunidades de realizações interessantes. **Favorável para Lua e Vênus.**

17 Netuno está em tensão com a Lua. É provável que seu sistema imunológico esteja em baixa. Por isso evite ambientes fechados e continue firme no propósito de uma alimentação mais nutritiva e balanceada. **Favorável para os demais planetas.**

18 A Lua está crescendo em Sagitário, indicando uma boa fase para repensar uma maneira mais confiante de conduzir sua vida. Júpiter em Aquário favorece atividades sociais ou filantrópicas, que visam o bem-estar de todos. **Favorável para todos os planetas.**

19 Neste dia, você está mais comprometido e concentrado em suas responsabilidades. Isso implica mais produtividade no trabalho e o devido reconhecimento. Método e eficiência serão seus bons conselheiros. **Favorável para Mercúrio e Marte.**

20 Assuntos de natureza jurídica podem não ser resolvidos do modo como você gostaria. Talvez seja melhor procurar alternativas para um tipo de conflito que precisa de solução rápida. **Favorável para Mercúrio e Urano.**

21 Neste ciclo será preciso treinar a paciência e a tolerância com tudo e todos. As coisas parecem estar emperradas, e o ritmo lento de tudo o deixa apreensivo ou desmotivado. Mantenha-se mais focado no que está dando certo. **Desfavorável para Saturno.**

22 Agora você já percebe mais rapidez no andamento de seus projetos. Seu entusiasmo vai acabar contagiando amigos e outras pessoas em seu entorno. Procure sair um pouco da rotina, participar de alguma atividade inusitada e alegre. **Favorável para Marte e Urano.**

23 Vênus em Libra faz trígono com Saturno em Aquário. Esse aspecto favorece todas as atividades de caráter humanitário e social, nas quais predominam o altruísmo e a generosidade com os menos favorecidos. Faça sua parte também. **Favorável para todos os planetas.**

24 Hoje ainda é forte a percepção da importância de ações que beneficiem a coletividade. Doe coisas que não têm serventia para você. Sempre é positivo exercitar o desapego. **Favorável para Lua, Vênus e Plutão.**

25 Hoje você pode estar mais sujeito a decepções ou enganos com ideias ou pessoas que eram relevantes em sua vida. Não faça drama, pois tudo tem sua razão de ser, e a verdade vai acabar aparecendo. **Desfavorável para Netuno e Mercúrio.**

26 Sua capacidade de comunicação e interação social está em alta. As redes sociais trarão bons resultados se investir para valer em seu *networking*; vá em frente mesmo que haja desafios no caminho. **Favorável para Mercúrio e Júpiter.**

27 É sempre um prazer ter as rédeas da vida nas próprias mãos. A autoestima e a confiança são fundamentais no êxito de seus empreendimentos profissionais. Não desanime! **Favorável para Sol e Lua.**

28 Temos um bom dia para a tomada de decisões que sejam baseadas em pragmatismo e racionalidade. Ótimo para procurar boa companhia, continuar com hábitos mais saudáveis e, é claro, com seus exercícios físicos. **Favorável para Marte e Urano.**

29 Dia excelente para passeios, viagens curtas de lazer ou caminhadas ao ar livre. Deixe o celular de lado e desfrute a companhia de amigos queridos, com os quais possa compartilhar ideias e afeto sincero. **Favorável para Lua, Mercúrio e Netuno.**

30 Pessoas próximas tenderão a manifestar apreço por você com palavras e gestos que o deixarão feliz. Cultive bons relacionamentos no trabalho, procurando ver o lado bom que todos têm. **Favorável para Vênus e Saturno**.

31 É preciso saber selecionar notícias ou informações úteis e positivas daquelas que são inúteis ou enganosas. Em função do clima de confusão, não tome partido de ninguém. **Desfavorável para Netuno e Lua**.

Setembro

1º A paciência é uma grande virtude, especialmente em dias em que Mercúrio se encontra em ângulo de tensão. Momento de mais dispersão e ansiedade; não deixe que o sentido de urgência prevaleça. **Favorável para os demais planetas**.

2 Se receber algum convite inesperado para se divertir, não o recuse. Alegrias improvisadas acabam tornando esse dia especial e vibrante. O importante agora é controlar a gula, em especial por doces. **Favorável para Sol e Urano**.

3 Este dia poderá ser marcado por extremos emocionais, decorrentes de decepções e expectativas frustradas. Não seja refém dessas emoções a ponto de não perceber aquilo que já conquistou. **Desfavorável para Lua e Plutão**.

4 Lua, Saturno e Urano estão tensionados no céu, e isso pode afetar seu discernimento e suas escolhas. Por isso não tome decisões definitivas e espere passar essa atmosfera de confusão. **Desfavorável para Marte e Netuno**.

5 Aos poucos, sua mente vai clareando e dando novos contornos àquilo que ainda estava indefinido. Troque ideias com alguém de sua confiança; acate sugestões que sejam ponderadas e positivas. **Favorável para Mercúrio e Saturno**.

6 A semana começa com ótimos aspectos no céu planetário; Marte e Plutão em harmonia indicam energia vital renovada para novos empreendimentos. Positivo para investimentos financeiros ou ganhos inesperados. **Favorável para Vênus e Júpiter**.

7 Neste momento é importante levar em conta sua originalidade e intuição. Você pode se surpreender com suas habilidades para superar desafios do cotidiano. Sua postura positiva e confiante estimulará os que estão ao seu lado. **Favorável para Sol, Urano e Marte**.

8 Agora é possível assumir mais responsabilidades na vida profissional; com cautela e perseverança você vai alcançar seus objetivos. Na vida familiar, o clima é de tranquilidade. **Favorável para Saturno e Lua**.

9 Boas notícias vão deixar seu dia mais animado. Você nem se dará conta dos desafios que surgirão. Na verdade, eles são a oportunidade para seu desenvolvimento pessoal. Não deixe de divulgar mais o seu trabalho. **Favorável para Mercúrio e Júpiter**.

10 Sua estratégia de adotar atitudes mais diplomáticas com todos vai ter êxito. Ao relevar limitações alheias e fazer elogios sinceros, você cria uma boa sinergia para os estudos e o trabalho. **Favorável para Vênus**.

11 A vida é repleta de contratempos e de nada adianta se lamentar em relação àquilo que o deixa contrariado. Foque nas coisas que vêm dando certo, abstraindo dificuldades que serão passageiras. **Desfavorável para Urano e Lua**.

12 Dia propício para estar na companhia de familiares queridos que você não vê com regularidade. Tire o dia de folga, fugindo de compromissos com horários. Afinal, ninguém é de ferro. **Favorável para Lua e Marte**.

13 As atividades sociais podem estar em evidência. Surgirão mais convites para sair e se divertir com o sextil entre Lua e Mercúrio. Propício a mais interação nas redes sociais; bom para planejar uma viagem rápida. **Favorável para todos os planetas**.

14 Sol em oposição a Netuno pode deixá-lo mais suscetível ao cansaço físico ou ao rebaixamento no sistema imunológico. Assim, evite se expor demais e não se exceda com comida ou bebidas alcoólicas. **Desfavorável para Lua e Marte**.

15 Marte em Libra pode facilitar seus interesses por assuntos coletivos ou humanitários, nos quais você visa o bem-estar de todos. Você estará com as antenas ligadas para tudo o que for mais recente em termos de tecnologia. **Favorável para Urano**.

16 Agora seus interesses coletivos podem se ampliar também para um contexto mais espiritual ou filosófico. Ótimo para participar de grupos de estudos que possam abrir novos horizontes para reflexão. **Favorável para Netuno e Plutão.**

17 É provável que você sinta certo desconforto emocional por não ter o reconhecimento pessoal que esperava. Não desanime; as mudanças que ocorreram são internas, e é isso o que importa neste momento. **Favorável para Sol e Plutão.**

18 Lua e Júpiter estão juntos no signo de Aquário, em trígono com Mercúrio em Libra. Com certeza, você estará intelectualmente mais inspirado e criativo. Valorize suas ideias, que agora serão bem aproveitadas. **Favorável para todos os planetas.**

19 Dia prazeroso na vida a dois; o clima de cumplicidade é estimulante e vai reverberar em forma de alegria. Momento propício também para se divertir, dançar, ir ao cinema ou ouvir boa música. **Favorável para Mercúrio, Vênus e Júpiter.**

20 Ao contrário do ciclo anterior, hoje o clima está mais para chuvas e trovoadas nos relacionamentos em geral. O mais recomendável é não querer impor sua vontade em discussões inúteis. **Desfavorável para Marte e Sol.**

21 Este é um momento oportuno para desenvolver projetos, escrever, estudar algo de seu interesse pessoal. Esses novos conhecimentos podem alavancar melhores posições profissionais em sua vida. **Favorável para Mercúrio e Júpiter.**

22 Hoje é o início da primavera no Hemisfério Sul. Continue investindo na vida intelectual com determinação, procurando priorizar o que é mais relevante para esta fase de sua vida. O excesso de informação também pode causar ansiedade. **Desfavorável para Mercúrio e Plutão.**

23 Pode haver um clima de dispersão ou desencontro que o deixará irritado ou impaciente. Dia não propício para fazer negócios. Compre e venda só aquilo que for realmente necessário. **Desfavorável para Lua e Mercúrio.**

24 Neste dia você poderá ser questionado sobre sua maneira de se relacionar, que tende ao desejo de controlar tudo e a sentir um ciúme exagerado. Aceite as críticas; não faça drama. Leve tudo com bom humor, afinal, ninguém é perfeito. **Desfavorável para Vênus e Urano**.

25 Excelente momento para a introspecção. O ritmo acelerado da semana tende a diminuir, o que promoverá seu bem-estar e descanso para boas leituras. Conversas produtivas com amigos de confiança serão bem prazerosas. **Favorável para todos os planetas**.

26 Saturno e Marte encontram-se em harmonia no céu planetário. Isso indica êxito em negócios imobiliários, que são investimentos de longo prazo. Você estará confiante para assumir compromissos financeiros. **Favorável para Marte e Saturno**.

27 Continue apostando em novos investimentos, sempre lembrando que não deve dar um passo maior que a perna. Para isso, procure consultores que o ajudarão de forma segura e pragmática. **Desfavorável para Netuno**.

28 Este ciclo está favorecendo sua comunicação. Aproveite sua presença de espírito e rapidez para tomar decisões atuais. Você terá mais flexibilidade e jogo de cintura para fazer escolhas acertadas para sua família. **Favorável para Mercúrio, Lua e Júpiter**.

29 O apoio positivo que vai receber no ambiente de trabalho refletirá em seu desempenho e sua eficiência. Ao assumir mais responsabilidades, você fará desabrochar todo o seu potencial, ainda desconhecido. **Favorável para Sol, Saturno e Urano**.

30 Vênus e Netuno estão em bom aspecto nos signos de Escorpião e Peixes, respectivamente. Sua sensibilidade psíquica e emocional está mais aguçada. Você poderá ser solicitado por alguém que precisa de sua ajuda e empatia. **Favorável para todos os planetas**.

Outubro

1º Neste dia há uma tendência a comportamentos extremados por falta de tolerância e julgamentos muito rígidos. Nesse clima de "tudo ou nada", ninguém sairá ganhando. Pense antes de falar. **Desfavorável para Mercúrio, Plutão e Júpiter**.

2   Seus colegas de trabalho podem estar ressabiados e querendo evitar novos conflitos. Faça a sua parte, com intervenções positivas e mais solidárias, dentro do que for possível. **Desfavorável para Vênus, Urano e Mercúrio.**

3   Há uma atmosfera de instabilidade emocional na vida familiar. O silêncio pode ser sua melhor resposta para as intrigas. Será um teste de paciência, pois certas situações não dependem de você. **Desfavorável para Plutão e Lua.**

4   Hoje o dia está mais leve, as desavenças vão sendo esquecidas e outros interesses vão surgindo. A comunicação flui melhor entre todos; aproveite essa maré de mais tranquilidade. **Favorável para Júpiter, Vênus e Urano.**

5   A Lua está em Leão fazendo sextil com Vênus em Libra. Dia especial para sair, ver amigos, estar na companhia de pessoas que gostam de você. Se deseja mesmo conquistar alguém, é chegada a hora. **Favorável para todos os planetas.**

6   Hoje é dia de Lua Nova, que acontece no signo de Libra. Dia auspicioso para estar mais consciente daquilo que deseja para sua vida, da qualidade de seus relacionamentos ou parcerias em geral. **Favorável para Lua, Marte e Saturno.**

7   Sol e Marte estão juntos no céu planetário, estimulando sua capacidade de liderar e tomar decisões que sejam ousadas e viáveis ao mesmo tempo. Ainda que elas não sejam compreendidas, vá em frente. **Desfavorável para Lua e Plutão.**

8   Ousadia e assertividade são atributos dos fortes, mas é bom não se esquecer da perseverança. Sem ela, grandes projetos e ideais se dissolvem, sendo apenas arroubos efêmeros. **Favorável para Sol.**

9   Neste dia, fique mais atento ao seu bem-estar e à sua saúde. Opte por alimentos mais leves e saudáveis, deixando de lado os doces e pratos muito condimentados. Tome bastante líquidos para desintoxicar o corpo. **Favorável para Netuno, Lua e Plutão.**

10 Mercúrio e Sol estão em conjunção, propiciando um dia benéfico para viagens rápidas ou passeios. Mantenha o espírito aberto a mudanças de rotina. Esqueça os horários; as novidades farão bem à sua alma. **Favorável para todos os planetas.**

11 A semana começa com Saturno entrando em movimento direto. Isso deve tornar mais rápido o andamento de seus projetos profissionais e intelectuais. Continue de olho na alimentação. **Favorável para Lua e Júpiter.**

12 Você está com a mente mais acelerada e clara. No entanto, a expressão verbal do que se passa dentro de você não está fluindo bem. Tenha mais objetividade e paciência para expressar o que deseja. **Favorável para Lua e Urano.**

13 Atividades culturais e artísticas estão positivamente estimuladas. O contato com filosofias de outras culturas mais antigas será de muito valor para sua interação intelectual. Aprofunde esse conhecimento. **Favorável para Vênus e Saturno.**

14 Momento excelente para participar de atividades em grupo, em que você poderá fazer amizades interessantes com pessoas que tenham interesses parecidos com os seus. Esse contato será bastante estimulante em seu cotidiano. **Favorável para Lua e Saturno.**

15 Neste momento, há muitos planetas em signos de Ar, representando o compartilhamento de ideias e a interação social. Propício para investimento em redes sociais e para conhecer pessoas originais e criativas. **Favorável para Lua e Sol.**

16 Dia benéfico para organizar uma viagem de lazer, começar algum curso de seu interesse, expandir conhecimentos. Nada como sonhar com um amanhã mais estimulante e com novos desafios. **Favorável para Sol e Júpiter.**

17 Boas notícias devem deixá-lo mais confiante em relação a seus planos. O contato com pessoas ou familiares no estrangeiro, e a possibilidade de reencontrá-los em breve, será muito inspirador. **Favorável para Mercúrio, Vênus e Plutão.**

18 A semana pode começar meio empacada, com acontecimentos que não estavam programados. Por isso não tome decisões precipitadas; espere o andamento do dia, pois tudo pode mudar para melhor. **Desfavorável para Sol e Plutão.**

19 O momento pede que você pense grande, ou seja, foque naquilo que já está bem encaminhado. Os contratempos que fazem parte do dia a dia não devem desanimá-lo. **Desfavorável para Mercúrio e Lua.**

20 Bom momento para resolver assuntos de natureza jurídica; você poderá ter respostas adequadas aos seus interesses, nas quais prevalecerão o senso de equilíbrio e o bom senso, positivos para todos. **Favorável para Marte e Júpiter.**

21 Pode haver uma espécie de conflito e tensão entre o novo e o velho. Algumas coisas já estão superadas e não têm mais razão de ser, mas você resiste em mudá-las por medo ou teimosia. Pense nisso. **Favorável para Urano e Lua.**

22 Momento positivo para o relacionamento na vida a dois. Podem se estabelecer afinidades, tornando prazerosos os vínculos mais estáveis. Desfrute desse dia. Afinal, quem não quer ser paparicado e amado? **Favorável para Lua, Plutão e Netuno.**

23 O Sol vai adentrando o signo de Água de Escorpião, podendo trazer uma energia mais propícia à introspecção e ao refinamento das emoções. O encontro com pessoas que você não vê há tempos vai aquecer seu coração. **Favorável para todos os planetas.**

24 Este dia também é benéfico para encontros significativos. Procure estar mais atento e presente aos eventos familiares. Seus planos para o futuro estão ganhando um novo impulso. **Favorável para Lua e Saturno.**

25 Deixe de lado as desculpas esfarrapadas de falta de tempo. Faça de suas atividades físicas e esportivas aliadas para seu bem-estar e alegria; é simples assim. **Favorável para Lua, Marte e Júpiter.**

26 Dependerá mais de você direcionar ações essenciais para o andamento de sua carreira. Tudo tem seu preço, mas seu esforço valerá a pena para obter resultados lá no futuro. **Favorável para Sol e Lua.**

27 O convívio humano pode trazer algumas desilusões que alterarão seu equilíbrio emocional. Faça uma reflexão sobre o que aconteceu, para que isso não se repita. **Desfavorável para Netuno e Vênus**.

28 Você pode começar seu dia com alterações de humor e mais irritabilidade. Mude a negatividade dos pensamentos e verá que mesmo as frustrações podem ajudar no seu crescimento emocional. **Favorável para Júpiter e Vênus**.

29 Agora você tem mais habilidades para trabalhar em equipe, exercitando a tolerância e o jogo de cintura. Momento positivo para ampliar seus conhecimentos nas áreas artísticas e culturais. **Favorável para todos os planetas**.

30 As mágoas do seu coração já estão superadas; não é preciso olhar demais para o passado. As preocupações com o futuro também devem ser engavetadas. Viva mais o aqui e agora. **Favorável para Vênus e Lua**.

31 Hoje pode haver uma atmosfera de nostalgia ou saudades de um tempo que já passou. No entanto, não fique abatido com isso, procurando valorizar aquilo que viveu e que o deixou realizado e feliz. **Desfavorável para Sol e Saturno**.

Novembro

1º Você tem hoje mais autonomia para decidir o que é melhor para a sua vida, o que lhe trará uma deliciosa sensação de liberdade. Ótimo para interagir nas redes sociais e sair com os amigos. **Favorável para Mercúrio e Júpiter**.

2 Decisões positivas para seu trabalho vão pavimentando seu desenvolvimento. Com o tempo, você terá melhorias no setor econômico que lhe permitirão assumir compromissos relevantes para sua vida pessoal e sentimental. **Favorável para Lua e Saturno**.

3 Dia benéfico para atividades em equipe nas quais sua liderança será notória e inspiradora para todos. O reconhecimento que espera pode se dar em função de elogios sinceros e novas oportunidades. **Favorável para Júpiter e Vênus**.

4 Hoje há um forte impulso para a criação de novas estratégias profissionais de sua parte que terão sucesso. Esteja certo de que coragem e ousadia devem andar juntas neste momento. **Favorável para Lua e Marte.**

5 O Sol faz oposição ao planeta Urano em Touro. Imprevistos e o ritmo acelerado das coisas vão testar sua paciência. O essencial será ver tudo com mais humor e leveza de espírito. **Favorável para os demais planetas.**

6 Não procrastine mais tarefas que precisam ser realizadas agora, pois o final do ano chegará voando. A organização e a ordem trazem mais bem-estar psíquico do que imagina, pode acreditar. **Favorável para Saturno, Vênus e Mercúrio.**

7 Ótimo dia para um bom passeio ou uma viagem rápida de lazer. A movimentação social vai deixá-lo feliz e motivado. Não recuse convites para futuros encontros com novos amigos. **Favorável para Vênus.**

8 Ótimo ciclo para organizar a semana, marcar encontros, fazer reuniões produtivas. Sua mente está mais ágil e receptiva para decisões importantes, que vão dinamizar o ambiente de estudos ou de trabalho. **Favorável para Mercúrio.**

9 Este dia é relevante para esclarecer alguns pontos que não estão muito claros em sua vida sentimental. Deixe seus sentimentos fluírem, não esconda emoções mais fortes; seja realmente sincero. **Favorável para Plutão e Netuno.**

10 Momento tenso e carregado; podem surgir contratempos, e o tempo será curto para resolver tudo. Priorize o que é urgente e remarque compromissos adiáveis para não se estressar. **Desfavorável para Mercúrio, Marte e Saturno.**

11 Lua e Júpiter estão no signo de Aquário, do elemento Ar, que representa maior interação intelectual, curiosidade, atração por novidades e tecnologia. Permita-se ver as mesmas coisas por ângulos diferentes. **Favorável para todos os planetas.**

12 Momento propício para a vida sentimental. Dedique mais do seu tempo e energia à pessoa amada. Romantismo, flores e um jantar à luz de velas nunca fizeram mal a ninguém, ao contrário. **Favorável para Lua e Vênus.**

13 Dia ótimo para espairecer, descansar, viajar e, especialmente, estar próximo ao mar. Sua sensibilidade lhe permitirá ver e refletir sobre sua vida de maneira mais pacífica e tranquila. **Favorável para Netuno, Sol e Marte.**

14 Dia benéfico para o convívio familiar; aproveite para cuidar da casa, mudar móveis de lugar a fim de deixá-la mais bonita ou aconchegante. Uma visita inesperada trará grande alegria a todos. **Favorável para Lua e Plutão.**

15 Preguiça, negligência ou procrastinação podem comprometer sua rotina de trabalho. Não ponha tudo a perder por pouca coisa nem culpe ninguém por aquilo que não deu certo. **Desfavorável para Júpiter e Sol.**

16 Seu humor está instável, e certa falta de paciência com os colegas ou amigos trará prejuízos a seu trabalho ou estudos. Respire fundo e se acalme antes de tomar atitudes inadequadas. **Desfavorável para Plutão e Lua.**

17 Dia positivo para planejar uma nova parceria com alguém de sua total confiança. Aceite sugestões e fique aberto a propostas que envolvam o crescimento e a expansão de seus interesses ou negócios. **Favorável para Sol e Plutão.**

18 Contenha o ímpeto de acelerar o ritmo das pessoas e dos acontecimentos. Não é aconselhável pular etapas nesse novo empreendimento. Veja as coisas por um ângulo mais amplo e abrangente. **Desfavorável para Marte e Urano.**

19 Hoje é dia de Lua Cheia. As emoções ficarão mais afloradas e existe um impulso para encontros. Vênus e Urano em harmonia propiciam interação com pessoas diferentes, livres e originais. **Favorável para os demais planetas.**

20 Você vem querendo definir projetos e ideais que possam impulsionar sua carreira. O melhor agora é procurar um bom conselheiro para investir no que é certo e pragmático, mantendo os pés no chão. **Favorável para Mercúrio, Urano e Plutão.**

21 Neste ciclo, você está mais confiante e otimista, e essa energia acabará contagiando a todos. Há em você a capacidade de ver oportunidades de crescimento justamente por causa dos desafios. **Favorável para Júpiter e Lua.**

22 O Sol entra no signo de Sagitário, que é regido por Júpiter, relacionado aos valores éticos, às leis, ao ensino superior e à filosofia. Momento oportuno para alargar sua visão de mundo e ser mais generoso. **Favorável para todos os planetas.**

23 Lua em Câncer faz trígono com Netuno em Peixes, que representa a sensibilidade psíquica e a espiritualidade. Você pode se beneficiar muito de exercícios de yoga e práticas meditativas. **Favorável para Marte.**

24 Vênus e Marte estão em sextil. É bem provável que surja um clima de atração e sedução na sua vida amorosa. Quem sabe não está em andamento uma bela história de amor? **Favorável para os demais planetas.**

25 A atmosfera romântica continua a mil por hora. Nada de inventar desculpas, pois não é sempre que o Cupido bate à sua porta; tudo tem sua hora para acontecer. **Desfavorável para Lua e Urano.**

26 Neste momento você poderá se deparar com discussões em que todos têm uma visão muito unilateral das coisas. Fará muito bem não levar as divergências para o lado pessoal. **Desfavorável para Lua e Júpiter.**

27 Mercúrio não está favorecendo a interação social, diálogos, contratos e negócios. Será melhor remarcar encontros ou adiar compromissos. Mas não faça drama, pois é tudo passageiro. **Favorável para Vênus e Marte.**

28 Sol e Mercúrio estão em Sagitário dinamizando a expansão de conhecimentos, seminários, debates e o intercâmbio cultural. Excelente para planejar a viagem a longa distância com a qual vem sonhando. **Favorável para todos os planetas.**

29 Sua curiosidade e inteligência continuam aguçadas; bom ciclo para fazer exames, provas, dar palestras, mostrar tudo o que sabe. Fique atento: boas notícias podem estar a caminho. **Favorável para Mercúrio, Plutão e Lua.**

30   Momento interessante para consolidar parcerias, sejam elas afetivas ou de trabalho. Você estará mais seguro, e seu amor-próprio será decisivo para fazer boas escolhas. Você terá mais discernimento e responsabilidade pelo que está assumindo. **Favorável para Sol, Saturno, Marte e Netuno.**

Dezembro

1º   Vênus e Marte criam uma predisposição de harmonia para o amor, para a vida sentimental. Já passou da hora de deixar o orgulho de lado e tentar uma reconciliação com sua cara-metade. **Favorável para os demais planetas.**

2   É no setor das amizades que novas afinidades e interesses vêm crescendo. Não espere que todos concordem com suas ideias, apenas respeite opiniões divergentes das suas e tudo estará bem. **Desfavorável para Urano e Lua.**

3   Fique mais atento à saúde; não deixe de fazer seu *check-up* anual se for o caso. O final do ano já se aproxima, não abandone suas caminhadas ou exercícios físicos. E aproveite o calor para ingerir saladas e frutas. **Desfavorável para Júpiter e Lua.**

4   Bom momento para colocar o trabalho atrasado e as leituras em dia, e dar retorno aos contatos que não foram atendidos a tempo. Continue firme em sua dieta, tomando cuidado especial com o excesso de bebidas alcoólicas. **Favorável para Lua e Mercúrio.**

5   Neste dia, você terá atitudes mais confiantes, e seu otimismo e a vontade de dividir coisas boas com os outros será contagiante. Faça logo seus planos para as festas de fim de ano, pois em cima da hora sempre fica mais difícil. **Favorável para Júpiter e Lua.**

6   Seu espírito mais alegre continua cativando as pessoas que estão ao seu lado. Mesmo que surjam imprevistos, você terá boas ideias para a solução deles. Não se preocupe; nessas horas, vale a criatividade. **Favorável para Lua, Netuno e Urano.**

7 O dia demanda decisões rápidas, e você vai acabar se surpreendendo mais uma vez com suas habilidades para situações emergenciais. Às vezes as dificuldades revelam talentos que estão adormecidos. **Favorável para Marte e Plutão**.

8 Notícias ou informações sem fundamento poderão deixá-lo confuso e ansioso. Procure entender o que está acontecendo de fato antes de se decidir sobre o que fazer ou não. Mesmo assim, aja com lógica e cautela. **Desfavorável para Netuno e Mercúrio**.

9 Neste ciclo, você pode ficar sujeito a estados de irritabilidade e estresse. Isso pode causar dores no corpo, febre ou um mal-estar geral. Faça tudo o que estiver ao seu alcance para relaxar; não assuma nenhum compromisso. **Desfavorável para Marte e Lua**.

10 Caso esteja preocupado com dívidas, faça um esforço para resolver essas pendências que estão tirando seu sono. Se achar necessário, consulte alguém qualificado para orientá-lo. **Favorável para Urano e Lua**.

11 Lua e Netuno em Peixes fazem trígono com Marte em Escorpião. Momento oportuno para conhecer a si mesmo, ficando atento aos seus anseios mais íntimos. Mostre seus sentimentos sem medo de ser julgado. **Favorável para todos os planetas**.

12 Sua sensibilidade psíquica está muito ativada. O melhor agora é saber canalizar essa energia para atividades que tranquilizem mais a mente: ler um bom livro, ver um filme sem violência, fugir de notícias ruins. **Desfavorável para Sol e Netuno**.

13 Mercúrio adentra o signo de Capricórnio, relacionado ao esforço e à perseverança. Agora já é possível assumir sem receio mais responsabilidades no trabalho e nos estudos, finalizar relatórios e monografias com êxito. **Favorável para todos os planetas**.

14 Será necessário evitar atitudes ou palavras muito ríspidas que possam ferir a pessoa amada. Não há por que exigir do outro aquilo que nem você é capaz de ser ou fazer. Vá com calma. **Desfavorável para Vênus e Plutão**.

15 Dia interessante para providenciar pequenas reformas ou melhorias em sua moradia. Aproveite para treinar o desapego e passar para a frente roupas e objetos que não têm mais serventia. **Favorável para Urano**.

16 Podem surgir boas perspectivas no âmbito profissional, e isso exigirá mais de você. A dificuldade parece estar em ficar dividido, pois as demandas familiares também serão maiores agora. **Favorável para Lua e Plutão**.

17 Você sentirá urgência em resolver as mazelas do cotidiano, mas sua irritação não será boa conselheira. Finalize o que conseguir hoje, deixando as pendências para outra hora. **Desfavorável para Marte**.

18 Evite gastos excessivos e mesmo supérfluos, uma vez que podem surgir despesas extras. Algumas necessidades podem ser apenas criações de sua mente ou convenções sociais. **Desfavorável para Netuno**.

19 Hoje a palavra-chave é lazer, que combina com lugares agradáveis, alegria e boas companhias. A Lua Cheia promove uma prazerosa interação social, que tanto bem faz à alma. **Favorável para Lua e Júpiter**.

20 Já é hora de dar mais atenção aos seus sonhos e intuições, que surgirão a qualquer hora do dia. Não há sentido em acreditar só na lógica e na razão, pois é na imaginação que muitas coisas começam a acontecer. **Desfavorável para Mercúrio**.

21 Hoje é o início do verão, que coincide com um clima de alegria e calor humano, mais típicos dessa estação do ano, e também da proximidade do *réveillon* e das férias. Seu bom humor tornará as tarefas do dia menos maçantes. **Favorável para todos os planetas**.

22 Tendência a começar a manhã preocupado demais com tudo o que tem pela frente. Mas essa disposição vai mudar com notícias interessantes que surgirão ao longo deste dia bastante produtivo. **Desfavorável para Lua e Saturno**.

23 Seus sentimentos em relação à vida afetiva não são os melhores. Existem coisas que não estão sendo discutidas, e isso vem gerando desconfiança e afastamento; fique atento a esse processo. **Desfavorável para Vênus e Plutão**.

24 A pouca disposição para ouvir e tentar compreender o que está se passando ainda perturba seu relacionamento amoroso. Algo precisa ser modificado e, ao que parece, alguém terá de ceder. **Desfavorável para Júpiter e Lua**.

25 Sonhar com dias melhores faz parte da natureza humana. Faça também um esforço maior para pavimentar a estrada que o levará ao lugar que tanto almeja; lembre-se de que pé no chão também vai ajudar. **Favorável para Lua e Urano.**

26 A insatisfação emocional ainda persiste, e o mais aconselhável é evitar confrontos e discussões inúteis. Tente colocar sua energia vital em outras coisas, sabendo que é o tempo que resolve muitas coisas. **Favorável para Plutão e Lua.**

27 Nesta fase, o convívio familiar será um relevante apoio emocional. As decepções pelas quais vem passando também o farão se conhecer melhor. E, assim, você poderá ver a realidade como ela é. **Favorável para Mercúrio e Netuno.**

28 Dia positivo para suas relações sociais, rever amigos, fazer planos para o final do ano. Se algumas amizades terminam, outras estão por começar. Afinal, tudo é transitório nesta existência. **Favorável para Júpiter.**

29 Júpiter adentra o signo de Peixes. A reflexão e os sentimentos elevados podem estar presentes em sua mente. Preces ou meditação favorecerão uma percepção mais sutil de tudo e de todos. **Favorável para Vênus e Mercúrio.**

30 Os conflitos do seu coração tendem a se dissipar. Você poderá ver com mais clareza e objetividade o que provocou esse sofrimento. Tudo tem sua razão de ser; as rosas também têm seus espinhos. **Favorável para Mercúrio e Plutão.**

31 A Lua está com Marte no signo de Sagitário. Dia especial para se movimentar, caminhar, aventurar-se em alguma experiência inusitada. Desfrute da companhia daqueles que ama e que amam você. **Favorável para todos os planetas.**

Fenômenos Naturais

COMEÇO DAS ESTAÇÕES

Estações	Data do início	Horário
Outono	20/03	6h39
Inverno	21/06	0h33
Primavera	22/09	16h22
Verão	21/12	13h00

ECLIPSES

Data	Hora	Astro	Tipo	Grau	Magnitude
26/5	8h15	Lua	Total	5°26' de Sagitário	1.009
10/6	7h54	Sol	Anular	19°47' de Gêmeos	3'51"
19/11	5h59	Lua	Parcial	27°14' de Touro	0.974
4/12	4h44	Sol	Total	12°22' de Sagitário	1'55"

FASES DA LUA 2021

\multicolumn{4}{c}{Janeiro}	\multicolumn{4}{c}{Fevereiro}
Dia	Fase	Horário	Grau	Dia	Fase	Horário	Grau
6	Minguante	6h38	16°17' de Libra	4	Minguante	14h38	16°8' de Escorpião
13	Nova	3h01	23°13' de Capricórnio	11	Nova	16h07	23°17'de Aquário
20	Crescente	18h03	1°2' de Touro	19	Crescente	15h48	1°21' de Gêmeos
28	Cheia	16h17	9°6' de Leão	27	Cheia	5h18	8°57' de Virgem

\multicolumn{4}{c}{Março}	\multicolumn{4}{c}{Abril}
Dia	Fase	Horário	Grau	Dia	Fase	Horário	Grau
5	Minguante	22h31	15°42' de Sagitário	4	Minguante	7h04	14°51' de Capricórnio
13	Nova	7h22	23°4' de Peixes	11	Nova	23h32	22°25' de Áries
21	Crescente	11h42	1°12' de Câncer	20	Crescente	4h00	0°25' de Leão
28	Cheia	15h49	8°18' de Libra	27	Cheia	0h33	7°6' de Escorpião

\multicolumn{4}{c}{Maio}	\multicolumn{4}{c}{Junho}
Dia	Fase	Horário	Grau	Dia	Fase	Horário	Grau
3	Minguante	16h51	13°35' de Aquário	2	Minguante	4h26	11°59' de Peixes
11	Nova	16h01	21°18' de Touro	10	Nova	7h54	19°47' de Gêmeos
19	Crescente	16h14	29°1' de Leão	18	Crescente	0h55	27°09' de Virgem
26	Cheia	8h15	5°26' de Sagitário	24	Cheia	15h41	3°28' de Capricórnio

\multicolumn{4}{c}{Julho}	\multicolumn{4}{c}{Agosto}
Dia	Fase	Horário	Grau	Dia	Fase	Horário	Grau
1º	Minguante	18h12	10°14' de Áries	8	Nova	10h51	16°14' de Leão
9	Nova	22h18	18°2' de Câncer	15	Crescente	12h21	23°01' de Escorpião
17	Crescente	7h12	25°4' de Libra	22	Cheia	9h03	29°37' de Aquário
23	Cheia	23h38	1°26' de Aquário	30	Minguante	4h14	7°09' de Gêmeos
31	Minguante	10h17	8°33' de Touro				

\multicolumn{4}{c}{Setembro}	\multicolumn{4}{c}{Outubro}
Dia	Fase	Horário	Grau	Dia	Fase	Horário	Grau
6	Nova	21h53	14°38' de Virgem	6	Nova	8h07	13°25' de Libra
13	Crescente	17h41	21°16' de Sagitário	13	Crescente	0h26	20°01' de Capricórnio
20	Cheia	20h56	28°14' de Peixes	20	Cheia	11h58	27°26' de Áries
28	Minguante	22h58	6°09' de Câncer	28	Minguante	17h06	5°37' de Leão

\multicolumn{4}{c}{Novembro}	\multicolumn{4}{c}{Dezembro}
Dia	Fase	Horário	Grau	Dia	Fase	Horário	Grau
4	Nova	18h16	12°40' de Escorpião	4	Nova	4h44	12°22' de Sagitário
11	Crescente	9h47	19°21' de Aquário	10	Crescente	22h37	19°13' de Peixes
19	Cheia	5h59	27°14' de Touro	19	Cheia	1h37	27°29' de Gêmeos
27	Minguante	9h29m	5°28' de Virgem	26	Minguante	23h25	5°32' de Libra

Tudo o que Você Precisa Saber sobre a Lua em 2021

Desde os primórdios da civilização humana, os antigos já atribuíam à Lua influência em certos fenômenos naturais, como o ritmo das marés e o movimento da seiva no reino vegetal, além da influência que ela exerce nos aspectos de nossa vida. Hoje sabemos que tanto o Sol quanto a Lua são igualmente importantes no que se refere ao destino das pessoas, pois a Lua representa as emoções, os sentimentos e as reações do ser humano. Na verdade, na Astrologia, o signo lunar complementa o signo solar e para tirarmos o melhor proveito dos diversos campos de nossa existência, tornou-se necessário analisar os signos solar e lunar.

☆ **LUA EM ÁRIES:** A Lua em Áries implica impulsividade, paixão, coragem e iniciativa. As emoções ficarão à flor da pele. Procure manter a calma e o foco, agindo sempre com serenidade. Lua propícia para viagens e o início de novos projetos ou empreitadas.

☆ **LUA EM TOURO:** Lua de muito trabalho para se obter sucesso. Por simbolizar certa agitação, deveremos nos superar no âmbito profissional. Seja mais flexível com os parceiros de trabalho, respeitando a opinião dos outros, mas sem deixar de seguir a própria intuição.

☆ **LUA EM GÊMEOS:** Período em que você estará suscetível a provocações; contenha-se. Bom momento, contudo, para reflexão. Evite assinar contratos, pois existe um risco claro de perda de dinheiro. Aproveite para ir ao médico e fazer exames de rotina.

☆ **LUA EM CÂNCER:** Propícia ao romance e a atividades sociais. Lute pelo que você quer; assuma o controle da situação. Quanto à preocupação com dinheiro, se for necessário, tome um novo rumo no trabalho. Não fuja de amigos que precisarem de sua ajuda, mas, ainda assim, reserve um tempo só para você.

☆ **LUA EM LEÃO:** Autenticidade e autocontrole para novas mudanças. Aprenda a dominar seus instintos, mediando conflitos sem impor suas ideias. Lua propícia para investimentos em novos projetos. Seja criativo e responsável na realização de tudo aquilo que foi planejado.

⭐ **LUA EM VIRGEM:** Muito foco no trabalho e nos estudos. O uso do bom senso e da flexibilidade serão imprescindíveis para seu sucesso. Cuidado com pequenos acidentes decorrentes de sua falta de atenção. Os relacionamentos lhe darão trabalho; tenha paciência com o ser amado.

⭐ **LUA EM LIBRA:** Concentre-se no presente em vez de perder tempo com o passado. Pense muito antes de falar, para evitar mal-entendidos, e não se esqueça dos cuidados com a saúde. Aproveite as oportunidades de negócios. Reflita, decida e aja, pois, com a Lua neste signo, a tônica é adotar uma atitude. Afinal, o que você plantar, lançará raízes.

⭐ **LUA EM ESCORPIÃO:** Resolução de uma situação familiar bem difícil. Lua que implica algum tipo de perda. Cuidado com assaltos e também com os assuntos de saúde. Há um clima de romance no ar, mas não é aconselhável se entregar de imediato; pondere antes. Embora não se possam apressar os resultados, com paciência e persistência, eles virão.

⭐ **LUA EM SAGITÁRIO:** Excelente momento para encarar os fatos por um outro ângulo, pois essa postura determinará a diferença entre sucesso e fracasso. Não arrisque seus recursos, pois a situação atual é desfavorável. Em seus projetos, seja mais objetivo, deixando de contar tanto com a sorte. Energia em baixa; convém descansar ou viajar. Não negligencie sua saúde.

⭐ **LUA EM CAPRICÓRNIO:** Lua para se praticar o equilíbrio. O excesso de seriedade pode acabar atrapalhando o desenvolvimento dos seus projetos. Fique atento para que as emoções não dominem sua mente. Seja prudente ao falar e agir; passe um tempo consigo mesmo. Se mantiver a calma, seus planos serão bem-sucedidos.

⭐ **LUA EM AQUÁRIO:** Lua que favorece o trabalho rotineiro, por mais que você não goste dele. Não se entregue a devaneios; seja mais prático e tenha os pés no chão. Dedique-se a tudo o que for fazer, para ser bem-sucedido. Cuide da saúde e tenha cautela com relacionamentos explosivos, que causam paixões arrebatadoras.

⭐ **LUA EM PEIXES:** Como você estará suscetível a muitas emoções, faça um esforço no sentido de se conter. Lua favorável aos relacionamentos, mas também propícia para descartar de sua vida pessoas que não valem a pena; aprenda a dizer não. Seja construtivo, aproveitando o momento para resolver questões que vem adiando. Se for cobrar alguma dívida, no entanto, aja com diplomacia. No trabalho, as palavras-chave são calma e ordem.

Tabela das Luas Fora de Curso

Último Aspecto		Entrada da Lua num Novo Signo		
Dia	Hora	Dia	Signo	Hora
Janeiro de 2021				
2	19h01	2	Virgem	22h14
4	18h35	5	Libra	2h43
7	2h56	7	Escorpião	5h55
8	23h00	9	Sagitário	8h16
10	15h30	11	Capricórnio	10h31
13	4h23	13	Aquário	13h45
14	6h29	15	Peixes	19h18
18	0h46	18	Áries	4h08
20	5h30	20	Touro	15h57
22	18h29	23	Gêmeos	4h44
25	4h18	25	Câncer	15h53
27	14h56	27	Leão	23h55
29	22h54	30	Virgem	5h04
Fevereiro de 2021				
1º	8h11	1º	Libra	8h26
3	3h16	3	Escorpião	11h16
5	6h21	5	Sagitário	14h18
7	3h17	7	Capricórnio	17h53
9	14h23	9	Aquário	22h21
11	16h07	12	Peixes	4h24
14	4h30	14	Áries	12h55
16	21h18	17	Touro	0h13
19	4h29	19	Gêmeos	13h05
21	15h40	22	Câncer	0h54
24	1h55	24	Leão	9h24
26	8h33	26	Virgem	14h08
28	12h59	28	Libra	16h18

Último Aspecto		Entrada da Lua num Novo Signo		
Dia	Hora	Dia	Signo	Hora
Março de 2021				
2	11h11	2	Escorpião	17h39
4	13h11	4	Sagitário	19h44
6	6h45	6	Capricórnio	23h21
8	21h54	9	Aquário	4h42
11	0h33	11	Peixes	11h45
13	13h39	13	Áries	20h45
16	0h41	16	Touro	7h57
18	17h41	18	Gêmeos	20h48
21	9h05	21	Câncer	9h19
23	12h27	23	Leão	18h57
25	10h29	26	Virgem	0h27
27	20h49	28	Libra	2h23
29	21h09	30	Escorpião	2h34
Abril de 2021				
31/03	21h30	1º	Sagitário	3h00
3	2h25	3	Capricórnio	5h14
5	4h06	5	Aquário	10h05
7	7h06	7	Peixes	17h32
9	20h49	10	Áries	3h12
12	9h08	12	Touro	14h45
14	21h01	15	Gêmeos	3h36
17	12h04	17	Câncer	16h26
19	21h05	20	Leão	3h12
22	9h06	22	Virgem	10h09
24	7h51	24	Libra	13h07
26	9h41	26	Escorpião	13h19
28	9h33	28	Sagitário	12h44
30	10h28	30	Capricórnio	13h17

Último Aspecto		Entrada da Lua num Novo Signo		
Dia	Hora	Dia	Signo	Hora
Maio 2021				
2	11h39	2	Aquário	16h32
4	21h07	4	Peixes	23h10
7	4h37	7	Áries	8h54
9	19h51	9	Touro	20h48
12	9h24	12	Gêmeos	9h44
14	7h52	14	Câncer	22h32
17	3h24	17	Leão	9h45
19	16h14	19	Virgem	18h00
21	16h57	21	Libra	22h37
23	18h38	24	Escorpião	0h02
25	18h21	25	Sagitário	23h40
27	14h37	27	Capricórnio	23h25
29	19h16	30	Aquário	1h05
Junho 2021				
1º	3h15	1º	Peixes	6h09
3	8h12	3	Áries	15h00
5	19h48	6	Touro	2h47
8	12h08	8	Gêmeos	15h49
10	14h39	11	Câncer	4h24
13	8h17	13	Leão	15h24
15	14h28	16	Virgem	0h03
18	0h55	18	Libra	5h55
20	7h53	20	Escorpião	8h59
22	3h44	22	Sagitário	9h57
23	23h10	24	Capricórnio	10h06
26	9h51	26	Aquário	11h10
27	16h09	28	Peixes	14h52
30	14h41	30	Áries	22h22

Último Aspecto		Entrada da Lua num Novo Signo		
Dia	Hora	Dia	Signo	Hora
Julho 2021				
3	1h16	3	Touro	9h29
5	13h58	5	Gêmeos	22h25
8	1h21	8	Câncer	10h52
10	13h11	10	Leão	21h22
12	9h30	13	Virgem	5h32
15	3h47	15	Libra	11h33
17	8h05	17	Escorpião	15h39
19	13h31	19	Sagitário	18h09
21	19h27	21	Capricórnio	19h37
23	13h35	23	Aquário	21h14
25	20h15	26	Peixes	0h31
27	22h14	28	Áries	6h59
30	16h39	30	Touro	17h09
Agosto 2021				
2	4h42	2	Gêmeos	5h47
4	16h39	4	Câncer	18h18
6	19h13	7	Leão	4h33
9	9h24	9	Virgem	11h57
11	8h23	11	Libra	17h09
13	17h40	13	Escorpião	21h02
16	0h06	16	Sagitário	0h13
17	22h44	18	Capricórnio	2h59
19	21h00	20	Aquário	5h50
22	9h03	22	Peixes	9h44
24	6h14	24	Áries	15h58
26	18h16	27	Touro	1h28
29	12h00	29	Gêmeos	13h43

Último Aspecto		Entrada da Lua num Novo Signo		
Dia	Hora	Dia	Signo	Hora
Setembro 2021				
31/08	17h50	1º	Câncer	2h27
3	2h39	3	Leão	12h59
5	11h23	5	Virgem	20h07
7	16h25	8	Libra	0h22
10	1h49	10	Escorpião	3h06
12	2h34	12	Sagitário	5h36
14	7h59	14	Capricórnio	8h35
16	2h41	16	Aquário	12h24
18	6h16	18	Peixes	17h24
20	20h56	21	Áries	0h14
22	23h06	23	Touro	9h39
25	10h10	25	Gêmeos	21h38
28	1h19	28	Câncer	10h35
30	11h50	30	Leão	21h55
Outubro 2021				
2	20h44	3	Virgem	5h39
5	5h47	5	Libra	9h42
7	2h04	7	Escorpião	11h23
9	3h06	9	Sagitário	12h25
11	1h32	11	Capricórnio	14h16
13	7h54	13	Aquário	17h48
15	9h34	15	Peixes	23h23
17	20h25	18	Áries	7h05
20	11h58	20	Touro	17h00
22	17h36	23	Gêmeos	4h58
25	11h12	25	Câncer	18h01
28	3h03	28	Leão	6h08
30	4h06	30	Virgem	15h11

Último Aspecto		Entrada da Lua num Novo Signo		
Dia	Hora	Dia	Signo	Hora
Novembro 2021				
1º	14h01	1º	Libra	20h12
3	19h33	3	Escorpião	21h54
5	13h11	5	Sagitário	21h54
7	10h45	7	Capricórnio	22h05
9	14h53	10	Aquário	0h04
11	16h53	12	Peixes	4h55
14	2h41	14	Áries	12h49
16	12h52	16	Touro	23h19
19	5h59	19	Gêmeos	11h34
21	12h53	22	Câncer	0h34
24	2h47	24	Leão	13h00
26	13h25	26	Virgem	23h13
28	21h04	29	Libra	5h56
Dezembro 2021				
1º	1h21	1º	Escorpião	8h57
3	2h23	3	Sagitário	9h14
5	2h09	5	Capricórnio	8h32
7	1h43	7	Aquário	8h50
9	7h01	9	Peixes	11h54
11	16h41	11	Áries	18h47
13	23h53	14	Touro	5h12
16	13h10	16	Gêmeos	17h44
19	3h03	19	Câncer	6h43
21	11h45	21	Leão	18h55
24	3h41	24	Virgem	5h25
26	5h41	26	Libra	13h25
28	18h12	28	Escorpião	18h17
30	14h11	30	Sagitário	20h09

Tábua Lunar em 2021

A tabela abaixo foi construída para o fuso horário de São Paulo.

JANEIRO

Virgem	22h14 do dia 2	Áries	4h08 do dia 18
Libra	2h43 do dia 5	Touro	15h57 do dia 20
Escorpião	5h55 do dia 7	Gêmeos	4h44 do dia 23
Sagitário	8h16 do dia 9	Câncer	15h53 do dia 25
Capricórnio	10h31 do dia 11	Leão	23h55 do dia 27
Aquário	13h45 do dia 13	Virgem	5h04 do dia 30
Peixes	19h18 do dia 15		

FEVEREIRO

Libra	8h26 do dia 1º	Touro	0h13 do dia 17
Escorpião	11h16 do dia 3	Gêmeos	13h05 do dia 19
Sagitário	14h18 do dia 5	Câncer	0h54 do dia 22
Capricórnio	17h53 do dia 7	Leão	9h24 do dia 24
Aquário	22h21 do dia 9	Virgem	14h08 do dia 26
Peixes	4h24 do dia 12	Libra	16h18 do dia 28
Áries	12h55 do dia 14		

MARÇO

Escorpião	17h39 do dia 2	Gêmeos	20h48 do dia 18
Sagitário	19h44 do dia 4	Câncer	9h19 do dia 21
Capricórnio	23h21 do dia 6	Leão	18h57 do dia 23
Aquário	4h42 do dia 9	Virgem	0h27 do dia 26
Peixes	11h45 do dia 11	Libra	2h23 do dia 28
Áries	20h45 do dia 13	Escorpião	2h34 do dia 30
Touro	7h57 do dia 16		

ABRIL

Sagitário	3h00 do dia 1º	**Câncer**	16h26 do dia 17
Capricórnio	5h14 do dia 3	**Leão**	3h12 do dia 20
Aquário	10h05 do dia 5	**Virgem**	10h09 do dia 22
Peixes	17h32 do dia 7	**Libra**	13h07 do dia 24
Áries	3h12 do dia 10	**Escorpião**	13h19 do dia 26
Touro	14h45 do dia 12	**Sagitário**	12h44 do dia 28
Gêmeos	3h36 do dia 15	**Capricórnio**	13h17 do dia 30

MAIO

Aquário	16h32 do dia 2	**Virgem**	18h00 do dia 19
Peixes	23h10 do dia 4	**Libra**	22h37 do dia 21
Áries	8h54 do dia 7	**Escorpião**	0h02 do dia 24
Touro	20h48 do dia 9	**Sagitário**	23h40 do dia 25
Gêmeos	9h44 do dia 12	**Capricórnio**	23h25 do dia 27
Câncer	22h32 do dia 14	**Aquário**	1h05 do dia 30
Leão	9h45 do dia 17		

JUNHO

Peixes	6h09 do dia 1º	**Libra**	5h55 do dia 18
Áries	15h00 do dia 3	**Escorpião**	8h59 do dia 20
Touro	2h47 do dia 6	**Sagitário**	9h57 do dia 22
Gêmeos	15h49 do dia 8	**Capricórnio**	10h06 do dia 24
Câncer	4h24 do dia 11	**Aquário**	11h10 do dia 26
Leão	15h24 do dia 13	**Peixes**	14h52 do dia 28
Virgem	0h03 do dia 16	**Áries**	22h22 do dia 30

JULHO

Touro	9h29 do dia 3	**Sagitário**	18h09 do dia 19
Gêmeos	22h25 do dia 5	**Capricórnio**	19h37 do dia 21
Câncer	10h52 do dia 8	**Aquário**	21h14 do dia 23
Leão	21h22 do dia 10	**Peixes**	0h31 do dia 26
Virgem	5h32 do dia 13	**Áries**	6h59 do dia 28
Libra	11h33 do dia 15	**Touro**	17h09 do dia 30
Escorpião	15h39 do dia 17		

AGOSTO

Gêmeos	5h47 do dia 2	**Capricórnio**	2h59 do dia 18
Câncer	18h18 do dia 4	**Aquário**	5h50 do dia 20
Leão	4h33 do dia 7	**Peixes**	9h44 do dia 22
Virgem	11h57 do dia 9	**Áries**	15h58 do dia 24
Libra	17h09 do dia 11	**Touro**	1h28 do dia 27
Escorpião	21h02 do dia 13	**Gêmeos**	13h43 do dia 29
Sagitário	0h13 do dia 16		

SETEMBRO

Câncer	2h27 do dia 1º	**Aquário**	12h24 do dia 16
Leão	12h59 do dia 3	**Peixes**	17h24 do dia 18
Virgem	20h07 do dia 5	**Áries**	0h14 do dia 21
Libra	0h22 do dia 8	**Touro**	9h39 do dia 23
Escorpião	3h06 do dia 10	**Gêmeos**	21h38 do dia 25
Sagitário	5h36 do dia 12	**Câncer**	10h35 do dia 28
Capricórnio	8h35 do dia 14	**Leão**	21h55 do dia 30

OUTUBRO

Virgem	5h39 do dia 3	**Áries**	7h05 do dia 18
Libra	9h42 do dia 5	**Touro**	17h00 do dia 20
Escorpião	11h23 do dia 7	**Gêmeos**	4h58 do dia 23
Sagitário	12h25 do dia 9	**Câncer**	18h01 do dia 25
Capricórnio	14h16 do dia 11	**Leão**	6h08 do dia 28
Aquário	17h48 do dia 13	**Virgem**	15h11 do dia 30
Peixes	23h23 do dia 15		

NOVEMBRO

Libra	20h12 do dia 1º	**Touro**	23h19 do dia 16
Escorpião	21h54 do dia 3	**Gêmeos**	11h34 do dia 19
Sagitário	21h54 do dia 5	**Câncer**	0h34 do dia 22
Capricórnio	22h05 do dia 7	**Leão**	13h00 do dia 24
Aquário	0h04 do dia 10	**Virgem**	23h13 do dia 26
Peixes	4h55 do dia 12	**Libra**	5h56 do dia 29
Áries	12h49 do dia 14		

DEZEMBRO

Escorpião	8h57 do dia 1º	**Gêmeos**	17h44 do dia 16
Sagitário	9h14 do dia 3	**Câncer**	6h43 do dia 19
Capricórnio	8h32 do dia 5	**Leão**	18h55 do dia 21
Aquário	8h50 do dia 7	**Virgem**	5h25 do dia 24
Peixes	11h54 do dia 9	**Libra**	13h25 do dia 26
Áries	18h47 do dia 11	**Escorpião**	18h17 do dia 28
Touro	5h12 do dia 14	**Sagitário**	20h09 do dia 30

Previsões para 2021 Segundo a Numerologia

O ano de 2021 é favorável para começar em um novo trabalho e desenvolver planos e projetos.

O sucesso virá para quem ousar se arriscar e trabalhar com afinco, seja dedicando-se a um novo emprego, um *hobby*, um relacionamento, uma empreitada etc.

Cultive sempre novas ideias, embora sem se esquecer das antigas. O ano estará repleto de novidades, mas dependerá de muito esforço na divulgação de planos e ideias.

É provável que no início do ano você se sinta um pouco cansado devido à rotina exaustiva, mas é de suma importância que se mantenha autoconfiante, firme e esteja disposto a tomar iniciativas sem deixar que ninguém interfira em seus sonhos. Neste ano, em particular, você alcançará o sucesso e a felicidade desde que seja criativo, persistente, determinado e seletivo, tanto no campo interpessoal quanto no campo afetivo. Cuide da saúde física e financeira e, com o tempo, verá que a economia renderá bons frutos. Com trabalho e determinação, este ano tem tudo para dar certo.

- **Janeiro:** Para que neste mês você tenha sucesso é preciso paciência e cooperação, pois muitos de seus planos e projetos no início trarão certa insatisfação. É necessário examinar todos os detalhes e ouvir um pouco a opinião de quem está de fora. O equilíbrio deverá sempre prevalecer; conte com sua intuição. Tenha em mente que será necessário reservar certo tempo para a prática de esportes e o lazer, e também para a convivência com a família e os amigos.

- **Fevereiro:** Conte neste mês com amigos e subordinados, pois eles terão papel fundamental em seus planos e projetos. Mês favorável ainda para fazer uma viagem de lazer ou a trabalho. Existe a possibilidade de receber notícias inesperadas e animadoras. Cuide da saúde.

Com constância, você vai alcançar uma situação estável, tanto profissional quanto pessoal.

Março: Analise bem as situações antes de se envolver ou entrar de cabeça. Cuide das questões do dia a dia com praticidade e simplicidade, e não revele demais sobre seus planos. Procure se concentrar em ideias que rendam frutos, fugindo de pessoas desconhecidas e cheias de ideias utópicas. Exercícios físicos e uma dieta equilibrada farão maravilhas com sua pessoa.

Abril: Se costuma jogar na loteria, este mês estará muito favorável a um ganho inesperado. As oportunidades virão ao seu encontro e você verá diversas mudanças práticas em sua vida. Limite-se a aceitar que as coisas acontecem no devido tempo e, se souber lidar com os obstáculos de maneira positiva e centrada, obterá também muitas vantagens nos negócios. Prepare-se para o futuro, invista em você mesmo e cuide de sua alimentação.

Maio: Mês propício ao relacionamento a dois; transforme sua vida afetiva. Uma viagem romântica ou um cruzeiro serão uma excelente forma de apimentar o relacionamento. Dê um pouco mais de atenção para a família e o círculo de amizades; não guarde ressentimentos nem se apegue tanto ao dinheiro. Evite o estresse fazendo caminhadas ou praticando natação.

Junho: Mês para você ponderar sobre decisões, tanto profissionais quanto pessoais. Evite impor sua autoridade ou opinião; as grandes conquistas da vida sempre acontecem depois de trabalho árduo e esforço. Contando com sua intuição e equilíbrio, este mês será propício aos ganhos financeiros. Evite o consumo excessivo de álcool e de carnes gordurosas.

Julho: Hora de pôr um ponto-final nos problemas. Não conte muito com a sorte neste mês; direcione o foco para o que realmente importa, concentrando-se em novas possibilidades e oportunidades. Mantenha-se firme e supere os obstáculos de maneira criativa e justa. Cuide bastante da sua saúde. Previna-se de riscos desnecessários com uma boa alimentação e hábitos saudáveis. Cultive os relacionamentos de forma sadia e saiba que depois da tempestade sempre vem a bonança.

☆ **Agosto:** Mesmo diante das adversidades, mantenha o equilíbrio. Cultive a calma e a serenidade com parceiros de trabalho. A vida amorosa este mês estará favorecida, bem como seu círculo social e de amizades. Sendo assim, aproveite a companhia de amigos e parceiros de trabalho neste mês, sem porém depender totalmente dos outros para resolver seus problemas. E tenha em mente que, como o mês favorece o círculo social, outras opiniões também serão válidas.

☆ **Setembro:** Muito cuidado com o excesso de atividades; seja mais flexível e colha frutos mais graúdos. Cuide com bastante atenção da saúde mental, pois os outros não vão aliviar sua carga. Saiba investir o que ganhou no decorrer do ano com muita sabedoria. Cuidado com pessoas que tentarão influenciá-lo em seus planos e empreitadas, mas aja sempre com tato e diplomacia. A prática de alguma atividade física pode ajudar a diminuir o estresse e a ansiedade.

☆ **Outubro:** Depois de resolver todos os seus problemas, sobra certa margem para novos investimentos e oportunidades. Pequenas coisas poderão exigir uma parcela do seu tempo, como os assuntos domésticos, que poderão gerar certa insatisfação. Mantenha a calma e aja com respeito e flexibilidade. Uma nova parceria de negócios está para acontecer, mas tenha em mente que todas as novas propostas devem vir acompanhadas de muito bom senso. Mantenha a família unida ao seu redor e evite confusões desnecessárias.

☆ **Novembro:** Comece o mês organizando bem suas finanças. Evite ao máximo a impulsividade para não ter de se arrepender depois. Por sorte, neste período, haverá bastante tempo livre para cuidar de sua vida pessoal. Invista o que ganhou e feche o ano com tranquilidade. Cuide bastante da alimentação e pratique uma autorreflexão.

☆ **Dezembro:** Neste final de ano, a vida social será bastante intensa, evite aborrecimentos no âmbito familiar e o abuso dos comes e bebes. Mantenha-se sempre positivo, e espere que o ano vindouro seja igual ou ainda melhor do que o que findou. Seja um pouco mais econômico neste período. Aproveite o convívio com sua família e dedique-se as atividades do dia a dia. Uma viagem de lazer pode fechar com chave de ouro este ano.

O Baralho Cigano e as Reflexões para 2021

por André Mantovanni

Qualquer árvore que queira tocar os céus precisa ter raízes tão profundas a ponto de tocar os infernos.

– Carl G. Jung

O ano de 2020 foi extremamente desafiador e trouxe ensinamentos para todos.

Com a chegada de um novo ciclo, surge em nós também a esperança por um período mais harmônico, com a oportunidade de renovação e recomeços mais positivos. Todos nos perguntamos o que o novo ano nos revelará, e diversos estudos podem nos fornecer pistas sobre as lições e os aprendizados que esperam a humanidade.

Em 2021 teremos a regência do **número 5**, que sugere a ideia de mudança e instabilidade, e a carta do Baralho Cigano que vai ter influência direta sobre nossa vida é **A Árvore**.

A Árvore é uma carta de renovação. Da mesma maneira como a primavera cobre a terra com a beleza das flores e da grama verdejante, a vida parece despertar depois de adormecer por um longo inverno. No Baralho Cigano, essa carta é um prenúncio dos ventos do recomeço, mas ainda assim nos exigirá paciência, pois trata-se de um movimento interior e demorado. Olhando para dentro, poderemos descobrir as riquezas que se ocultam em nosso íntimo.

Vivenciamos o número 4 em 2020, o que nos trouxe a energia da carta A Casa – símbolo quase literal para aquilo que todos tivemos de vivenciar ao longo desse ciclo: voltarmo-nos para dentro, para nossas próprias fundações, percebendo aquilo que realmente nos era essencial. A Casa é uma carta que trata da necessidade de estruturação da vida, um momento bastante pessoal que sugere um olhar para dentro, além de recolhimento e isolamento, que nos fizeram pensar sobre o verdadeiro sentido de viver e o valor de tantas outras coisas.

Agora, a Árvore nos convida a visitar mais uma vez o lado de dentro, porém sem que nos esqueçamos de contemplar a beleza do mundo lá fora, sustentados pela segurança e firmeza que pudemos desenvolver no ciclo anterior. Ela traz um período de fortalecimento pessoal, mas também nos ensina sobre generosidade, partilha, doação e vínculos profundos.

Assim como uma árvore frutífera, essa carta nos lembra de que na natureza tudo tem seu tempo, e, se tivermos pressa para colher os frutos, eles ainda não estarão maduros o bastante. Em um mundo tão acelerado como o nosso, a lição da paciência e da espera pode ser bem difícil, mas sua promessa para nós é a abundância e a plenitude como colheita. Pense em quanto tempo uma árvore precisa para se desenvolver e se tornar forte e exuberante. Seus frutos precisam de tempo para amadurecer, embora esse não seja o tempo dos homens, mas sim o do espírito.

A imagem da Árvore também nos convida a compartilhar os frutos de nossos aprendizados. Se nos nutrirmos mutuamente, todos nos sentiremos saciados e integrados.

Há aqui uma importante lição sobre fraternidade, pois, quando a árvore é saudável, seus frutos podem alimentar. O que é bom para nós como indivíduos sempre será benéfico para a coletividade. Esse talvez seja o aprendizado que vem marcando nossa vida neste momento: no fundo, não há individualidade nem isolamento, já que estamos todos conectados. Tem sido cada vez mais difícil enxergar o bem individual como algo distante do bem comum, e podemos esperar que 2021 continue a nos ensinar a perceber como estamos interligados. Será um ciclo para fortalecer nossos relacionamentos e compartilhar o melhor de nós com aqueles que nos cercam.

Do ponto de vista interior, A Árvore também representa a conexão entre os mundos, pois suas raízes se ligam às profundezas do solo, seu tronco se eleva sobre a terra e seus galhos e folhas se projetam em direção ao céu. Para que possa ser saudável e frondosa, ela precisa tanto da luz solar e do oxigênio captados do alto por suas folhas quanto da água e dos nutrientes que estão abaixo do solo e são absorvidos por suas raízes.

Todos temos em nós ideais, valores e objetivos que impulsionam nosso crescimento, mas isso só é possível quando as raízes estão bem seguras no solo. As profundezas que sustentam as raízes nos lembram também de nosso inconsciente, enfatizando a necessidade que todos temos de olhar para dentro e contemplar as partes de nós que estão sob a superfície, sendo muitas vezes sombrias ou infernais.

Falar de raízes também é refletir sobre os ensinamentos e saberes que conduzem nossa vida. É hora de buscar a sabedoria interior e nos aprofundar no caminho do amadurecimento pessoal. Ainda estaremos voltados para dentro, e essa será uma grande oportunidade para buscar nossa própria força.

Podemos esperar que 2021 seja um ano não apenas para encontrarmos essa força, mas para tocar aquilo que há de mais genuíno em nós. Devemos buscar nosso senso de propósito e nos tornar capazes de expressar no mundo os frutos dessa riqueza interior. A Árvore é uma carta de manifestação e triunfo, e nos convida a colocar habilidades e talentos a serviço da sociedade. É hora de descobrir nossos potenciais e encontrar maneiras de manifestá-los para criar um mundo de beleza.

Que 2021 possa ser um ano de renovação de corações; que nos traga a esperança e a alegria dos recomeços, amparados pela força interior e repletos de propósito. Todos carregamos dentro de nós incontáveis sementes, que representam nossos potenciais. Que neste novo ciclo possamos encontrar o solo fértil e seguro para plantar essas sementes e fazer nascer um novo mundo, reflorestando a vida com amor e sabedoria.

André Mantovanni é terapeuta e escritor, autor dos livros *Os Astros Guiam o Seu Destino* e *Baralho Cigano*, ambos publicados pela Editora Pensamento.

Redes sociais:
Instagram: @andremantovanni
Youtube: andremantovannitv
Facebook: andremantovannioficial

Os Talismãs e os Cristais dos 12 Signos do Zodíaco

por Tereza Kawall

Homens e mulheres de civilizações que nos antecederam há milênios, como o Antigo Egito, já usavam pedras preciosas e cristais como joias, sendo elas a representação de seu poder e *status* social na vida cotidiana. Nas cortes europeias, as coroas de reis e rainhas, feitas de ouro e cravejadas de pedras coloridas e translúcidas, sempre encantaram a todos por sua beleza e exuberância. Na realeza, o ouro, metal nobre e dourado, representava a conexão espiritual do governante com a luz solar, que poderia iluminar sua mente para que pudesse atuar com mais sabedoria e justiça.

Na Índia antiga foram encontrados textos sobre Astrologia, datados de 400 a.C., nos quais já se encontravam observações relevantes acerca do poder das pedras preciosas. Os astrólogos desse tempo orientavam as pessoas a usarem as pedras ou talismãs com o intuito de neutralizar influências planetárias negativas.

Sabemos que o jade foi muito usado na civilização chinesa, a turquesa pelos índios norte-americanos, assim como o lápis-lazúli e a malaquita eram muito valorizados pelos egípcios antigos.

Desse modo, entendemos que joias e talismãs tinham finalidades múltiplas, como estética, proteção espiritual e também a cura de enfermidades. Desde sempre houve a crença de que as pedras poderiam atrair prosperidade e virtudes específicas para quem as utilizasse com sabedoria e respeito. Os talismãs, adereços ou joias usados junto ao corpo, além de beleza, cumprem até hoje seu papel curador e protetor para quem realmente acredita em seu poder.

Segundo esse conhecimento milenar, as cores dos cristais e as pedras têm relação específica com suas funções e qualidades curativas.

Amarelo: Cor da alegria e da criatividade. Está relacionada à inteligência e ao conhecimento; expande o plano mental e tonifica o sistema nervoso. Exemplos: topázio amarelo, pedra do sol, citrino, quartzo-rutilado.

Azul: Cor que traz o poder da inspiração e da devoção; desenvolve o altruísmo, evocando a espiritualidade, a confiança, a fé e o idealismo. A cor azul é sedativa, adstringente e calmante. Exemplos: turquesa, sodalita, lápis-lazúli, safira azul, azurita, água-marinha.

Branco: O branco é a síntese de todas as cores; é o dono do prisma, pois dele se originam as demais cores. O quartzo branco é como o espelho da alma, representando a busca pela clareza e por respostas claras. Tem poder catalisador, podendo transmitir e receber energia de equilíbrio e cura; tem especial afinidade com o espírito humano quando ele está desequilibrado ou fatigado. Além do quartzo branco, outros exemplos são a selenita e o diamante.

Laranja: Cor da autoconfiança e da coragem. Representa a capacidade de restauração da energia vital. Exemplos: calcita laranja, cornalina laranja e opala de fogo.

Rosa: É a cor do amor, do romance, da doçura e da gentileza. Pode pacificar e suavizar as emoções. Cura o medo de ser ferido e da solidão, fortalecendo a autoestima, a capacidade de perdoar e de compreender. Exemplos: turmalina rosa, rodocrosita e quartzo rosa.

Verde: Cor que remete à natureza, à sensação de frescor e equilíbrio. Representa o poder de cura em amplo sentido. Traz o poder da simpatia, harmonia e tranquilidade. Exemplos: malaquita, jade, esmeralda, jaspe verde, peridoto, turmalina verde.

Vermelho: É a cor do amor, da paixão, do poder e da conquista. Pedras dessa cor trazem benefícios estimulantes, sendo positivas para o cansaço, a anemia, a depressão e a fadiga. Combatem o medo, a pressão baixa e ativam a circulação sanguínea. Exemplos: rubi, rubelita, coral, granada.

Violeta: É a cor do misticismo e da espiritualidade. Tem o poder de dissolver mágoas e vibrações negativas, acalmar e limpar energeticamente os ambientes. Exemplos: ametista, fluorita e tanzanita.

Dizem os estudiosos que é preciso estar em sintonia com a energia dos cristais e das pedras, e ter disposição para ouvir a voz silenciosa deles, que fala com a nossa alma.

As pedras, os cristais e os signos

Veremos a seguir a relação que existe entre os 12 signos e os cristais. Existem algumas controvérsias entre os estudiosos, mas de um modo geral há uma linha convergente relacionada ao simbolismo das cores das pedras, dos signos e seus planetas regentes. Essa relação também é validada pelos preceitos gerais observados no estudo e na prática da cromoterapia.

Áries: Rubi, granada, coral.

Touro: Esmeralda, quartzo rosa, turmalina melancia, rodocrosita, olho de tigre.

Gêmeos: Ágata, safira amarela, citrino.

Câncer: Pedra da lua, pérola, albita.

Leão: Âmbar, citrino, opala de fogo, topázio, diamante, pedra do sol, quartzo rutilado.

Virgem: Malaquita, esmeralda, ágata, crisocola, safira.

Libra: Safira, jade, quartzo rosa, rubelita, peridoto, esmeralda.

Escorpião: Cornalina, rodonita, granada, quartzo enfumaçado, crocoíta.

Sagitário: Lápis-lazúli, topázio azul, azurita, água-marinha, turquesa.

Capricórnio: Quartzo enfumaçado, turmalina preta, ônix.

Aquário: Quartzo branco, opala, safira azul, turquesa.

Peixes: Água-marinha, ametista, fluorita, selenita.

Os terapeutas holísticos usam esse conhecimento para restaurar e equilibrar a energia do indivíduo, trabalhando com as pedras também nos chakras, centros de energia vital que, segundo a fisiologia hindu, agem nos corpos físico, mental e emocional. Durante o tratamento, os cristais colocados sobre o corpo podem neutralizar a energia negativa reprimida, liberando assim bloqueios que estejam nesses corpos sutis. Traumas e lembranças do passado podem primeiro aflorar para a consciência do indivíduo, sendo substituídos depois por visualizações criativas ou reprogramações mentais. Esses padrões antigos e crenças que trazem sofrimentos e doenças devem ser desconstruídos e substituídos por novos valores mais saudáveis que vão realinhando os corpos físico e mental.

Há que ressaltar que, independentemente do signo solar de uma pessoa, o quartzo rosa pode ser usado para o equilíbrio emocional de todos. O quartzo enfumaçado é benéfico para quem precisa de mais segurança e se enraizar. O citrino pode atrair riquezas materiais. A turmalina bicolor é muito usada para curar as dores de um coração partido, enquanto a ametista é ótima para acalmar e limpar os ambientes; ou seja, tanto as pedras quanto os cristais podem ser usados por qualquer pessoa, de qualquer signo, conforme suas demandas. É essencial, contudo, que o indivíduo compreenda e se sintonize com as qualidades delas para que o efeito por ele desejado possa acontecer. Desta feita, você pode usar sua intuição e criatividade para fazer bom uso das pedras e cristais em sua vida!

Calendário Agrícola
Mônica Joseph

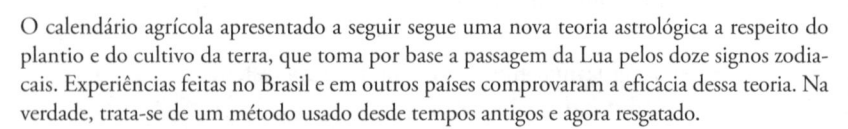

O calendário agrícola apresentado a seguir segue uma nova teoria astrológica a respeito do plantio e do cultivo da terra, que toma por base a passagem da Lua pelos doze signos zodiacais. Experiências feitas no Brasil e em outros países comprovaram a eficácia dessa teoria. Na verdade, trata-se de um método usado desde tempos antigos e agora resgatado.

Plantar Flores
Quando dizemos que o dia é bom para plantar flores, significa que nesse dia deve-se colocar na terra a semente da qual queremos futuramente colher flores. Por flores designamos árvores como ipês, mimosas; arbustos, como azáleias, roseiras; ou mesmo flores, como bocas-de-leão, amores-perfeitos, cravos etc. Além disso, existem as flores de horta, tais como a couve-flor, o brócolis e a alcachofra.

Plantar Folhas
Quando dizemos que o dia é bom para plantar folhas, significa que nesse dia deve-se colocar na terra a semente da qual queremos futuramente colher as folhas ou obter folhagens bonitas, como é o caso dos fícus-benjamim, ou das samambaias e avencas, do chá e dos legumes de folhas: alface, almeirão, rúcula, agrião etc.

Plantar Frutas
Quando dizemos que o dia é bom para plantar frutas, estamos nos referindo a todas as plantas que produzem frutos, sejam elas árvores, arbustos ou legumes. É o caso das mangueiras, das castanheiras, das bananeiras, dos limoeiros etc., ou de arbustos como o marmeleiro. Estamos nos referindo também aos frutos de horta, que são os legumes de frutos, ou seja, a berinjela, o tomate, o jiló etc. Os grãos e as sementes – como arroz, feijão, milho – estão incluídos nesse item.

Plantar Raízes
Quando falamos de raízes, nos referimos somente a plantas como a cenoura, a mandioca, o nabo e a beterraba. As cebolas são classificadas como bulbos.

Colheitas
Para as colheitas, o princípio é o mesmo. Há dias em que é melhor colher para reprodução, o que muitas vezes requer um especialista no assunto. O agricultor, sempre que possível, deve usar sementes de outra procedência, e não as suas próprias.

Colheita de Frutos
É preferível colher os frutos e armazená-los, pois assim eles não amadurecerão tão depressa, ficarão protegidos de bichos e não apodrecerão precocemente. Após algum tempo, poderão ser manipulados, industrializados e exportados.

Colheita, Transplantes e Limpeza
As colheitas devem ser feitas sempre em tempo seco. Para transplantes, a melhor Lua é a Minguante, quando toda a força da planta encontra-se na raiz, e ela aceita nova terra e líquido para abastecer seu caule e suas folhas. Limpeza e adubagem de canteiros, de hortas, de pomares e de jardins devem ser feitas durante a Lua Nova.

ATENÇÃO: As sugestões a seguir, indicando a melhor época para determinadas atividades agrícolas, não excluem as outras atividades. Para maiores informações sobre o dia e horário do início de cada fase da Lua, favor consultar Fenômenos Naturais na p. 178.

Agricultura e Pecuária

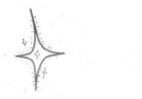

Janeiro 2021	Até o dia 5 de janeiro ↣ *Lua Cheia* Até o dia 12 de janeiro ↣ *Lua Minguante* Até o dia 19 de janeiro ↣ *Lua Nova* Até o dia 27 de janeiro ↣ *Lua Crescente* Até o dia 31 de janeiro ↣ *Lua Cheia*

Dias 1º e 2 ↣ Bons para plantar alho, cebola, manjericão, alecrim, louro, orégano e ervas medicinais como cidreira, erva-doce, boldo e alfazema.

Dias 3, 4 e 5 ↣ Bons para colher para reprodução todo tipo de batatas inglesa e doce, cará, inhame, milho, soja, feijão, arroz, alho e cebola.

Dias 6 e 7 ↣ Ótimos para plantar ou semear flores ornamentais.

Dias 8 e 9 ↣ Ótimos para plantar batatas doce e inglesa, cará, inhame, alho e cebola.

Dias 10 e 11 ↣ Ótimos para colher material para artesanato como bambu, vime, taboa, bem como cortar madeira de reflorestamento.

Dias 12 e 13 ↣ Bons para colher frutos para armazenar e fazer a limpeza do terreno, adubação e podas eventuais.

Dias 14 e 15 ↣ Bons para colher chuchu, tomates, enfim, todo tipo de legumes.

Dias 16, 17 e 18 ↣ Ótimos para plantar bardana, rabanete, cenoura, nabo, amendoim e fazer mudas de planta que se reproduzam por galhos ou ramas.

Dias 19 e 20 ↣ Bons para plantar todo tipo de de grãos como pimentas, trigo, café, milho, feijão, arroz e cevada.

Dias 21, 22 e 23 ↣ Bons para semear pastos e gramados.

Dias 24 e 25 ↣ Bons para plantar berinjela, pepino, vagem, tomate, jiló e ervilhas.

Dias 26 e 27 ↣ Bons para plantar mudas de floríferas, frutas de todo tipo, folhagens ornamentais e folhas para saladas.

Dias 28, 29 e 30 ↣ Bons para plantar manjericão, alecrim, orégano, hortelã, e todo tipo de ervas medicinais como erva-doce, cridreira e erva-mate.

Dia 31 ↣ Bom para colher para reprodução milho, arroz, feijão, soja, mandioca, batatas inglesa e doce, cará, inhame, alho e cebola.

Galinhas: Ponha-as para chocar nos dias 6 e 7 e nos dias 10, 11 e 12.

Pescaria: De 1º a 5, e de 28 a 31, boa no mar, e de 12 a 18, boa em rios e lagos.

Castrar animais: Nos dias 6, 7, 10 e 11.

Fevereiro 2021

Até o dia 3 de fevereiro	*Lua Cheia*
Até o dia 10 de fevereiro	*Lua Minguante*
Até o dia 18 de fevereiro	*Lua Nova*
Até o dia 26 de fevereiro	*Lua Crescente*
Dias 27 e 28 de fevereiro	*Lua Cheia*

Dia 1º ↣ Bom para colher para reprodução batatas inglesa e doce, cará, inhame, mandioca, cenoura, bardana e amendoim.

Dias 2 e 3 ↣ Ótimos para plantar bulbos de floríferas, flores comestíveis como couve-flor, brócolis e alcachofras, bem como flores perenes.

Dias 4 e 5 ↣ Ótimos para plantar batatas inglesa e doce, cará, inhame, alho e cebola.

Dias 6 e 7 ↣ Ótimos para colher material para artesanato como bambu, vime, taboa, bem como cortar madeira de reflorestamento.

Dias 8 e 9 ↣ Bons para colher todo tipo de frutos para armazenar, fazer limpeza de terrenos, adubação e podas.

Dias 10, 11 e 12 ↣ Bons para colher todo tipo de legumes e batatas, cará, inhame, bem como alho e cebola.

Dias 13 e 14 ↣ Ótimos para plantar cenoura, nabo, bardana, rabanetes, e fazer mudas de plantas que se reproduzem por galhos ou ramas.

Dias 15 e 16 ↣ Bons para plantar todo tipo de grãos como cacau, café, feijão, arroz, milho, cevada e trigo.

Dias 17, 18 e 19 ↣ Bons para semear pastos e gramados.

Dias 20 e 21 ↣ Bons para plantar berinjela, tomate, pepino, vagem, jiló e ervilhas.

Dias 22, 23 e 24 ↣ Bons para plantar em local definitivo mudas de laranja, limão, goiaba, jabuticaba, floríferas, folhagens ornamentais e folhas para saladas.

Dias 25 e 26 ↣ Bons para colher para reprodução milho, feijão, arroz, café, cacau, mandioca, cenouras, amendoim, rabanete e beterraba.

Dias 27 e 28 ↣ Bons para plantar todo tipo de raízes e batatas, cará, inhame e bulbos de flores.

Galinhas: Ponha-as para chocar nos dias 6, 7, 8 e 9.

Pescaria: De 1º a 3, boa no mar, e nos dias 27 e 28, e de 4 a 15, boa em rios e lagos.

Castrar animais: Nos dias 2, 3, 6, 7, 8 e 9.

Março 2021

Até o dia 4 de março	↦ *Lua Cheia*
Até o dia 12 de março	↦ *Lua Minguante*
Até o dia 20 de março	↦ *Lua Nova*
Até o dia 27 de março	↦ *Lua Crescente*
Até o dia 31 de março	↦ *Lua Cheia*

Dias 1º e 2 ↦ Ótimos para plantar e semear floríferas arbustivas, anuais e perenes, bem como colher flores ornamentais.

Dias 3 e 4 ↦ Ótimos para plantar folhas para saladas, alho, cebola, bem como transplantar mudas de folhas para o local definitivo.

Dias 5 e 6 ↦ Bons para plantar especiarias e ervas medicinais como malva, louro, alecrim, orégano, coentro, sálvia, confrei, camomila, ervas doce e de cidreira.

Dias 7, 8 e 9 ↦ Bons para colher para armazenar todo tipo de frutos e legumes.

Dias 10 e 11 ↦ Bons para colher todo tipo de grãos para armazenar como milho, café, cacau, feijão, arroz e cevada, bem como material para fazer artesanato.

Dias 12 e 13 ↦ Bons para plantar rabanetes, cenouras, beterrabas, amendoim, batatas inglesa e doce, cará e inhame.

Dias 14, 15 e 16 ↦ Bons para fazer mudas de galho e plantar temperos, especiarias e ervas medicinais.

Dias 17 e 18 ↦ Bons para plantar milho, arroz, feijão, cacau, café, cevada, alho, cebola, batatas inglesa e doce, cará e inhame.

Dias 19, 20 e 21 ↦ Bons para preparer a terra para novo plantio, limpar, arar e adubar.

Dias 22 e 23 ↦ Ótimos para plantar frutíferas como pêssego, pitanga, acerola, laranja, limão e jabuticaba

Dias 24 e 25 ↦ Ótimos para semear abóbora, melão, melancia e morangas, bem como plantar flores de cores bem vivas.

Dias 26, 27 e 28 ↦ Bons para colher para reprodução soja, trigo, arroz, feijão, milho, girassol, guaraná, café, cacau, alho, cebola, batatas inglesa e doce, cará e inhame.

Dias 29 e 30 ↦ Bons para plantar mandioca, beterraba, batatas, alho e cebola.

Dia 31 ↦ Bom para plantar flores rasteiras e trepadeiras.

Galinhas: Ponha-as para chocar nos dias 7, 8, 9, 10 e 11.

Pescaria De 1º a 4, e de 27 a 31, boa no mar, e de 5 a 16, boa em rios e lagos.

Castrar animais: Nos dias 5, 6, 7, 8 e 9.

Abril 2021	Até o dia 3 de abril ↣ *Lua Cheia*
	Até o dia 10 de abril ↣ *Lua Minguante*
	Até o dia 19 de abril ↣ *Lua Nova*
	Até o dia 26 de abril ↣ *Lua Crescente*
	Até o dia 30 de abril ↣ *Lua Cheia*

Dia 1º ↣ Ótimo para plantar e transplantar folhas para salada como alface e folhagens ornamentais, bem como colher cana-de-açúcar.

Dias 2 e 3 ↣ Ótimos para plantar mandioca, bardana, cenoura, beterraba, batatas inglesa e doce, cará e inhame.

Dias 4 e 5 ↣ Bons para colher para armazenar todo tipo de frutos como tomate, laranja, limão, carambolas, bananas, figos, coco, maçã e pera.

Dias 6 e 7 ↣ Bons para colher grãos como milho, feijão, arroz, trigo, cevada, café, cacau, e todo tipo de material para fazer artesanato como bambu e taboa.

Dias 8, 9 e 10 ↣ Ótimos para fazer transplante de mudas de folhas para salada para o local definitive, bem como folhagens ornamentais.

Dias 11 e 12 ↣ Bons para fazer mudas de galho, plantar orégano, melissa, louro, cidreira, erva-doce, camomila, arruda e guiné.

Dias 13, 14 e 15 ↣ Bons para plantar bardana, cenoura, beterraba, mandioca, amendoim, rabanete, batatas inglesa e doce, cará, inhame, alho e cebola.

Dias 16 e 17 ↣ Bons para plantar flores como dálias, cravinas, rosas, margaridas, onze-horas, agapantos, palmas e primaveras.

Dias 18, 19 e 20 ↣ Ótimos para plantar cacau, café, milho, feijão, guaraná, laranja, limão, manga e cana-de-açúcar.

Dias 21 e 22 ↣ Ótimos para semear abóboras, melões, melancias, morangas e plantar flores de cores vivas como o vermelho.

Dias 23 e 24 ↣ Bons para semear pastos e gramados, colher para reprodução girassol, milho, guaraná, feijão e cacau, bem como batatinhas de todos os tipos.

Dias 25 e 26 ↣ Ótimos para semear flores arbustivas e arbóreas, bem como colher flores ornamentais.

Dias 27 e 28 ↣ Ótimos para plantar ou semear folhas para saladas, boldo, orégano, louro, espinafre, alho e cebola. Ótimos para colher cana-de-açúcar.

Dias 29 e 30 ↣ Ótimo para plantar mandioca, cenoura, cebola, alho, amendoim e batatas inglesa e doce, cará e inhame.

Galinhas: Ponha-as para chocar nos dias 14, 15, 16 e 17.

Pescaria: De 25 a 30, boa no mar, e de 8 a 17, boa em rios e lagos.

Castrar animais: Nos dias 4, 5, 6 e 7.

Maio 2021

Até o dia 2 de maio	↣ *Lua Cheia*
Até o dia 10 de maio	↣ *Lua Minguante*
Até o dia 18 de maio	↣ *Lua Nova*
Até o dia 25 de maio	↣ *Lua Crescente*
Até o dia 31 de maio	↣ *Lua Cheia*

Dias 1º e 2 ↣ Bons para plantar batatas, cará, inhame, alho e cebola.

Dias 3 e 4 ↣ Bons para colher flores para secar, e frutos e legumes para armazenar.

Dias 5 e 6 ↣ Bons para plantar cenoura, beterraba, bardana, mandioca, amendoim, batatas inglesa e doce, cará, inhame, e fazer transplante de mudas para o local definitivo.

Dias 7, 8 e 9 ↣ Bons para colher material para fazer artesanato como bambu, taboa e vime, bem como colher maçãs, peras, pitangas e marmelos para armazenar.

Dias 10 e 11 ↣ Bons para plantar ou semear alho e cebola.

Dias 12, 13 e 14 ↣ Bons para plantar ou semear flores, fazer enxertos e alporquias.

Dias 15 e 16 ↣ Bons para plantar mangas, laranjas, limões, bergamotas, bem como folhas para saladas, e fazer transplantes de folhagens e plantar cana-de-açúcar.

Dias 17, 18 e 19 ↣ Bons para plantar ou semear abóboras, melões, melancias e morangas.

Dias 20 e 21 ↣ Bons para semear pastos e gramados.

Dias 22 e 23 ↣ Ótimos para plantar todo tipo de flores rasteiras ou arbóreas como flamboyant, ipê, imburana, guaçatonga, quaresmeiras, azaleias e aleluias.

Dias 24 e 25 ↣ Ótimos para plantar laranjas, limões, mexericas, bananas, uvas, café, milho, cacau, feijão, arroz, bem como arbustos floríferos como azaleias.

Dias 26 e 27 ↣ Bons para semear melancias, abóboras e melões.

Dias 28 e 29 ↣ Bons para plantar batatas inglesa e doce, cará, inhame, alho-porró e açafrão.

Dias 30 e 31 ↣ Bons para colher para reprodução milho, feijão, arroz, cevada, gergelim, mandioca, cenoura, beterraba, batatas inglesa e doce, cará, inhame, alho e cebola.

Galinhas: Ponha-as para chocar nos dias 9, 10, 11, 12, 13, 14 e 15.

Pescaria: De 23 a 31, boa no mar, e de 6 a 15, boa em rios e lagos.

Castrar animais: Nos dias 9, 10, 11, 12 e 13.

Junho 2021

Dia 1º de junho	›› *Lua Cheia*
Até o dia 9 de junho	›› *Lua Minguante*
Até o dia 17 de junho	›› *Lua Nova*
Até o dia 23 de junho	›› *Lua Crescente*
Até o dia 30 de junho	›› *Lua Cheia*

Dia 1º ›› Bom para colher flores próximo ao meio-dia para secar, bem como ervas medicinais.

Dias 2 e 3 ›› Ótimos para plantar folhas para saladas como alface, rúcula e agrião, e também folhas ornamentais como avencas e samambaias.

Dias 4, 5 e 6 ›› Ótimos para fazer podas anuais, limpeza de terreno e adubação, bem como cortar material para artesanato.

Dias 7 e 8 ›› Bons para colher para armazenar todo tipo de frutos, bem como fazer transplante de mudas para o local definitivo.

Dias 9, 10 e 11 ›› Bons para plantar floríferas arbustivas e trepadeiras como primavera e azaleia.

Dias 12 e 13 ›› Ótimos para plantar marmelos, goiabas, abacates, bananas, laranjas, limões, alface, agrião, alface, agrião, cenoura, mandioca, amendoim, batatas inglesa e doce, cará e inhame.

Dias 14 e 15 ›› Bons para fazer mudas de galho, alporquias e enxertos, plantar especiarias e ervas medicinais.

Dias 16, 17 e 18 ›› Bons para plantar bardana, cenoura, beterraba, rabanete, gengibre, amendoim, mandioca, alho, cebola, batatas inglesa e doce, cará e inhame.

Dias 19 e 20 ›› Ótimos para plantar todo tipo de flores, sejam elas ornamentais ou comestíveis.

Dias 21 e 22 ›› Ótimos para plantar laranja, limão, pêssego, acerola, laranja, limão, bem como alho, feijão, arroz, girassol e gergelim.

Dias 23 e 24 ›› Bons para semear ou plantar de rama abóboras, melões, melancias e morangas.

Dias 25 e 26 ›› Bons para colher para reprodução gergelim, erva-doce, nabo, cenoura, beterraba, amendoim, feijão, arroz, trigo, milho, cevada, aveia, café, cacau, alho, cebola, babatas inglesa e doce, cará e inhame.

Dias 27 e 28 ›› Bons para colher ervas medicinais e aromáticas.

Dias 29 e 30 ›› Ótimos para plantar folhas para saladas, alho, cebola, bem como folhagens ornamentais.

Galinhas: Ponha-as para chocar nos dias 5, 6, 7, 8 e 9.
Pescaria: De 23 a 30, boa no mar, e de 4 a 13, boa em rios e lagos.
Castrar animais: Nos dias 4, 5, 6, 7 e 8.

Julho 2021	Até o dia 8 de julho ↣ *Lua Minguante* Até o dia 16 de julho ↣ *Lua Nova* Até o dia 22 de julho ↣ *Lua Crescente* Até o dia 30 de julho ↣ *Lua Cheia* Dia 31 de julho ↣ *Lua Minguante*

Dias 1º, 2 e 3 ↣ Ótimos para fazer podas anuais, limpeza de canteiros e adubação, bem como cortar material para fazer artesanato.

Dias 4 e 5 ↣ Bons para colher para armazenar maçãs, peras, uvas, tomates, berinjelas, bananas, laranjas e limões, bem como fazer transplante de mudas para canteiros definitivos.

Dias 6, 7 e 8 ↣ Bons para plantar flores em geral, sejam elas rasteiras, arbustivas ou trepadeiras.

Dias 9 e 10 ↣ Ótimos para plantar todo tipo de raízes como beterraba, mandioca, cenoura, raíz-forte e amendoim, bem como batatas inglesa e doce, cará e inhame.

Dias 11, 12 e 13 ↣ Bons para fazer mudas de galho e rama, alporquias e enxertos, bem como plantar louro, alecrim, orégano, sálvia, erva-cidreira, chá preto, erva-mate e melissa.

Dias 14 e 15 ↣ Bons para plantar cenoura, beterraba, rabanete, gengibre, mandioca, alho, cebola, batatas inglesa e doce, cará, inhame.

Dias 16 e 17 ↣ Ótimos para plantar flores rasteiras, trepadeiras, arbustivas e arbóreas.

Dias 18 e 19 ↣ Ótimos par plantar todo tipo de frutos como jabuticaba, pitanga, acerola, laranja, limão, pêssego, bem como milho, trigo, soja, feijão, arroz, cevada e girassol.

Dias 20 e 21 ↣ Bons para semear ou plantar de rama melões, melancias, abóboras e morangas.

Dias 22 e 23 ↣ Bons para semear ou plantar pastos e gramados.

Dias 24 e 25 ↣ Bons para colher flores próximo ao meio-dia para secar e também ervas medicinais antes do amanhecer, ainda orvalhadas.

Dias 26, 27 e 28 ↣ Ótimos para plantar cacau, café, trigo, cevada, girassol, bem como todo tipo de frutos.

Dias 29 e 30 ↣ Bons para plantar especiarias como manjericão, orégano, alecrim, losna, sálvia, bem como melissa e erva-cidreira.

Dia 31 ↣ Bom para plantar alho e cebola.

Galinhas: Ponha-as para chocar nos dias 11, 12, 13, 14, 15, 16 e 17.

Pescaria: De 22 a 28, boa no mar, e de 6 a 18, boa em rios e lagos.

Castrar animais: Nos dias 16, 17, 20, 21, 22 e 23.

Agosto 2021	Até o dia 7 de agosto ↣	*Lua Minguante*
	Até o dia 14 de agosto ↣	*Lua Nova*
	Até o dia 21 de agosto ↣	*Lua Crescente*
	Até o dia 29 de agosto ↣	*Lua Cheia*
	Dias 30 e 31 de agosto ↣	*Lua Minguante*

Dias 1º e 2 ↣ Bons para semear e plantar alho e cebola.

Dias 3 e 4 ↣ Bons para colher material para artesanato como vime e taboa, bem como colher mangas, laranjas, limões e bananas para armazenar.

Dias 5, 6 e 7 ↣ Ótimos para plantar folhas para saladas, batatas inglesa e doce, cará, inhame, cenoura, mandioca e bardana, bem como fazer podas anuais.

Dias 8 e 9 ↣ Bons para colher para armazenar alho, cebola, mandioca, chuchu, berinjela, pepinos, tomates, quiabo, jiló e rabanetes.

Dias 10 e 11 ↣ Bons para plantar beterraba, rabanete, gengibre, cenoura, mandioca, erva-doce, amendoim, milho, trigo, feijão, aveia, cacau e café.

Dias 12 e 13 ↣ Ótimos para plantar flores anuais e perenes, rasteiras e trepadeiras.

Dias 14 e 15 ↣ Ótimos para plantar laranja, bergamota, limão, maracujá, manga, pêssego e goiaba, bem como cana-de-açúcar.

Dias 16, 17 e 18 ↣ Bons para semear abóboras, melões, melancias e morangas.

Dias 19 e 20 ↣ Bons para semear milho, trigo, feijão, arroz, aveia, guaraná, cacau e café.

Dias 21 e 22 ↣ Bons para cortar madeira de reflorestamento e material para fazer artesanato como vime e taboa, bem como semear pastos e gramados.

Dias 23, 24 e 25 ↣ Ótimos para plantar folhas para salada, couve, espinafre, folhagens ornamentais, camomila, hortelã, bem como colher cana-de-açúcar.

Dias 26 e 27 ↣ Bons para plantar temperos como louro, sálvia, manjericão e orégano.

Dias 28, 29 e 30 ↣ Ótimos par colher para reprodução sementes de raízes, alho, cebola, batatas inglesa e doce, cará, inhame e todo tipo de grãos como milho, cevada, arroz, feijão e gergelim.

Dia 31 ↣ Bom para colher sementes de flores.

Galinhas: Ponha-as para chocar nos dias 1º, 2, 3 e 4.

Pescaria: De 21 a 29, boa no mar, e de 5 a 13 boa em rios e lagos.

Castrar animais: Nos dias 16, 17, 18, 19 e 20.

Setembro 2021	Até o dia 5 de setembro ↣ *Lua Minguante*
	Até o dia 12 de setembro ↣ *Lua Nova*
	Até o dia 19 de setembro ↣ *Lua Crescente*
	Até o dia 27 de setembro ↣ *Lua Cheia*
	Até o dia 30 de setembro ↣ *Lua Minguante*

Dia 1º ↣ Bom para colher sementes de flores.

Dias 2 e 3 ↣ Ótimos para transplantar para o local definitivo folhas para salada, plantar alho e cebola, bem como mandioca, cenoura e beterraba.

Dias 4 e 5 ↣ Bons para colher material para artesanato como vime, bambu e taboa.

Dias 6 e 7 ↣ Bons para plantar rabanete, gengibre, erva-doce, cenoura, amendoim, milho, trigo, feijão, cevada, aveia, café, cacau, batatas inglesa e doce, cará e inhame.

Dias 8, 9 e 10 ↣ Bons para plantar ou semear flores anuais de todos os tipos.

Dias 11 e 12 ↣ Ótimos para plantar frutas como ameixa, manga, banana, marmelo, pêssego, goiaba, graviola, fruta-do-conde, bem como alface, rúcula, espinafre, cana-de-açúcar, bem como fazer enxertos e alporquias.

Dias 13 e 14 ↣ Bons para semear ou plantar de rama melão, melancia e abóbora.

Dias 15 e 16 ↣ Bons para plantar, alpiste, gergelim, café, cacau, soja, trigo, feijão, arroz, girassol e guaraná.

Dias 17 e 18 ↣ Bons para semear pastos e gramados.

Dias 19 e 20 ↣ Ótimos para plantar todo tipo de frutíferas, bem como couve-flor, brócolis, abacaxi, bem como colher cana-de-açúcar.

Dias 21, 22 e 23 ↣ Bons para plantar sálvia, louro, hortelã, salsinha, cebolinha, alecrim, espinafre, acelga, couve, alface, camomila, erva-doce e erva-cidreira.

Dias 24 e 25 ↣ Bons para colher para reprodução trigo, cevada, aveia, feijão, arroz, café e cacao, bem como cenoura, rabanete, beterraba, batatas, cara e inhame.

Dias 26, 27 e 28 ↣ Bons para colher sementes de floríferas ornamentais para reprodução.

Dias 29 e 30 ↣ Bons para transplantar para o local definitivo folhas para salada e cana-açúcar.

Galinhas: Ponha-as para chocar nos dias: dia 1º, 4, 5, 6 e 7.

Pescarias: De 19 a 25, boa no mar, e de 1º a 10, boa em rios e lagos.

Castrar animais: Nos dias 13, 14, 15 e 16.

Outubro 2021

Até o dia 5 de outubro	*Lua Minguante*
Até o dia 12 de outubro	*Lua Nova*
Até o dia 19 de outubro	*Lua Crescente*
Até o dia 27 de outubro	*Lua Cheia*
Até o dia 31 de outubro	*Lua Minguante*

Dias 1º, 2 e 3 ›› Ótimos para colher e armazenar todo tipo de fruto como, mangas, pêssegos, maçãs, laranjas, limões, marmelos, goiabas, berinjelas e jiló.

Dias 4 e 5 ›› Bons para colher material para fazer artesanato como bambu, vime e taboa.

Dias 6 e 7 ›› Bons para plantar floríferas rasteiras e colher flores para secar.

Dias 8 e 9 ›› Bons para plantar manga, laranja, limão, morango, acerola, confrei, alface, acelga, agrião, rúcula, espinafre, cana-de-açúcar, e fazer enxertos e alporquias.

Dias 10 e 11 ›› Bons para fazer mudas de galho e plantar louro, manjericão, sálvia, alecrim, hortelã, erva-cidreira e melissa.

Dias 12 e 13 ›› Bons para semear pastos e gramados.

Dias 14 e 15 ›› Bons para plantar flores como capucines, amor-perfeito, rosas, dálias, alamandas, azaleias, ipês e acacias, bem como colher flores para secar.

Dias 16, 17 e 18 ›› Ótimos para plantar e semear cajá-manga, caju, goiaba, banana, coco, laranja, limão, maçã, pera, milho, trigo, ervilha, urucum, feijão e vagens.

Dias 19 e 20 ›› Bons para semear abóbora, melões, melancias e morangas.

Dias 21, 22 e 23 ›› Bons para colher para reprodução sementes de raízes, de cebola e alho, grãos de todos os tipos, batatas inglesa e doce, cará e inhame.

Dias 24 e 25 ›› Bons para colher sementes de flores ornamentais.

Dias 26, 27 e 28 ›› Ótimos para plantar folhas para salada, alho e cebola, frutos suculentos e cana-de-açúcar.

Dias 29 e 30 ›› Bons para armazenar todo tipo de frutos e legumes.

Dia 31 ›› Bom para colher material para artesanto, bem como cortar madeira de reflorestamento.

Galinhas: Ponha-as para chocar nos dias: 1º, 2, 3, 4, 5 e 31.
Pescaria: De 19 a 25, boa no mar, e de 4 a 9, boa em rios e lagos.
Castrar animais: Nos dias: 1º, 2, 3, 29, 30 e 31.

Novembro 2021

Até o dia 3 de novembro	↦ *Lua Minguante*
Até o dia 10 de novembro	↦ *Lua Nova*
Até o dia 18 de novembro	↦ *Lua Crescente*
Até o dia 26 de novembro	↦ *Lua Cheia*
Até o dia 30 de novembro	↦ *Lua Minguante*

Dia 1º ↦ Ótimo para cortar vime, taboa e bambu para artesanato, fazer limpeza de terreno, manutenção da terra, adubar e podar.

Dias 2 e 3 ↦ Bons para plantar todo tipo de floríferas, sejam elas rasteiras, arbustivas ou arbóreas, bem como couve-flor e brócolis.

Dias 4 e 5 ↦ Ótimos para plantar nabo, beterraba, mandioquinha, cenoura, batatas inglesa e doce, cará e inhame.

Dias 6 e 7 ↦ Bons para fazer mudas de galho, plantar carqueja, erva-cidreira, hortelã, camomila, louro, cravo, canela, manjericão, sálvia, alecrim, mostarda, pimentas e cominho.

Dias 8 e 9 ↦ Bons para semear milho, feijão, arroz, cenoura, mandioca, beterraba, alho, cebola, batatas inglesa e doce, cará e inhame.

Dias 10, 11 e 12 ↦ Bons para plantar todo tipo de flores e colher flores para secar.

Dias 13 e 14 ↦ Ótimos para plantar laranja, limão, banana, coco, figo, caju, milho, guaraná, trigo, gergelim, feijão e urucum.

Dias 15 e 16 ↦ Bons para semear abóboras, melões, melancias e morangas.

Dias 17, 18 e 19 ↦ Bons para semear pastos e gramados.

Dias 20 e 21 ↦ Bons para colher para reprodução trigo, cevada, gergelim, milho, arroz, feijão, sementes de cenoura, gengibre, alho, cebola, batatas inglesa e doce, cará e inhame.

Dias 22, 23 e 24 ↦ Ótimos para plantar e semear espinafre, alface, rúcula, agrião, erva-cidreira, hortelã, erva-doce, alho e cebola, bem como colher cana-de-açúcar.

Dias 25 e 26 ↦ Ótimos para plantar louro, orégano, alecrim, manjericão, sálvia, hortelã, coentro, e fazer mudas de galho.

Dias 27 28 e 29 ↦ Bons para colher material para fazer artesanato, bem como cortar madeira de reflorestamento.

Dia 30 ↦ Bom para plantar bulbos de flores ornamentais.

Galinhas: Ponha-as para chocar nos dias: 28, 29 e 30.

Pescaria: De 2 a 9, boa no mar, e de 17 a 24, boa em rios e lagos.

Castrar animais: Nos dias: 1º, 2, 3, 27, 28, 29 e 30.

Dezembro 2021

Até o dia 3 de dezembro ↦	*Lua Minguante*
Até o dia 9 de dezembro ↦	*Lua Nova*
Até o dia 18 de dezembro ↦	*Lua Crescente*
Até o dia 25 de dezembro ↦	*Lua Cheia*
Até o dia 31 de dezembro ↦	*Lua Minguante*

Dia 1º ↦ Ótimo para semear e colocar na terra bulbos de flores ornamentais.

Dias 2 e 3 ↦ Bons para plantar batatas, mandiocas, cenouras, bem como fazer transplantes de mudas para o local definitivo.

Dias 4 e 5 ↦ Ótimos para colher berinjela, jiló, quiabo, chuchu, bem como cortar madeiras de reflorestamento, colher bambu, vime, taboa, e fazer podas.

Dias 6 e 7 ↦ Bons para plantar feijão, arroz, milho, pimenta-do-reino, cacau, café, mandioca, rabanete, amendoim, alho, cebola, batatas, cará e inhame.

Dias 8 e 9 ↦ Bons para plantar todos os tipos de flores, como alamandras, mimosas, angélicas, dálias, rosas e onze-horas.

Dias 10 e 11 ↦ Ótimos para plantar milho, trigo, aveia, cana-de-açúcar, peras, maçãs, mangas, laranjas e figos.

Dias 12, 13 e 14 ↦ Bons para semear abóboras, melões, melancias e morangas.

Dias 15 e 16 ↦ Bons para semear pastos e gramados.

Dias 17, 18 e 19 ↦ Bons para plantar abacaxi, couve-flor, brócolis, cevada, girassol, milho, feijão, café, cacau e guaraná.

Dias 20 e 21 ↦ Ótimos para plantar folhagens ornamentais, folhas para saladas, heras, alho, cebola, bem como colher cana-de-açúcar.

Dias 22, 23 e 24 ↦ Bons para plantar alecrim, manjerião, camomila, hortelã, boldo, erva-cidreira e cáscara-sagrada.

Dias 25 e 26 ↦ Bons para colher para reprodução cenouras, beterrabas, gengibre, mandioca, amendoim, arroz, feijão, trigo, milho, gergelim, urucum, alho, cebola, batatas inglesa e doce, cará e inhame.

Dias 27 e 28 ↦ Bons para plantar floríferas rasteiras, bem como colher flores para secar.

Dias 29 e 30 ↦ Ótimos para plantar batatas, cará, inhame e fazer transplantes de folhas para saladas para o local definitivo.

Dia 31 ↦ Bom para fazer mudas de galho ou rama.

Galinhas: Ponha-as para chocar nos dias 25 a 28.
Pescaria: De 2 a 10, boa no mar, e de 16 a 24, boa em rios e lagos.
Castrar animais: Nos dias: 1º, 27 e 28.

Medicamentos da Mãe Natureza

Toda Deusa tem uma flor ou erva com a qual sente maior afinidade, e também há uma flor ou erva para cada signo do zodíaco e cada chakra. Cada um dos doze signos e sete chakras pode se beneficiar das propriedades de certas plantas, que ajudam a curar, crescer, equilibrar e inspirar. Consulte seu signo e use essas ferramentas evolutivas orgânicas, enchendo seu jardim, sua geladeira e sua casa com esses maravilhosos presentes da Mãe Natureza. À medida que for aprendendo as propriedades curativas de cada flor ou erva, vai perceber melhor por qual delas você anseia, e o motivo dessa sua necessidade. Esses medicamentos e oferendas naturais da Mãe Natureza são essenciais, não apenas para curar doenças, mas para ajudar a preveni-las ao nos manter em equilíbrio.

Signos do Zodíaco e Datas	Flores, Ervas, Frutas e Vegetais
Áries, 21 de março – 19 de abril Planeta regente: Marte Elemento Fogo	Calêndula, gerânio, papoula, rosa vermelha, tulipa, narciso, lírio-tigre, urtigas, pimenta-de-caiena, trevo vermelho, hipérico, cardo-leiteiro, gengibre, coentro, manjerona, mostarda, cebola, alho, alho-poró, cebolinha, rabanete, raiz-forte
Touro, 20 de abril – 20 de maio Planeta regente: Vênus Elemento Terra	Margarida, lilás, lírio, violeta, gerânio, dedaleira, alcaçuz, olmo-vermelho, hissopo-anis, sálvia, tomilho, dente-de-leão, espinafre, ervilha, batata, batata-doce, maçã, figo, damasco, morango, azeitonas, uvas
Gêmeos, 21 de maio – 20 de junho Planeta regente: Mercúrio Elemento Ar	Salsinha, dill, anis, lavanda, manjerona, lilás, hortelã-pimenta, capim-limão, cominho, manjericão, avenca, orquídeas, crisântemo, ameixa, laranja, *grapefruit*, suco de uva, uva-passa, maçã, alface, couve-flor, espinafre, cenoura, salsão, feijões verdes, tomate, pimenta-de-caiena, alho, gengibre
Câncer, 21 de junho – 22 de julho Planeta regente: Lua Elemento Água	Margarida, jasmim, ipomeia, lótus, rosa branca, lírio, ninfeia, hortelã-pimenta, hortelã, erva-cidreira, salsinha, cogumelos, couve-de-bruxelas, brócolis, repolho, couve-flor, batata-doce, abóbora, banana, maçã, pera, melancia

Signos do Zodíaco e Datas	Flores, Ervas, Frutas e Vegetais
Leão, 23 de julho – 22 de agosto Planeta regente: Sol Elemento Fogo	Tagetes, girassol, dália, peônia, hissopo-anis, calêndula, agripalma, alecrim, menta, gengibre, erva-doce, açafrão, camomila, dill, funcho, salsinha, coco, milho, mostarda, abacaxi, laranja, *grapefruit*, azeitonas
Virgem, 23 de agosto – 22 de setembro Planeta regente: Mercúrio Elemento Terra	Violeta, áster, crisântemo, narciso, dill, funcho, hipérico, lavanda, manjerona, alcaçuz, cenoura, pastinaca, cevada, aveia, centeio, trigo, milheto
Libra, 23 de setembro – 22 de outubro Planeta regente: Vênus Elemento Ar	Orquídea, frésia, margarida, rosa, violeta, prímula, amor-perfeito, aquilégia, salsinha, zimbro, menta, tomilho, milefólio, angélica, brócolis, berinjela, espinafre, ervilha, batata-doce, alcachofra, agrião, romã, damasco, figo, ameixa, uva, azeitonas
Escorpião, 23 de outubro – 21 de novembro Planetas regentes: Marte e Plutão Elemento Água	Calêndula, gerânio, peônia, madressilva, hibisco, gardênia, *aloe vera*, ginseng, gengibre, coentro, manjericão, losna, cogumelos, pimentas, ruibarbo, alho-poró, cebola, alho, raiz-forte, mostarda, rabanete
Sagitário, 22 de novembro – 21 de dezembro Planeta regente: Júpiter Elemento Fogo	Rosa vermelha, cravo, peônia, jasmim, calêndula, dente-de-leão, sálvia, erva-doce, noz-moscada, menta, beterraba, tomate, nabo, agrião, azeitonas, aspargo, endívia
Capricórnio, 21 de dezembro – 19 de janeiro Planeta regente: Saturno Elemento Terra	Tomilho, magnólia, amor-perfeito, cânhamo, hera, centáurea, mosquitinho, camélia, trílio, erva-trindade, alecrim, estragão, camomila, manjerona, banana, azeitonas, cogumelos, tomate, cebola, alface, couve-flor, pepino, espinafre, rabanete, brócolis, feijões, lentilha, abóbora, figo, alho, mostarda
Aquário, 20 de janeiro – 18 de fevereiro Planeta regente: Urano Elemento Ar	Ave-do-paraíso, orquídea, gladíolo, trílio, camomila, gatária, flor de maracujá, mirra, olíbano, canela, cravo-da-índia, kava-kava, confrei, espinafre, beterraba, centeio, cevada, pastinaca
Peixes, 19 de fevereiro – 20 de março Planetas regentes: Júpiter e Netuno Elemento Água	Jasmim, lilás, ninfeia, papoula, orquídea, calêndula, glicínia, clematis, equinácea, eufrásia, artemísia, kava-kava, noz-moscada, erva-doce, palha de aveia, aspargo, cogumelos, beterraba, tomate, alga, agrião, azeitonas

Extraído de *A Evolução da Deusa*, de Emma Mildon,
publicado pela Editora Pensamento, São Paulo.